纵横书卷遗华年

少年王国维

海宁市政协教科卫体与文化文史学习委员会 ◎ 编

刘培良 / 著

中国文史出版社

图书在版编目（CIP）数据

纵横书卷遣华年：少年王国维 / 刘培良 著；海宁市
政协教科卫体与文化文史学习委员会编. —北京：中国
文史出版社，2022.12

ISBN 978－7－5205－3990－6

Ⅰ. ①纵… Ⅱ. ①刘… ②海… Ⅲ. ①王国维（1877—
1927）—生平事迹 Ⅳ. ①K825.4

中国版本图书馆 CIP 数据核字（2022）第 246010 号

责任编辑：方云虎
封面题字：陈　浩
封面设计：三味書屋

出版发行：**中国文史出版社**
社　　址：北京市海淀区西八里庄路 69 号　　邮编：100142
电　　话：010－81136630
印　　装：廊坊市海涛印刷有限公司
经　　销：全国新华书店
开　　本：710 毫米×1000 毫米　　1/16
印　　张：21.75
字　　数：290 千字
版　　次：2023 年 3 月北京第 1 版
印　　次：2023 年 3 月第 1 次印刷
定　　价：79.00 元

序

一

"海内大师谁称首？海宁王公驰名久。"王国维先生是中国近代享有国际盛誉的著名学者，生前曾任清华大学国学研究院导师、北京大学通讯导师及清逊帝溥仪"南书房行走"。先生一生志以治学、孜孜不倦，而贯通中西、著述宏富，在哲学、文学、古文字学、历史学、考古学，以及美学、教育学等诸多学科，均有卓越成就。其中对甲骨文、殷周史的研究，开辟了相关学术领域的新纪元。郭沫若认为先生是"新史学的开山"。先生的治学"三境界"和古史考据"二重证据法"等代表成就，一直为学界所推崇。

王国维先生是近代海宁一位传奇式的历史人物，在他身上呈现出诸多的特殊、特别、特定之处。即，特殊的历史时期、身世背景、家庭环境和人格特征，特别的价值取向、成长路径、治学准则和学术成就，特定的道德遵循、心理矛盾和人生归宿。回顾先生之一生，在其短短的五十之寿中，自出生至出门赴沪前长达二十一年有余均在盐官度过，甚少外出。此间，他好史书、嗜古籍，似书癌，但又涉时务、看世界，有思考。为此，如果我们要还原历史真相，揭示先生心灵之路，解开先生成长之谜，则需要对其二十二岁前的人生历程作全面考据、系统梳理、真实再现。然而，自1927年先生自沉颐和园昆明湖至今，鲜有此类书籍，即便已面世的若干年谱或传记，对这段历史也只是寥寥数言，记载甚少，这不得不说是一种缺憾，而对海宁地方文史工作者而言，这又是一个具有挑战性的重要命题。

2022 年是王国维先生 145 周年诞辰暨逝世 95 周年。为表达对王国维先生的怀念，发挥政协文史资料工作"存史、资政、团结、育人"的独特功能，促进海宁名人文化的挖掘和传播，海宁市政协教科卫体与文化文史学习委员会专门立项研究，决定编撰出版反映王国维先生成长初期经历的书籍。市政协文史委委员、王国维研究会会长刘培良先生经过两年多的努力，对长期以来挖掘与收集的史料进行认真梳理，几易其稿，完成了《纵横书卷遣华年——少年王国维》的书稿。这是海宁名人研究的一项重大成果，也是填补王国维研究相关领域的空白之作，从中可以获取近代海宁州城盐官鲜为人知的历史信息及风土人情，以及先贤寻求摆脱列强凌辱而走上维新自强之路的艰辛探索，从而增强我们爱国爱乡的历史自觉。书中时常出现父亲王乃誉教育儿子王国维的情景与情节，其整个过程则是严父教子成人成才的王氏系列剧，生动再现忠烈之后书香门第的优良传统，为我们重视家庭、家教、家风建设提供鲜活的案例，极具参考与启发意义。

"著名学者王国维论述治学有三种境界：一是'昨夜西风凋碧树，独上高楼，望尽天涯路'；二是'衣带渐宽终不悔，为伊消得人憔悴'；三是'众里寻他千百度，蓦然回首，那人却在灯火阑珊处'。"习近平总书记指出"领导干部学习理论也要有这三种境界"，这在新时代又把王国维先生推向一个新的高峰，先贤智慧，绵绵若存。

是为序。

海宁市政协主席 周红霞

2022 年 11 月

序二

先曾祖王国维先生的生平行谊，一直广受世人关注，久已成为显学。近五十年海内外各种传记和研究专著的一再推出，蔚为大观，即为表征。其中海宁地方文化机构和文史工作者在相关文献辑集、史料研究、遗迹保护等方面贡献良多，本人曾多年承教受益。现在刘培良先生赐示的这部新著稿，专力于介绍王国维的家世、故里与青少年时代，别具慧眼，也呼应了新时期海宁各界以名人文化为要枢，培元拓基的蕲向。

说到王国维的成才之路，他父亲王乃誉的日记可谓存世最重要的一手资料，刘培良先生也尽可能地采用已释读的日记文本。本人印象最为深切的是乃誉公对王国维用心良苦而少所许可。如日记中说：

"大儿馆于同城沈都戎许教授。以其性讷钝，好谈时务，嗜古籍而不喜帖括，现荐成于金陵储才学馆学生，以期通达中西要务以自立，然究莫必其成焉否也。"

后在将赴上海报馆任职时，又说：

"静儿出门，吃亏有数端，貌寝无威仪，一也；寡言笑，少酬应，无趣时语，二也；书字不佳，三也；衣帽落拓，四也；作书信条，字句不讲究，五也。"

能把资质禀赋极不均衡的王国维、王国华

二子作育成材，乃誉公的教子理念和实践大有可取之处。

据存世《采芹录》，与王国维同年中秀才的有后来从政、担任过民国政府驻日公使、汪伪行政院顾问的陆宗舆。他仅长王国维一岁，曾是王乃誉激赏其"才多""识定"的青年才俊。清光绪二十五年（1899），曾有诗送其游学东瀛，"伫看珊网获真龙"云云（在日记所附杂稿中）。二人后来的生涯均与日本有极大的关联，而身后声誉却有云泥之别（陆生前乡党以镌筑"卖国贼碑"以丑之）。是否不失其初心，砥志砺行，正是二人成年后的分野之所。

王国维离乡前的诗文已散佚殆尽。但他成年后的一些创作，也多少反映了植根于少年时代迥异于时人的心志和性情。如词作中咏松树"总为自家生意遂，人间爱道为渠媚"一句，描摹个体与群体意志的对立，是独立意志、自由精神具象化、戏剧性的抒写，可能还融入了作者对传统教育的反思，很值得我们今天做师长的回味。培良先生的书名"纵横书卷遣华年"，取自《少年游·垂杨门外》（收录于《人间词》）词中的"跌宕歌词，纵横书卷，不与遣年华"，也是辞理惬当的选句与镕裁。

王亮 2022 年岁末于复旦大学光华楼

目录

小　引

王国维（1877 年 12 月 3 日—1927 年 6 月 2 日），初名国桢，字静庵（安），亦字伯隅，初号礼堂，晚号观堂，又号永观，谥忠悫。浙江海宁盐官人（今盐官景区）。著名学者，国学大师，在教育、文学、美学、史学、哲学、古文字、考古学等领域成就卓著，被梁启超誉为"不独为中国所有，而为全世界之所有之学人"。

王国维，自 1877 年底（清光绪三年）出生起至 1898 年春（清光绪二十四年）22 岁①时离开海宁，前往上海任职，这段时间几乎占据其生命前半生的大部分。题中的"少年"即泛指这一段时光。它包含了王国维童年、少年的全部以及青年前期之漫长时光，悲喜交集，跌宕起伏。这期间他经历了丧母、求学、扬名、失第、结婚、谋生等人生诸多环节。毋庸置疑，这是其性格、思想、习惯、学业、情感等形成及发展的最重要时期，可视其为生命之"断代史"，生活之"折子

---

①　以下王国维记岁方式按江南传统，为虚岁，数字小写。

戏"。这其中绝大多数时光是在家乡盐官古城度过。盐官，是王国维生命成长的故乡，是其学术研究起步的平台，也是其精神构建的家园。王国维，因在海宁的人生滋养与学业基础开启了学术造诣成熟及成功之路；海宁，以一代国学大师王国维日后杰出的成就和影响而锦上添花，声名远扬。

"海宁王"与"王海宁"，这也许是王国维与故乡海宁间最美妙最真切的称谓或组合。

第 1 章　千年古城　独特环境

1877 年 12 月 3 日（清光绪三年，农历十月廿九日①），王国维出生在海宁州城盐官双仁巷内。海宁旧俗，"城里"即特指盐官城。

双仁巷，位于盐官城南门内。据《浙江省海宁县地名志》记载："双仁巷，废巷。位于南门内，离故城址约 20 米。以旧有双仁祠得名。西起南门直街，东至西学宫旁泮池边。今祠、巷无存，均为菜地。"

先有双仁祠后有双仁巷。

双仁祠，是为祭祀唐代平原太守颜真卿及其从兄颜杲卿所建。取名"双仁"，意在褒奖颜氏兄弟二人大义凛然，双双为国捐躯，实践儒家所倡导的杀身成仁、舍生取义之精神。

据明代赵维寰《宁志备考》卷八《颜真卿》篇②载："钱氏有国，遣官立庙于邑治之南，赐金额曰'双仁'。宋兴国间毁，复建于安化。"明代海宁知县蔡完所修《海宁县志》③ 中记录了碑文。摘录要点如下：

---

① 以下纪年、纪月及记日数字为大写者，指农历。

② 海宁珍稀史料文献丛书编委会：《宁志备考》（明 赵维寰），第 282 页，方志出版社，2011 年 6 月。

③ 海宁珍稀史料文献丛书编委会：《海宁县志》（明 蔡完），第 52～53 页，方志出版社，2011 年 6 月。

双仁祠,祀唐颜真卿、杲卿……

其略曰:忠莫大于整颓纲,勇莫难于折元恶,义莫重于昭往绩,事莫伟于饬嘉程。海宁县治之西,有双仁祠,肖像二颜,奉妥英爽,彰善瘅恶,扬厥风声……

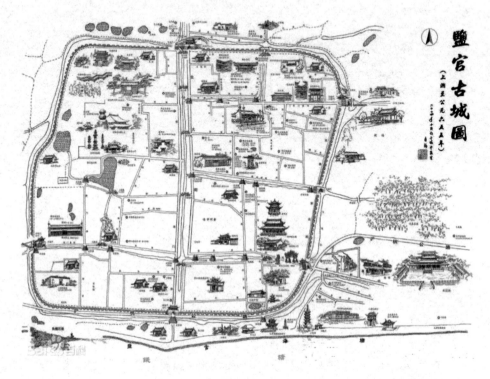

盐官古城图

碑记从"忠、勇、义、事"之相对应的"大、难、重、伟"四方面进行评述,可谓立意高远,言简意赅。"天下至德,莫大于忠。"以"忠"为首,其排列先后顺序颇为讲究,耐人寻味,意味深长。

双仁祠所在位置,大致就是今盐官南门内人民路以东、县前街以南、西学弄以西的这块地方,即原海宁客车厂址附近。"入春熙门而西,安成门以东,从计之,其南为胜安桥街,为崇儒坊,为双仁巷,为双庙桥街……"[①] 这里的"从计之",即由南而北平行,东西走向街道或建筑的

① 海宁珍稀史料文献丛书编委会:《宁志备考》(明 赵维寰),第 173 页,方志出版社,2011 年 6 月。

名称。祠前里巷，因祠而得名。

爱国是爱国者的墓志铭。但凡为家国为民族而奋斗而捐躯之先烈，后人都会将其铭记，都会以不同的方式追思之缅怀之。中华民族是一个重情重义的民族，对忠烈先贤历来敬重有加，并前仆后继地将爱国精神代代流传、发扬光大。

一块为先贤竖立的丰碑，就是一个有形的榜样，一个无声的教诲。读懂碑记，才是读懂一部活着的历史，读懂一个站着的英灵。

曾与《海宁县志》关联的事是王国维在成名之后曾为明嘉靖版《海宁县志》做点校，并留下跋语三则。其一曰："丁巳（1917）闰二月，假罗氏藏刊本校勘一过。此本与钱警石学博跋中所举六舟上人钞本合。盖与六舟本同出隆庆修改本也。惟罗氏所藏拜经楼本，乃嘉靖印本未经修改，别下斋钞本出拜经，而已多讹缺，学博据之以补六舟本。我辈生学博后数十年，乃得见原刊全帙，斯为幸矣。国维。"[①] 其点校稿本县志今藏于中国国家图书馆。另外，他还参与《浙江通志》编纂等工作。为乡志点校，既是一个学术行为，更是一个温情的功德，属于乡贤所为之范畴。依据自身所长，泽被桑梓、报效乡里的举动可以有千种万种，而文化传承与弘扬是其中重要之一。

在此情景下，我们完全可以有一个合情合理的想象：当王国维细心点校《海宁县志》时，其内心肯定是温暖馨香的，为家乡海宁丰厚的人文和历史感到自豪。时而汹涌澎湃，时而还会拍案击节，或沉吟再三。非常明显的理由至少有两个：其一，是自家祖居所在地与颜家两位仁人志士关系紧密。这是莫大的沾光，也是莫大的教育。因为中国人是非常讲究名声、气节，讲究教化的。环境，不仅是居住要素，更是影响力与教育力之所在。择邻而居便是重要参数。于是，便有了"孟母三迁""志士不饮盗泉"等典故。其二，颜家二位忠烈的一腔丹心碧血与王氏先人的忠勇刚烈可谓异曲同工，惊天地、泣鬼神，直接引发王国维的共鸣。壮怀激烈，不能自已，那是自然而然的事。对此，后文中还会有适当的展开与叙述。

---

① 海宁珍稀史料文献丛书编委会：《海宁县志》（明 蔡完），第 154 页，方志出版社，2011 年 6 月。

人，是血缘人文的产物，也是地理历史的产物。

还原及探究历史人物成长过程，首先需要考察其地域生长环境，包括自然环境和社会环境等的综合。法国历史学家布罗代尔认为，影响一个文明的精神气质最根本因素，是地理条件和自然环境。我们中国人则喜欢用"一方水土，育一方人"的传统说法。水土，是有灵性与内涵的东西，它不仅养活我们的生理身体，也滋养我们的灵魂精神。水土，构成文化的分水岭，文明的辨识度。

基于此，我们需要对王国维生活与生长环境作一个简要的介绍与分析，从中也许可以梳理出王国维思想、性格与情感形成发展的一些端倪或是线索。换言之，在王国维身上所散发的人性光芒及学养境界，就是这方土地孕育出精神特质之鲜活呈现与集中凝聚。王国维，他不仅是海宁文化一个成功的个案，更是一个典型、一个范式，一个集大成者。文化烙印就是标识，学术高地就是台阶。灵秀海宁，是一方不一样的水土，不一样的地方。

追根溯源，就该从盐官这座城的历史说起。

先来说一说盐官城在王国维还未出生之前的漫长历史，以及背景或情形。有"前因"才会有"后果"。作为一座历史名城，盐官城，因为有王国维或是像王国维一般杰出人物的薪火相传、建功立业，其历史才如此厚重博大，光彩照人。

盐官，是一座因钱塘江而生而兴的古城，生生不息，卓尔不群。

顾名思义，"盐官"者，"盐"是起点，也是重点与亮点。世代先民在钱塘江两岸以晒盐为业，最终成为国家最重要的海盐产地。食盐，是千家万户生活之必需品，也是直接关联民生问题及家国安危的战略物资，所以对海盐加强行政管理势在必行，为历代统治者所倚重。围绕盐与铁等的专营问题，西汉桓宽曾撰写《盐铁论》。它是对"盐铁会议"记录整理而成的"会议纪要"，是研究西汉经济史、政治史的重要史料。一言以蔽之，"盐"代表日常生活，"铁"代表生产力。

有盐，并加以行政管理，直接影响到"民稳"与"国富"之高度之要务。相关史书有如此记载。司马迁《史记·吴王濞列传》载："……煮海水为盐，以故无赋，国用富饶。"西晋司马彪《续汉书·百官志》载："凡郡县出盐多者，置盐官，主盐税。"而"盐官"名之来历，大致有几种说法。"汉初，吴王濞（前195—前154）在海盐乡马嗥城设司盐校尉（即盐官）"①。"西汉元狩四年（前119）于会稽郡海盐县置司盐之官，盐官一名始于此。海宁地属由拳、海盐地。"②"《史记·平准书》载：汉元狩五年（前118），'使孔仅、东郭咸阳乘传举行天下盐、铁，作官府，除故盐、铁家富者为吏。'其时郡县设盐官者甚夥，而会稽郡所辖，惟海盐县有之，然非地名，乃官秩之谓。此乃盐官名之发轫。"③ 盐官，即司盐之官，直接管理食盐生产及专营等事务。其职责功效与"教官""军官"等相近或相似，实为家国治理之重器。

随着盐业发展，特别是生产力不断提高，江南地区得到进一步开发与进步，人口逐渐聚集，经济日益兴起，所以除了进一步加强对盐业管理之外，统筹地方行政管理便提上议事日程，其行政建制迫在眉睫。

在盐官（海宁）走向正规行政管理的漫长道路上，重要节点或是事件大致有如下记载：《海盐县志·概述》云："建安五至八年（200—203），析海盐西南境、由拳南境置海昌县（今海宁）。"张镇西《盐官志补纂·自序》析："吾邑置县实自海昌始，溯自东汉之孙吴，时约建安十年（205）。"《海宁市志·建置·沿革·境域治址》（1995版）及明嘉靖《海宁县志》卷九古迹载："东汉，约建安八年（203），割海盐县西南部北至硖石南，东至黄湾一带，西达临平，南至赭山古海岸。都尉治所（海昌府）在县南（盐官镇）二十里三十步。"陈寿《三国志·陆逊传》载："孙权为将军，逊年二十一，始仕幕府，历东、西曹令史，出为海昌屯田都尉，并领县事。"陆逊作为管理者的名字首先出现。如今，在盐官古城内设有陆逊点将台，在古镇路仲东南处一侧竖立有"陆逊屯田兵营"之碑石等，以志纪念。

而海昌改名为盐官，是在三国吴时期。《太平寰宇记》引用《吴录·地理志》载："盐官，本名海昌，（吴）时改为盐官，属吴郡。"《水经注》

---

① 《海盐县志·大事记》，第7页，浙江人民出版社，2011年10月。

② 《海宁市志·建置·沿革》，第3页，汉语大词典出版社，1995年12月。

③ 张镇西：《盐官志补纂·自序》，第1页，浙江古籍出版社，2019年12月。

引《太康地道志》载："吴有盐官县。"《宋书》引《吴记》载："盐官，本属嘉兴，吴立为海昌都尉，治此，后改为县。"

据最新版（2021年版）《海宁市地名志·概况》载："东汉建安八年（203），陆逊被召入以孙权为首的东吴政权幕府，历任东、西曹令史。约建安十年（205），孙权划出由拳南境，设立海昌县，辟为屯田专区，任命陆逊为海昌屯田都尉，兼海昌令。这是海宁最早的政区建制，虽然属于地方割据政权所立，但在东吴历史进程中，在其立国后，仍一直沿用这一建制，无疑为海宁置县之始。直至三国末（约吴元兴元年，即264年），才将海盐县西部一部分划入海昌县，并改名为盐官县，始有盐官之地名。"①

南朝时，陈武帝永定二年（558），割盐官、海盐、前京三县置海宁郡，境内始有"海宁"之名，其意为祈求海涛宁谧，郡治盐官。后主祯明元年（587）废海宁郡，置钱唐郡，盐官县改属之。唐武德七年（624），盐官并入钱塘县。贞观四年（630），复置盐官县。沿袭至宋。元元贞元年（1295）升盐官县为盐官州。天历二年（1329）更名为海宁州。明洪武二年（1369），由州降县。清乾隆三十八年（1773）复升县为州，属杭州府，一直延续到民国时期。

一旦建立县一级行政单位，自然就涉及县治所在地等问题。

明代胡奎《筑城谣》中有"隋有盐官城，汉无盐官城；唐有盐官城，宋无盐官城。荒城芜没知何代？唯有东流水长在"之说法。

据明代嘉靖《海宁县志》载："海昌府，在县二十里三十步，周围五里。隋大业元年废。"大业十三年，又重建。据南宋《咸淳临安志》引用北宋《祥符旧志》记载："盐官县。古城，在县西北四十一里，周六百步，高八尺。隋大业十三年筑。今废。"而明末《硖川志》编者潘廷章认为，文中"西"乃"东"之讹，隋代盐官城址应位于硖石由拳古城。

唐永徽六年（655），迁县治，筑盐官城。这就是今盐官古城之缘起。据南宋《咸淳临安志·卷之十八》引用北宋《祥符旧志》记载："盐官县，

---

① 《海宁市地名志》编纂委员会：《海宁市地名志》，第2页，中国地图学社，2021年12月。

城周四百六十步，高二丈，唐永徽六年筑，濠阔五丈，深四尺。"以北宋计量单位折算，城墙合围 630.2 米，高 5.48 米。南宋建炎年间（1127—1130）盐官县城遭遇兵火，城墙等受损严重。南宋绍兴初年，盐官城墙得到修复，并对唐代留下的古城规模进行拓展，一直沿用到元代。元至正十九年（1359）春，"江浙分省以四邻多警，檄左右司都事陈君元龙相其地势而兴筑焉"。至正二十二年城墙筑成。所筑之城高一丈五尺，周长七里九十步。设陆城门五座：春熙门（大东门）、镇海门（南门）、安戍门（西门）、拱辰门（北门）和宣德门（小东门）。同时设水城门三座：拱辰门、宣德门和安戍门。城墙外有护城河，周长与城墙大致相等，宽五丈，深一丈。明代基本沿用元代所筑城墙，洪武、永乐、嘉靖年间陆续加强城防设施。明嘉靖之后，盐官城墙基本定型，其城高二丈五，下广二丈五，上广一丈八。到清代，盐官城墙在顺治、康熙、雍正、乾隆、道光、光绪年间有多次修缮及加固。

盐官大东门

盐官城墙于 20 世纪 30 年代因修筑沪杭公路而开始拆毁。至 1958 年，盐官城墙之大部分被夷为平地。现只保留拱辰水城门一座，硕果仅存，为海宁市级文物保护单位。

自唐至 1937 年抗日战争全面爆发这 1200 多年间，海宁县治一直设在盐官。

一部简约的历史，犹如人之骨架，硬朗且鲜明。而其间诸多的历史人物及其重要事件则构建成血肉、气韵和灵魂。于是，盐官城的历史既棱角分明，又神采飞扬。

据明代《海宁县志》① 记载：

> 会稽郡有海盐县。汉吴王濞煮海为盐，两汉《志》但有海盐县，晋、宋《志》乃有海盐、盐官两县。县以盐官为名，盖起于濞。陈武帝永定二年置海宁郡，割盐官、海盐、前京三县隶焉。隋大业三年，改杭州为余杭郡，盐官隶焉。唐武德七年，省盐官入钱塘。贞观四年，复置盐官县。宋因之。元元贞二年，以户口数登，升为中州。延祐、泰定间，潮汐为患，天历二年始宁，更名为海宁。国朝洪武二年复为县。

王朝更替，时代前进，生产力进一步提升，特别是劳动工具的革命和改善，江南广袤土地经过排涝设施的建设与整理，得到开发并渐趋成熟，于是农业及农作物生产随之得到推广与稳产。到了唐宋时期，江南真正进入农业文明兴盛期。著名诗人白居易有诗云："苏杭自昔称名郡。"经济地位提高，政治文化地位等也会水涨船高，芝麻开花。

经济虽趋向繁荣与多元，但传统盐业依旧是独领风骚，保持主导地位。据载，自秦汉时期至唐代中期，盐官一带具有一定规模的盐场有 4 座，发展比较缓慢。至宋，随着晒盐技术进步而进入快速发展期。北宋太平兴国四年（979），盐官境内盐场扩展至 8 座，曰蜀山、岩门、上管、下管、南路、袁花、黄湾、新兴。盐的年产量为 133970 余石（约 10000

---

① 海宁珍稀史料文献丛书编委会：《海宁县志》（明 蔡完），第 17 页，方志出版社，2011 年 6 月。

吨），宋代一石大约是 75.9 千克。盐业是当时课税的主要来源，在国家财政收入中占有举足轻重的地位。而且，盐官所产海盐成色最好，质量最高，影响最大。据《宋史·食货志》记载："……诸场皆定分数，盐官场为八分，盐官汤村用铁盘，故盐色青。"如此，盐官的综合实力及影响力日益提升。

盐业发展及发达，势必需要运输业的支撑及配套。旧时，江南水乡，水运无疑是最重要的交通手段。单就水系而言，盐官城就是一座奇特的古城。明嘉靖年间海宁县令严宽所著《海宁水利图志》序言中，对盐官一带水系所起作用等有如此评述："南曰海塘，北自拱辰门达仁和曰上塘，东至宣德门达运河曰下塘。海塘为要，上塘次之，下塘又次之。"

北宋时期，从赭山有河通上塘河，可直达杭州城内。苏东坡于北宋元祐四年（1089）任杭州知州时，为了保证运盐航道畅通，曾在一个雨天亲自到盐官汤村工地领导开河工程，丝毫不敢怠慢。这是因为"盐事星火急"。北宋元丰年间（1078—1085），盐官汤村所产海盐属于贡品，名气很大。庆幸的是，苏东坡不仅是一位恪尽职守的父母官，还是一位名垂青史的大诗人。他留有《汤村开运盐河雨中督役》一诗，字里行间高清晰地保存了历史原貌，其场面穿越千年依旧栩栩如生。

苏轼画像

苏东坡曾两次到杭州任职。第一次是北宋熙宁四年（1071），任通判（一州的副长官），第二次是北宋元祐四年（1089），任知州。于是，到访杭州下辖的海宁，那是自然而然的事。据载，苏大人来盐官至少有 3 次，或体察民情，或探访友朋，或观赏风景。文人为政，更何况是才情横溢、风流倜傥的苏东坡，自然会留下著名诗文等成为历史印痕。所谓"人生到处知何似，应似飞鸿踏雪泥"是也。苏东坡以盐官为题材而留下的诗文，是盐官之幸运，更是海宁文化遗产中最为宝贵的一笔财富。在海宁，若是以"海宁遇见苏东坡"或是"找寻苏东坡在海宁的足迹"等为话题，研究苏东坡与海宁（盐官）的交谊，是一个有意义且有情怀的历史文化命题，也是宋韵文化在海宁生根开花之生动案例。因为，这既是一个有真实史料作支撑及依托，又有文化渊源探幽情趣之所在的课题。历史名城与历史名人滋生的马太效应，是一笔丰富巨大的文化财富。

在《盐官绝句四首》中，苏东坡对南寺千佛阁与北寺悟空禅师塔等进行生动描述，诗行中氤氲浓浓的禅意，透视出诗人过人的心胸和格局。天才往往是超脱的、非凡的。结合诗人生平，我们知道，不管是顺境还是逆境，苏东坡一直保持乐观豁达的胸怀，积极作为的姿态，并以诗词书画为载体，尽情抒发，皆成名篇。这不仅是才情的展示，更是人格魅力之所在，历久弥新。如此，苏东坡的诗情为古城盐官之风情作背书。那些诗句犹如鲜明而无形的"钤印"，光彩夺目，熠熠而辉，散发出亘古的幽香。

《南寺千佛阁》：

> 古邑居民半海涛，师来构筑便能高。
> 千金用尽身无事，坐看香烟绕白毫。

《北寺悟空禅师塔》：

> 已将世界等微尘，空里浮花梦里身。
> 岂为龙颜更分别，只应天眼识天人。

唯有"天眼"方能"识天人"。同频共振到一定的节奏或波段时，才会产生共鸣，并穿越时空。人与人之心灵沟通亦是如此。

神奇的苏轼，曼妙的宋韵。

那时的盐官，真是一派江南繁荣景象之缩影。南宋《咸淳临安志》中有"盐官县图"，图中有范蠡塘和捍海塘，盐官至尖山有六十里塘，塘外密布盐场。

从繁荣到繁华，不仅是气象之蝶变，更是境界之升华。

在盐官或海宁发展历史进程中，至关重要的事件莫过于南宋建都临安。对于大宋王朝，这是遭遇巨大耻辱与危机后迫不得已的决策。而对于原本远离皇城幅员辽阔的江南而言，这可以说是千载难逢的机遇。历史，在此现出惊艳的拐点，开启鼎盛的序幕。江南，开始大放异彩，风情万种。

由此，璞玉一般的杭州登堂入室，光彩照人，最终定格为"七大古都"之一。

绍兴八年（1138），南宋正式迁都临安府（今杭州市）。至此，中原政治经济文化中心仓皇南迁的步伐基本得以稳定，其携带的综合能量与辐射效应开始释放，春风浩荡，无限生机。显而易见的是，它不仅带来巨大的物质财富与生产经验，更有大批北方移民南迁，人口集聚，人气暴涨，人才荟萃。于是，江南经济社会真正进入发展繁荣的快车道，江南文化与文明得到井喷式的发展，最终趋向辉煌的巅峰。

随之，海宁成为京畿之地。一时间，天降灵光，海宁仿佛中大奖似的进入高光时刻。《宋史·地理志》："临安府……盐官（上）……绍兴中，……升畿。"京都丰富内涵的溢出效应，给海宁，特别是给盐官，带来巨大的想象空间和发展机遇，以及巨大的推动提升作用。自此，从政治经济到文化人才等全方位的红利滚滚而来，源源不断。

"东南形胜，三吴都会，钱塘自古繁华。烟柳画桥，风帘翠幕，参差十万人家。"

最直观的显现是商业的繁荣。盐官城远比周边有名的江南市镇要繁华要有品位，街上不仅有早市和日市，还有夜市，一派繁华之景象。宋代诗人有诗云："灯火家家市，笙歌处处楼。"宋人范成大在《吴郡志》中录有一句谚语最为形象且生动，流传千古，叫作"天上天堂，地下苏杭"。福地福人居。在苏杭一带福地中，有一座古城叫盐官，它是我们家园之所在，祖宗之所在，亲友之所在。最终，成为我们灵魂之所在，安身立命。

如此历史之悠久，经济之发达，给海宁民众带来比较安宁生活的外部条件与环境，同时也给世代居民注入强大的地域基因，绵延不绝，生生不息。人，是自然的产物，更是自然的灵长。

再来说一说乡风民俗与教育教化。

人，除了自然属性以外，更具有社会属性，这就是文明的意义、价值和作用。

社会进步与发展的表象是政治经济在起主导作用，但"人"是决定因素。人，众人，大众，才构建成家国天下，构建成历史与现实。于是，大众的品行和素养直接决定一方水土的人文质量和品位。海宁人历来以勤劳肯干、吃苦耐劳、智慧能干而著称。其风俗淳朴、风清气朗，崇文重教、安居乐业。

所谓海宁精神，它是由一群又一群人、一代又一代人，浓缩及抽象出来的传统特质与特征。同时，它也是历史进步鲜活的证明及证据。它，不但是地方文化之结晶，也是普世文明之象征。

对此，作为一方主政者，明代蔡完自然有切身的体会与心得。对此，在《海宁县志》中有非常明确的概括及记载：

> 按《隋志》曰："吴郡杭州盐官县，土泽沃衍，商贾并凑。其人君子尚礼，庸庶淳庞，风俗澄清，道教隆洽。"
>
> 宋苏梦龄《记》曰："其民强勤，其习纯悫。行者工舟楫，居者业稼穑，鲜有惰游。"
>
> 李洪《记》曰："盐官民淳易治，风俗简俭，尊儒崇释……"云。
>
> 今按，古今人情，固无相远。至人国朝，风气愈开，文教彬彬，仕者接踵……①

这其中要点不外乎二，其一是"其民强勤，其习纯悫"。民众勤劳淳朴，兢兢业业，又坚强有力，富有活力。而习俗又是那么纯真、本分与朴实，不喜浮华及奢华。所谓"悫"，意为诚实、谨慎。由这个词，自然会让人联想起清废帝溥仪赐王国维谥号为"忠悫"一事。其二是君子（读书人）的引领和楷模，他们崇德尚礼、崇文求真、崇善致美，以文化人，于是"风气愈开，文教彬彬"。民风淳朴、社会安定，民众勤俭持家，安居乐业，这些风气或景象的形成需要时间累积，需要自然界风调雨顺为基础，更需要统治者"以民为本"理念与政策的支撑，同时也需要以文化传统与底蕴等为保障。

这中间，读书人的教化与教育大有可为，非常重要。读书人以身作则

---

① 海宁珍稀史料文献丛书编委会：《海宁县志》（明 蔡完），第18～19页，方志出版社，2011年6月。

作表率，春风化雨作引领，风清气正，无疑会造福一方水土。盐官，历来是崇文重教之地，耕读为基础，诗书为指要，如此，人文荟萃，人才辈出便是合情合理之结果。

其代表人物呈现出海宁精神之核心之传统，古人有精准表述，特别强调"节义""高尚"等。

先达如许睢阳之节义，张侍郎之理学，许黄门之高尚，斯诚愿为执鞭而不得者……①

万山磅礴，必有主峰。

艰难困苦，玉汝于成。历经不懈累积，海宁文化繁荣终于迎来第一座高峰。其标志性人物是南宋张九成，历史事件是其高中状元。

张九成是海宁历史上唯一一位状元，开创地方科举之巅峰。其学术成就是创立"横浦学派"，影响深远，意义非凡。

张九成在政治上主张抗金。其著作有《横浦集》二十卷及《孟子传》等。

张九成在海宁创建了第一所书院，讲授经史，传道授业解惑。后被命名为张文忠公书院。至今，在黄湾菩提山有张无垢读书台遗址，在盐官有状元坊之名等。

张九成在海宁开塾授徒，硕果累累。"出其门者，多为闻人。"在《宋史·张九成传》有如此说法。南宋绍兴二年（1132），张九成与弟子凌景夏一同考取进士。老师被钦点为状元，学生被钦点为榜眼，这在盐官轰动一时。而其更深远的意义在于，它彻底改变了地方传统陋习和愚昧，使大家更看重教育看重人才。如此，读书之风、育人之风，蔚然盛行，并成效显著。对此，《海宁州志稿》中有高度评价："民逐鱼盐为生，列肆负贩，自张九成师弟以儒学显一时，三年之间，磊落相望。"

据史料记载，在清以前，供奉在盐官乡贤祠堂的人物一共有 7 人。他们曾是或依旧是"影响中国的海宁人"。

---

①　海宁珍稀史料文献丛书编委会：《宁志备考》（明 赵维寰），第 182 页，方志出版社，2011 年 6 月。

> 府学乡贤祠，宁邑，先达祀其中者，凡七人：曰顾欢，曰褚
> 无量，曰许远，曰张九成，曰施德操，曰杨璲，曰杨由义。[①]

一代又一代先民生于斯，长于斯，日出而作，日落而息，贡献汗水也贡献智慧。由此，这片土地越来越肥沃，其内涵也越来越丰富及厚重，可圈可点的人物建功立业，可歌可泣的事件彪炳史册。文化高地就是如此打造而成的。海宁的文化海拔令世人肃然起敬。

为了集中主题，节省篇幅，请允许我将历史前进步伐按下"快进键"，迅速进入近代史，以便让我们的主人公及相关人物尽快地登台。所有的前戏都是背景，都是"前因"，旨在营造气氛或环境，引出"后果"。

说起中国近代历史，于国于家，无疑都是一部苦难史，同时也是一部抗争史。对于盐官这座古城而言，遭受的灾难与不幸更是记忆犹新，历历在目。最为激烈或惨烈的至少有两项，一是来自自然界的潮患。由于钱塘江改道，到清代，万马奔腾的海潮就在盐官城眼皮底下呼啸而过，时而冲垮海塘，时而淹没良田，吞噬生灵，更直接影响到整个杭嘉湖平原乃至江南大片土地的安危。于是，修筑海塘，特别是修建鱼鳞石塘工程由此开启并渐趋成熟。二是太平天国战乱给海宁带来的巨大伤害，直至毁灭性打击。1861年2月18日，太平军攻克盐官。其中遭受破坏最大之一者为安澜园。由盐官安化王氏家族开始的几代人苦心经营的私家园林毁于一旦，万劫不复。

太平天国后期，曾经繁华富庶的江南一落千丈。"几于百里无人烟，其中大半人民死亡，室庐焚毁，田亩无主，荒弃不耕。"[②]

侥幸的是，王国维出生时，太平军造成的战乱已经平息。盐官城逐渐恢复至以往的平静与安宁。"宁为太平犬，莫作离乱人。"这不是文人故作夸张，而是血腥的事实及教训。

---

① 海宁珍稀史料文献丛书编委会：《宁志备考》（明 赵维寰），第177页，方志出版社，2011年6月。
② 王韬：《园文录外编》卷7。

第 2 章　一门忠烈　家园兴衰

　　在盐官古城，除了上文提及双仁祠之外，还有两个彰显"忠义""爱国"传统的纪念堂影响深远，照亮青史。竖立英雄人物丰碑，不仅意在缅怀及讴歌他们的丰功伟绩、他们的崇高壮烈，更在于对后人的激励和感召。传承先烈的精神，光大他们的品行，拓展他们的事业，这是后来者的职责与使命。历史前行，文明进步，源于此，又赖于此。

　　其中一个纪念堂叫双忠庙。这是为纪念唐时睢阳太守许远及守军将领张巡而立。

　　许远，字令威，海宁人，唐代著名爱国将领。

　　"渔阳鼙鼓动地来"，唐天宝十四年（755），胡将安禄山、史思明发动叛乱，史称"安史之乱"。叛军迅速占领唐都城长安（今西安市），唐玄宗李隆基南逃入川。随之，大唐半壁江山沦陷于叛军铁蹄之下，百姓处于水深火热之中。不久，叛军挥军南下，却在睢阳（今河南省商丘市）遭到唐军顽强抵抗。睢阳，历来是兵家必争之地。死守睢阳，成为扭转大局的枢纽。当时据守睢阳的太守就是海宁人许远。他与雍丘守军将领张巡一起，在睢阳书写了一曲万古流芳的壮烈悲歌。当时攻城的叛军有 13 万人之众，而睢阳守军仅 6600 余人。虽敌众我寡，但许远和张巡率领士兵浴血奋战，前仆后继，誓死抵抗，使之变成一场拉锯战，历时 14 个月。

　　正是这一年多时间的睢阳保卫战，为唐王朝平定"安史之乱"赢得了时间和实力准备。韩愈曾撰文歌颂以许远为代表的爱国壮举的时代价值和历史意义。许远殉职后，被追授"荆州大都督"，谥号"忠义公"，图像入凌烟阁，并赐庙，世代祭祀。

盐官双忠庙始建于宋太宗赵光义雍熙四年（987），原址在盐官城鱼巷西段。在原海宁三中食堂位置，尚存千年古樟一株，即双忠庙内之植树。在双忠庙附近曾建有节义坊。"节义坊，在县西八十七步，双庙在焉。"①

双忠庙，成为历代潮乡后人祭奠忠烈之士的重要场所。其大门前有一副佳联："国士无双双国士，忠臣不二二忠臣。"

另一个纪念堂叫"安化王祠"。

我们从两方面来解读：一是通过祠内碑记及相关史料，大致了解王氏延续之脉络及历史；二是祠堂建筑本身的命运变迁。

王氏是一个有悠久历史与光荣传统的姓氏。据清道光三年（1823）重修之《安化王氏宗谱·原始》记载："吾安化王氏之始祖，系周灵王太子晋，直谏废为庶人，赐姓王氏，世居洛阳。"传至十九世王元，初为临淄令，为避秦乱，迁琅琊，后徙临沂，为"琅琊王氏始祖"。

明代邑人沈友儒在《安化王祠碑记》②中，对王氏家族历史进行了比较系统的梳理及记载，不仅让沉默的史实，特别是被湮灭的历史，有了清晰的回音及脉络，更让后人更清楚地了解王家代有才人的辉煌史。在南宋灭亡以后，王氏分为几支，各奔前程。

> 王之先，山东青人也。在宋初，家世以将显。迨徽宗朝，有讳禀者，以都统屡立战功。靖康间，镇守太原，粘没喝攻围，竭力捍御。久之，粮尽援绝，城遂陷，乃与子阁门祗候荀，入告原庙，抱太宗御容，抗辞骂贼，俱赴汾水死。事闻，追封安化郡王，谥忠肃。子荀，赠右武大夫，恩州刺史。
>
> 建炎四年，高宗驻跸临安，褒录死节，特与故太傅安化王赐

---

① 海宁珍稀史料文献丛书编委会：《海宁县志》（明 蔡完），第 23 页，方志出版社，2011 年 6 月。

② 海宁珍稀史料文献丛书编委会：《宁志备考》（明 赵维寰），第 329～330 页，方志出版社，2011 年 6 月。

谥"忠壮"，召其孙沆，诣行在，袭封前爵，恩赉甚渥，赐第盐官邑治之西北安化坊。有旨：家属所居处，州县长吏加意抚存，以为坚守死节者劝。沆居是邑，凿河泄潮，亦有功于民焉。沆子三：忠、恕、谦……十一传，元季避兵，有胜一之弟胜二，

太原保卫战

迁居海盐横山；胜三迁北门，后徙萧山；胜四以嫡裔承祖祀，随兄胜一迁居灵泉里，生子二：明、宾。宾于洪武间以楷书荐，繇中书舍人迁礼部郎中。明生禧，宣德间以税殷，荐知河间府。禧生本，本生雄，正统间以贤良荐，经历后军督府，土木之难扈征有功。弘治间，雄子端从孙梅，以邑庠生呈董学吴公，即三管墩创祠祀之。嘉靖壬子，祠毁于兵火。隆庆元年复创，复被毁……

其重点大致是三方面概述。

其一，王氏是将门之后，更是忠烈之家。"人谁不死？死国，忠义之大者。"① 王国维远祖王圭、王光祖、王禀、王荀四世，均以战功显赫。其中王圭、王禀及王荀均死于国难，尤以王禀著名。北宋靖康元年（1126）王禀以马帅总军身份在太原抵抗金兵，守城御敌。在矢尽粮绝，救援不至的情况下投汾水殉国，成为一位勋绩卓著的民族英雄。南宋建炎四年（1130），高宗追封王禀为安化郡王，谥忠壮。嫡孙王沆袭封，赐第盐官城北，名其里为"安化坊"，娶状元张九成之胞妹为妻，封安国夫人。于是，王沆因而被尊为海宁安化王氏始祖。

———————————

① 陈寿（晋）：《三国志·魏书·杨阜传》。

远祖禀，宋靖康中，以总管守太原，城陷，死之，赠安化郡
王。孙沆，随高宗南渡，赐第盐官，遂为海宁人焉。①

王沆画像

其二，王家后人，特别是王沆（字符
广，又字慕京）册封盐官后，殚精竭虑，
有所作为。所谓"凿河泄潮"，就是带领
民众开挖塘河，以抵抗钱塘江海潮的肆
虐。所挖河道时人称其为"王慕京港"，
后谐讹为"麻泾港"。造福一方，恩泽百
姓，才会赢得民心，赢得敬仰。

其三，王家延续诗礼兴家传统，读书
做官，建功立业，不负先人荣耀。其间，
王氏家族或因科举入仕，或因经商谋生，
而离开故土。但他们依旧保持王家先贤的
传统和风骨。所谓贵族，不仅是官宦门
第，更是书香世家，对传统文化有薪火相传之功，有潜移默化之功。而留
在盐官的王氏则一如既往地发扬文化高地的引领与辐射作用，使得盐官一
带读书的风气兴盛，俊彦辈出。这是盐官之幸。一座城市文化文明之兴
起、发展至繁荣，离不开核心家族或核心人物的指引、影响及功绩。

历史虽然是过往云烟，而英雄的"精神"却是永垂不朽，永远是
"活"的，是"热"的。

王氏先人誓死抗金以身殉国的英勇事迹，一直在海宁传颂，受到民众
敬仰。抵御外敌，保家卫国，这是中华民族坚贞不屈的优秀传统。马革裹
尸，重整山河，这是历代英雄豪杰大义凛然之写照。"待从头、收拾旧山
河，朝天阙。"而崇拜英雄，为之竖碑立传，建立纪念堂，这不仅是为了宣
传王家"忠君爱国"之传统精神，也是为了彰显海宁民众的使命与职责。

大约在南宋后期，海宁就建有安化王祠。但由于战争频繁，社会动

---

① 王国维：《先太学君行状》。海宁市史志办公室编：《王乃誉日记》，第 1 页，中
华书局，2014 年 7 月。

荡，安化王祠修建时间，特别是最初所建位置等情况，现已无法考证。至元末史籍中才看到安化王祠位置记载：县城盐官五十里外的三管墩。

三管墩，位于今日谈桥钱家兜一带。清代邑人许焞在《重建三管墩安化王祠碑记》中明确记载在三管墩建造安化王祠之事。

斗转星移，沧海而桑田。久而久之，位于三管墩的安化王祠逐渐趋于衰败破落。于是，便有了后来者易地重建的倡议及举动。

明代鲍观光在担任盐官邑令期间，接触到王家历史，为王家先人忠烈节义之精神而备受感染与鼓舞。作为地方管理者，自然明了充分利用英雄人物光辉事迹对民众进行教化引导的重要性。于是，决定将安化王祠从三管墩迁移至盐官古城附近。

此时，安化王祠已破败不堪，摇摇欲坠。历史文献为我们留下非常生动且明白的描述，"年久圮坏，碑仆像毁，殊不称崇祀意"。让人产生崇敬肃穆之意，的确需要一定的媒介或是载体。随之，鲍县令事必躬亲，不仅亲自勘察地理，还带头出资并召集王家后人出钱出力。他信心满满，期望殷殷。其详尽史实在《移建安化王祠记略》[①] 一文中有清晰记载。

> 有宋安化王王公，忠烈贯日星，父子一辙……祠在三管墩，去邑治五十里，年久圮坏，碑仆像毁，殊不称崇祀意。查得县西有安化桥，桥东安化巷有安化坊，则王之旧第当在此。然王谢燕泥堕百姓家，令人唏嘘吊遗烈耳。余视县之东偏，有隙地，谓足妥王之灵，乃出官帑，肖王像其中，岁时致祭，以昭报也。查王之支裔可二千余指，而祭田仅六亩。余因为规料，每人月出银一分，不能者半铢，一文亦足致孝思，殷饶者什百，惟听。则一岁所积，足当中人之产，再岁可知矣，三年五年又可知矣。即增饰殿宇，焜耀河汉，不亦可乎？然后以《宋书》所载王事，镌之贞珉，与天壤同敝。王氏子孙其有意乎？慎毋惜阿堵，俾前烈之不光也。

_____

① 海宁珍稀史料文献丛书编委会：《宁志备考》（明 赵维寰），第 330 页，方志出版社，2011 年 6 月。

历史常常有惊人的相似之处。文人在思考人生或社会重大命题时往往会突破时空，以人性的光芒来照亮矻矻以求之路。文中所言"镌之贞珉，与天壤同敝"，意思是要把王家的忠烈之事镌刻在石头上，使之天长地久，使之与日月同辉，光照乡里，成为楷模。这自然让人联想到著名学者陈寅恪在《王国维纪念碑碑文》中的句子："宜铭之贞珉，以昭示于无竟"，颇有异曲同工之妙。

安化王祠于嘉靖壬子年毁于兵燹，后再次重建。与绝大多数传统砖木结构建筑命运一样，其后也是陷入屡毁屡建的宿命中。一座建筑的命运往往是时代命运之缩影、折射或代言。俄国著名作家果戈里有句名言："当音乐与传说都缄默的时候，还有建筑在说话。"

时至清康熙五年（1666），盐官主政者带领民众又一次重建安化王祠。在碑记中最令人心动的句子是：

> ……使当时宋三宗亦尽能如王父子，则徽钦可不北，高宗可不南……后之君子观于安化王祠，为臣思忠，为子思孝，廉顽立懦……宋社可迁，此心不徙。追感王家，忠孝两美……

很明显，这里的碑文，不仅仅是记载或颂扬王家先人忠烈，更在于借古喻今，更在于反思教化的意义。"为臣思忠，为子思孝"，高尚的节操可以激励人振奋向上，以求忠孝两美。

当然，在不同时代，所谓"忠孝"的内涵或形式是有本质区别的。时代会赋予其崭新的内容及使命，与时俱进，对于家国的忠诚捍卫，对于亲朋的孝顺尊重等品德和传统，其本质属性或精髓要义几乎是永恒的。正是这些经典内核，才使中华民族的血脉生生不息，生发出光，散发出热。

根据一位叫孙丘的在乙丑年闰四月间写给王国维的一封信中得知，安化王祠曾于1925年初夏有过一次比较大的修葺。

> 安化祠虽经孙逐年修葺，而气局太小，又将倾圮。前曾与健庵及儿辈看过，近日正在动工，殿宇加高二尺，余稍事恢扩，约费千五六百金，当令儿辈分任之。现拟将安化王禀殉姓始末及正史原文封恤、时期叙述一篇立石祠前，亦表彰先德之不可少者。

此事非属之我贤不可，万望即日叙次，将原稿示下，以便付刻。
至盼，至盼。至修理祠宇，五月可以工竣。①

"我从哪里来，我是谁，要到哪里去"，这是被誉为"人生三大终极问题"。不管是生命个体还是氏族大家，都应对此命题有思考，有职责，有作为。

海宁安化王氏宗谱

①　马奔腾：《王国维未刊往来书信集》，第 139 页，清华大学出版社，2010 年 11 月。

《宋史》有王氏先世《王珪传》与《王光祖传》。但遗憾的是，"靖康之难"中为国殉职的王禀等人物事迹在《宋史》并未明确记载。对于先人忠烈之事，王国维不仅烂熟于心，更深感自豪，由此激发他为先人作传的责任感。他根据《宋史》《三朝北盟会编大金吊伐录》等史书，撰有《宋史忠义传王禀补传》，以补相关历史之缺。此文后更名为《补家谱忠壮公传》，辑入《观堂集林》。

> 靖康之局之所以得支一年者，公延之也……勋绩忠烈，特查考史志，为之补传。[①]

在对王氏家族血脉延续和杰出人物生平事迹及相关史实基本梳理之后，就有必要对王氏家族在盐官落脚位置、住处及环境等有一个说明。

安居方可乐业。在哪儿住，即选择安身之处，这肯定是人生大事，更何况是望族之后呢？于大有讲究，于小要研究。

王家在海宁精心选址，安家落户，其建筑与周边环境的规划布局、品位格调等自然是可圈可点，并与时代背景遥相呼应。

自南宋王朝与北方金人于1141年缔结《绍兴和议》之后，南宋朝廷换得临时的安稳与和平。这景象可从定"临安"（今杭州市）为行在（临时首都）之称谓中得到充分证明。临安，即"临时安置，不忘故土"之意。随着战火与厮杀渐渐远去，江南进入比较安定的状态，经济社会由此进入繁荣之轨道。

海宁升为京畿，充分享受来自皇都政治经济文化诸多方面的红利。这平和与繁华的气象最终酝酿并结晶出一座名闻遐迩的私家园林。设计建造这座园林的主人是王国维之远祖，海宁安化王家族。所以，这座园林可称之为王氏家园。它，就是大名鼎鼎"安澜园"之前身。

王家故园，而隔园，而遂初园，而安澜园，虽历经兴衰起伏，但一脉而相承。如此，探究安澜园之前世今生，无疑是翻开了一部曲折且丰富的历史书。

---

① 《补家谱忠壮公传》，《观堂集林》卷二十二，《王国维遗书》第四册。

故事还得从头说起。

建造一座高品质的私家园林，不仅是生活品质追求之彰显，更是时代美学探索之结晶。因为，建造园林，不仅需要财富，也需要眼界、格局和品位，更需要时间的打磨及完善。所谓"慢工出细活"。

自此，一座私家园林建设之一场长达几个世纪的接力赛由此开启。这期间，有建设与发展，也遭破坏而濒临毁灭，命运多舛，令人不胜唏嘘。而后来的历史充分证明，一座园林之建设乃至命运，与时代风云荣辱与共，休戚相关。其根本保障在于社会的长治久安，国泰民安。

设计建造王氏家园，王氏先人无疑起到筚路蓝缕以启山林之功，可圈可点，功不可没。首先是高起点奠定家园最初之规划与规模，紧接着是进行高标准工程建设；其次是高品位设计美化，譬如在园内广植松、桂等各种树木，栽培梅、兰等四季花卉，又浚池引水垒石成山，逐步形成"湖山缥缈，鱼鸟浮沉"之雅致美景；最后是日常的维护和打理，付出与回报往往是成正比。如此这般之后，这座私家园林真正走上成为江南园林杰出典范之漫长且曲折道路。

> 山外青山楼外楼，
> 西湖歌舞几时休？
> 暖风熏得游人醉，
> 直把杭州作汴州。

树倒猢狲散，随着南宋灭亡，显赫一时的王家也是作鸟兽散，四处飘零。到元末，留在海宁的王氏早已失去昔日之地位及荣耀，沦为平民阶层，基本以农桑为主，养家糊口。其最大的心理落差莫过于苦心经营的王氏家园，不得不变卖他人而使其变为故园，继而因连年战乱而满目疮痍，逐渐废毁，最终沦落为一座废园，触目惊心，惨不忍睹。对于王氏后人，它不仅毫无生机与寄托可言，而更是像心头的一块伤痛，睹物思人，触景生情。

而一座园子，即便已遭废弃，但只要不被夷为平地或移作他用，总还有其存在的价值及意义。废墟，也是一种景观、一个念想。当然，更不排除其重整旗鼓那一刻早日到来之梦想与期盼。

明朝万历二十四年（1596），官至太常寺少卿的海宁人陈与郊，上疏乞归乡里，并如愿以偿。在经过勘察及走访以后，发现了这一园子。陈与郊决定购下这座王氏故园。陈与郊，字广野，号隅阳。又因王家旧园址地处盐官城西北一隅，这也许是冥冥之中的因缘或情愫。陈与郊遂将园子命名为"隅园"。命名，不仅表明所有权的更替，更是当家做主的开启。那是任何美酒都无法比拟的奇妙感觉：满足！同时，命名更是赋予其崭新的内涵与使命。如此改姓换名之后，作为王家故园，到此基本结束它的历程与使命。由一座鲜活生动的家园，继而成为家谱中或史册中的一个符号、一段文字而已，干瘪且生硬。而对于新主人陈隅阳，以及这个园子的命运，则是新的起点、新的生机。想象及创造，会赋予其崭新使命、崭新形象。重生，是承前启后之蝶变。

陈与郊并非财大气粗的凡夫俗子，而是一个才华横溢的戏曲家。他对于美学园林自然有独到的心得和造诣。当审美成为一种能力一种自觉时，其生活状态就会出神入化，潇洒自由。舞台上，他笔下的戏剧人物大多是才子佳人，其生活有讲究有品位。而现实中，戏曲家也善于把生活变成艺术。这其中包括对家园的设计、建造和美化等。所谓人间仙境，就是把凡人的日常按照神仙的意愿，进行艺术化创作与构思的结果。告老还乡后的陈与郊，有的是时间，有的是精力。所以他心无旁骛，不急不躁，一边继续在文字里尽情遨游，一边在园子里倾心谋划。如此，陈与郊的日常生活变得格外诗情画意，舞台就是园子，园子就是舞台，全由他掌控或演绎。文人最好的心境就是宠辱皆忘，物我合一，乐在其中。

彼时，园内尚有南宋时期王家遗存的池塘、土坡及许多参天古树。其中最珍贵的莫过于这些古树。在孟子眼里，所谓故国，至少是由"乔木"和"世臣"两部分组成。"所谓故国者，非谓有乔木之谓也，有世臣之谓也。"乔木一般比人长寿，它是历史的见证，也是生命的呈现。一棵古树，就是一段活着的史话。因为中国人相信，但凡活得久远的东西会包含天地之灵气，最终都会成精。古树则会成为树精。所以，有古树存在的园子，总给人一种肃穆端庄的感觉。当然，树木只是凝固的音符，而水才是流动的旋律。仁者乐山，智者乐水。陈与郊深知水系对于一座园子的意义和作用。江南的水，不仅具有灵性，更具有活力与张力，韵味无穷。江南园林，水才是灵魂，才是主角。水系一旦盘活，一旦流动，整个园子才具有神韵和气质。水来了，于是清风也来了，明月也来了。随之，文人雅士也来了，欣赏之陶醉之。深谙其道的陈与郊在王氏故园高品质的基础上，先后扩地三十亩，其中二十亩用作池塘水面。一座私家花园，其水池面积竟有二三十亩，足见气魄之大、格局之高。

按部就班，随着时间推移，陈与郊心中那张蓝图，不断在园子里得到落地与展示，那是苦思冥索的过程，更是精雕细琢的结果。水系的四周逐步呈现出竹堂、月阁、流香亭、紫芝楼、金波桥等胜景。其间，有"却炎轩""白醉庵""邻虚阁"等楼堂馆舍环绕。可惜的是，昔日的美景已消失在历史中，我们后人无法欣赏。但，不用说园子的格局或造型如何，单就这些楼台充满诗情画意的命名，就足以透视其主人的匠心独运，审美格调，让人浮想联翩。

这不仅是对王家故园前所未有的改造，更是形神兼备的提升。但即便如此，此园林依旧只是江南官宦人家的私家花园，其造型、其格调、其气质等，与皇家园林比较，依旧没有摆脱"小家子气"的"瓶颈"。

若是从灵性角度而言，一座园林脱胎换骨之变幻，也需要"贵人""高人"的点化，使其"境界全出"，使其超凡脱俗。

时间会带来机遇，而机遇会带来重大改变。

至清雍正时，"隅园"被陈与郊之族孙，时任文渊阁大学士的陈元龙（1652—1736）收为别业。一座园林犹如一个人，若是能遇见一位知己，一位懂你的人，他会让你从气质精神到外形容貌等得到全方位的改变与提升。那是一件多么幸运的事呀！

清雍正十一年（1733），82 岁的陈元龙在多次上疏请求辞官归故里，终于获得雍正帝恩准之后，得以携独子，时任翰林院编修陈邦直回到家乡海宁盐官。身居高位者能全身而退，安全着陆，在封建专制时代不是一件容易的事，值得庆幸。因终于能如愿遂了自己叶落归根、返乡终老之初心，陈元龙将"隅园"更名为"遂初园"。知足，心平气和、心满意足，那是上了一定年纪人的最好归宿及心境。人活着就是一种心态。

在《遂初园诗序》中，诗人是如斯描述的："宁邑城西北隅多陂池。

昔经曾祖明太常公因地为园，名隅园。岁久荒废，余就其故址为之补植竹禾，重葺馆舍，冀退休归老焉。而出入中外，任巨义重，虽年逾大耋，不敢自有其身，林壑之思，徒托梦寐间尔。癸丑中，衰病且笃，因具疏请致政，蒙圣上府俞所请，重以恩礼优隆，赐□□①叠，御书堂额，以光里第，曰：'林泉耆硕'。'耆硕'两字，愧悚不敢当，而林泉已拜宠赐，则家中有一池之水，千竿之竹，不异鉴湖之赐。窃幸初心之获遂也，因名之曰'遂初园'。"

满腹经纶的阁老，陈元龙对中国古典园林艺术美的理解和把握自然是得心应手。而作为养老更是养心养性之地，陈元龙对将要朝夕相处的园子自然有明确的要求与精心的构思。他从三大方面着手，大刀阔斧地改造，精益求精地装饰。其一是将园林整体扩展至 60 余亩，几乎是原先的一倍。规模，不仅是一种效应，更是一种气度、一种境界。其二是继续扩大水系及水域面积，营造清风明月、小桥流水之意境。其三是精心打造景点，并进行诗意化的命名。命名，可以真实地体现一个人的追求和心境。这些景点一共有 18 处，分别是"城隅花墅""小石梁""古藤水榭""环碧堂""清映轩""澄澜馆""溪槎""逍遥楼""烟波风月亭""晴明书屋""赐安堂""翠微峰""碕石矶""天香坞""群芳阁""潆月轩""南涧亭""十二楼"。

移步换景，目之所及，皆为胜景，一个退休官员的幸福晚年，优哉游哉的生活有了环境保障。

陈元龙病逝后，其子陈邦直继承家产，包括遂初园。子承父业，遂初园又得到进一步的发展，乃至飞跃。园林扩至占地百亩，楼台亭榭 30 余所，景点 40 余处，俨然一处世外桃源，人间仙境。

审美，是一种美好的体验，赏心悦目。有道是"独乐乐不如众乐乐"，美人之美，美美与共，才是美好的境地。

名声在外的遂初园自然会得到文人墨客关注、追捧与赞赏，一睹为快。或雅集，或散客，其诗文、其笔墨、其丹青，不会有丝毫的吝啬与拘泥。赞美，也是一种生产力。如此，遂初园享誉江南，名声在外。譬如，

---

① 指代原文中模糊不清或不能辨认字，以下同。

清代著名文学家、诗人、美食家，随园主人袁枚，专门写有一首七绝，称赞此园：

> 百亩池塘十亩花，擎天老树绿槎枒。
>
> 调羹梅亦如松古，想见三朝宰相家。

　　而清代文学家沈复（字三白）在他的名著《浮生六记》的"浪游记快"中专门记叙了乾隆四十六年（1781）游览此园之观感："游陈氏安澜园，地占百亩，重楼复阁，夹道回廊，池甚广，桥作六曲形。石满藤萝，凿痕全掩，古木千章，皆有参天之势。鸟啼花落，如入深山，此人工归于天然者。余所历平地之假山园亭，此为第一。"

　　所有的美好，都是加分项目，锦上添花。遂初园之幸运，也给古城盐官城带来名气、福气及运气。当然，也是王家故园最好的归宿。

　　画龙而点睛。众星拱月的时刻如约而至，遂初园在不断完善不断提升的过程中，终于得到最高统治者的青睐。这是至高无上的资源与光环。随之，遂初园赋予皇家气派，皇家规制，无与伦比，登峰而造极。

安澜园遗址

乾隆二十七年（1762）三月，清乾隆皇帝弘历在第三次巡视江南时，专门由杭州来到海宁盐官。这是乾隆先后六下江南之行中第一次来到盐官。

关于乾隆为何多次来盐官，民间一直流传他是到陈家省亲的故事。据传，陈家阁老就是乾隆帝的生父。这还了得？与"天之骄子"的皇上攀上关系，这让盐官这座古城的历史弥漫着神秘且高深的色彩。故事，是一种资源，是一种可以转化为吸引力与关注度的资本。当然，作为真实缘由，清帝出巡江南并到访盐官，并非游山玩水，更非寻踪访亲，其最大原因之一是治理钱塘江潮患，修筑海塘。正如乾隆在诗中说的那样："入杭第一要，筹奠海塘澜。"乾隆来到海宁盐官后，将遂初园作为行宫驻跸。对汉学传统深感敬意的帝王，对江南园林也有独到的见解。于是对眼前这座"镜水沦涟，楼台掩映，奇峰异石，秀削玲珑，古木修篁，仓翠蓊郁"的园林大为赞赏，流连忘返。

"溥天之下，莫非王土；率土之滨，莫非王臣。"乾隆当仁不让，遂传旨将遂初园更名为"安澜园"，并御书题额，写诗记其事曰："名园陈氏业，题额曰安澜。"更名安澜，其义十分明了，意在祈愿海波宁静、天下太平，帝王的用心可谓良苦。

其后，又将此园景物仿建于圆明园四宜书屋前后，这使"安澜园"之名更加响亮，真正是名噪于世。

盛极必衰，历史自有其兴衰周期。虽有帝王恩赐安澜园的护身符，也难保其始终太平安澜、不受外界困扰的命运。

清道光年间（1821—1850），安澜园逐渐荒废。咸丰十一年（1861），太平天国一支蔡允隆率军攻占盐官，美轮美奂的安澜园不幸毁于兵火，陷入与昔日阿房宫同样之厄运，"楚人一炬，可怜焦土"。而余下之物，也被族人拆卖或抢夺，千年老树被砍伐，满目凄凉，一片狼藉。

而对于王家后人，安澜园的跌宕起伏、爱恨情仇，已是属于"别人家"的故事了，不再过多纠结，过多在意。所有的拥有，其实都只是一个过程、一个阶段。学会放下，属于智慧范畴。

在王乃誉存世文稿中，有一首咏叹王家故园的无题诗，颇有"旧时王谢堂前燕，飞入寻常百姓家"之隔世感慨，其中也免不了有一丝"意难平"。诗曰："隅园日暮乱飞鸦,极目萧条宰相家。人到已知庭树尽,春来还发癫痫花。"树犹如此,人何以堪?

这眼前的废园,是宰相陈家,还是王家故园?

很多时候,旁观,不失为一种解脱、一种宿命。清代著名戏曲家孔尚任在《桃花扇》中有一段著名的唱词,道尽了世祚兴亡事之感慨。而这,也恰如王家后人眼中那故园命运与历史之写照。

> 俺曾见金陵玉殿莺啼晓,秦淮水榭花开早,谁知道容易冰消!

> 眼看他起朱楼,眼看他宴宾客,眼看他楼塌了!这青苔碧瓦堆,俺曾睡风流觉,将五十年兴亡看饱。那乌衣巷不姓王,莫愁湖鬼夜哭,凤凰台栖枭鸟。残山梦最真,旧境丢难掉,不信这舆图换稿!诌一套《哀江南》,放悲声唱到老。

时光依旧不紧不慢地前行。在没有文字或图片作为主要载体而记录的岁月中,几十年乃至上百年历史,也犹如白驹过隙,一晃而过。海宁王家之子孙虽依旧延续读书习惯,但生活重点放在了维持生计的生意上,日子过得平淡而平凡,几乎没有什么可值得显耀或骄傲的故事及人才出现。

> 自宋之亡,我王氏失其职,世为农商,以迄于府君。①

据查,安化王氏二十六世孙王凤鸣,字谨斋,将王家居住地迁至海宁州城南门内双仁巷,一直延续至王国维父亲王乃誉——海宁安化王氏南渡三十世孙。

王国维的高祖叫王建臣。王建臣生育三子:王淮、王溶、王翰。

长子王淮子嗣兴旺,次子王溶和三子王翰均为一脉单传。

王溶生子叫王嗣铎,王翰生子叫王嗣旦。王乃誉是王嗣旦的儿子,而王嗣铎没有子嗣。

---

① 王国维:《先太学君行状》。海宁市史志办公室编:《王乃誉日记》,第 1 页,中华书局,2014 年 7 月。

于是，王乃誉兼为两家之继承人。故而，王乃誉称王嗣铎为父亲，称王嗣且为本生父亲。

而本书的故事就像一幕历史剧，从王乃誉登台而正式开启。然后，舞台所有的灯光慢慢聚焦，背景音乐渐渐清晰，主人公王国维款款而上场。

第 3 章　家庭变故　启蒙教育

　　对一个孩子，特别是男孩，影响其成长环境和因素最重要之人物，非其父亲莫属。

　　王乃誉是王国维成长与成才之第一责任人。

　　王乃（洒）誉（1847—1906），字与言，号蓴斋；晚字承宰，号娱庐。海宁盐官人。清末诗人、书画家、鉴赏家。

　　　君生于道光二十七年丁未，卒于光绪三十三年丙午，得年六十岁。将以其年十□（原文空缺）月葬于海宁城北徐步桥之东原。①

　　一个读书人能赢得他人或后人的尊重与口碑，其因不外乎二：人品与学问。而这两者背后的基石分别是"自律"和"勤奋"。

　　王乃誉充分继承了王氏家族正直的风骨、自律的做派和勤奋的传统。在他近一个甲子的一生中，"克自树立"②，人生经历颇为丰富，文化方面特别是书画方面造诣颇为深厚。当然，他最大的贡献或成就，是培养造就

---

　　①②　王国维：《先太学君形状》。海宁市史志办公室编：《王乃誉日记》，第 2 页，中华书局，2014 年 7 月。

出一个杰出的儿子，为时代、为中华文化作出里程碑式贡献的一代宗师王国维。

按照王家传统，王乃誉从小接受私塾教育，饱读圣贤之书，精通四书五经。他早年参加童生试，并考取生员，俗称秀才。这是进一步走上科举之路的基础。在科举时代，有相当多的读书人就在这第一关前失足，被拒之门外，直至屡战屡败，从一位童生而变为一位老童生。

遵循惯例，取得秀才资格后的王乃誉，接下来的目标非常明确：参加乡试，准备考举人。对于一心求仕的读书人，考中举人是梦寐以求的事，因为它是一个"天上人间"的门槛。一旦考取举人，才真正实现"学而优则仕"的古训，登堂入室，取得做官"老爷"的资格或机会。反之，他还是一介平民，仅是一位书生而已。

但是，王乃誉始终未能取得举人之功名。失第，总是一件令人心酸的事。对此，有多少心高气傲的读书人，为之扼腕，为之落寞，怎么会甘心呢？接受一个冷酷甚至是残酷的事实，需要时间，甚至是一生的时间。而如此的结局，几乎是悲剧，在儿子王国维身上再一次重演。如此说来，通过乡试而考取举人，是王乃誉、王国维父子共同的心愿。无奈这一切都化为海市蜃楼，可望而不可即，最终成为他们共同的噩梦，永远的伤痛。

科举之路是一场接一场的应试，与我们今天对某一个历史人物"水平"或"能力"等综合认知或评判的标准和方法，有很大不同。这方面的反向例子太多了，原因也太复杂了，其中的缘由不是三言两语能说明白的。而王乃誉没有高中的外部干扰或阻碍因素却是非常明白的，也是真实而严重的。这就是太平天国战火蔓延到江南。时代抖落的一粒灰尘，落在个人眼前无疑变成一座大山，令人望而却步，无法逾越。

清咸丰十年（1860）初，太平军按计划施行围魏救赵之计，以打破清军江南大营对天京的包围。太平军将领忠王李秀成率军直趋浙江，进攻杭州。海宁作为杭州门户之一，随之陷入战火之中，生灵涂炭，哀鸿遍野。无情的战火不仅打破了盐官城内民众安定的日常生活，更给无辜的大众带来极大的创伤，盐官古城也遭受巨大损害及破坏。

同年5月，太平军挥师东征，在短短十几天中连克江南重镇常州、无锡、苏州等地。6月中旬占领昆山、太仓，兵锋直指上海。英、法等国为维护在上海的既得利益，公开派兵设防上海县城及租界，太平军屡屡受阻。后来的历史表明，1860 年和 1862 年，太平军在李秀成的指挥下两战上海，均以进攻受挫被迫撤退而告终。

1860 年，王乃誉 13 岁。为躲避战火，少年王乃誉跟随父亲、祖父及长辈远走他乡，仓皇之中登上开往上海的船只。年少时的磨难与波折，对其一生都会产生不可逆转的伤害与影响。

历史上曾经的战火，因王家先祖的英勇忠烈而给王家子孙带来荣耀与使命。但也不可否认，对于王家，战火就是挥之不去的阴影，就是痛失亲人的灾难。面对战火，那种恐惧、那种痛感，是来自骨髓来自血液之中的冰冷，一般人是无法感同身受的。既然无法或无力抵抗，那只能逃命避难。活着，是最基本的人生法则。

在残酷的战乱面前，人如蝼蚁，命如草芥。

当时战火蔓延而造成怎样一幅惨景呢？路仲人管庭芬在《管庭芬日记》[①]中有非常明晰的记载。在此作为旁证材料，可见战乱之一斑。因为它所记载的就在离盐官城一二十里地之外的路仲。作为州城所在，盐官城之遭遇惨烈程度则远远超过小镇路仲。

据《管庭芬日记》记载，海宁遭遇战乱之后，各地乡村土匪趁机四起，助纣为虐，雪上加霜，海宁地方社会陷入更大的混乱之中，到处是"携老挈幼，奔走仓皇"的场面。清咸丰十年（1860）七月至咸丰十一年（1861）十月这一年多时间，尤为惨烈。管庭芬一家遭遇劫掠，多次举家避难。咸丰十年七月二十八日，"奉母及携眷暂避近村"。二十九日，"全家迁避于独板石桥罗佃家"。至十一月初六日，"寇氛复炽，硖川、石泾及予乡皆黑市，桐邑难民络绎向南，余全家亦将作远避计"。十八日，"内子与孙辈又至许宅"。咸丰十一年二月十四日，"邻寇益逼，夜宿东村罗佃家"。十月十八日，"命长孙避居石泾，幼孙避居晏城"。十月十九日，"夜二鼓贼猝至于市西、市北，大焚民屋纵掠，余与八弟仓皇出走，由晏城之石泾……"二十四日，"家母及室人迁避石泾三女家"。

以此类推，就显性而言，若是王乃誉一家留在盐官，与管家及所有大

---

①　管庭芬：《管庭芬日记》，中华书局，2013 年 9 月。

户人家遭遇恐怕是大同小异，后果堪虞。就隐性而言，王家骨子里流淌着忠烈因子，面对家国及乡人如此境地，情何以堪？但又力所不能及，左右为难。所以，他们选择避难于沪上，也是无奈之举。而之所以远赴上海，并非凭空想象，主要有两大因素：一是上海有租界，当时洋人占据的地盘还算太平；二是王家有族亲在上海定居。危急之中，哪怕是一根稻草都会视作命运之依赖，更何况是同一血缘的本族之亲？所以前往投奔，再作安顿，属于合情合理。

在晚清，对王氏家族在上海发展情况，特别是代表人物王欣甫可以插叙几句。王欣甫（1845—1926），名豫熙，字建侯，号衍渔，另号欣甫，晚号梦骨，安化郡王王沆二十九世孙。按族谱辈分说，王欣甫比王乃誉高出一辈，所以王乃誉在《日记》中非常客气地尊称其为"欣叔"或"家大叔"等。当然，令王乃誉尊敬的另一个主要因素是，王欣甫是一位县太爷，历任赣榆、东台、上元、萧县、江宁、六合等县知县。

更重要的是，清光绪二十四年（1898），即王国维到上海那年的中秋时节，王欣甫出任上海知县。"欣叔已得署上海县之位。"① 王欣甫为官之余，酷爱昆曲，常常召集曲友到府署唱曲，雅兴十足，对昆曲发展贡献甚大。后长期寓居海宁城内，每月组织一次海宁曲会，邀请上海、杭州、苏州曲家前来拍曲彩串。乡里邑人称誉其为"曲王"。王欣甫在家乡盐官去世之后，王国华曾写信就拟挽联之事征求王国维的意见。其挽联对王欣甫的为官和度曲两大方面作评价。

> 居官廿载，历宰江宁赣榆上海诸大邦，听狱讼植人村遗爱遍东南，每行为吾宗光宠。
> 度曲半生，酷好则韵丹邱旸思等杰作，析宫商设音律清韵彻云汉，群疑是尘世神仙。②

这些是后话了。

---

① 海宁市史志办公室编：《王乃誉日记》，第 954 页，中华书局，2014 年 7 月。
② 马奔腾：《王国维未刊往来书信集》，第 138 页，清华大学出版社，2010 年 11 月。

王家在沪避难时，上海已进入繁荣之序曲，得欧美文明风气之先，与周边其他传统城市相比，其格局或景象完全不同，仿佛是两个世界。这让从盐官小城逃到上海的少年王乃誉，耳闻目睹了这崭新的世界，眼界大开。让他直观地知晓，在海宁二三百里之外，有一个上海，那是一个神奇的世界。心理学原理告诉我们，在认知与情感成长关键时期，譬如青少年时期，打开眼界以及接触先进的环境、事物、人物等尤为重要，足以影响其一生。这在王乃誉一生中得到充分印证及诠释。

19 世纪末上海

当然，上海不是洞天福地，现实生活也非王乃誉这样小孩眼中的花花绿绿与稀奇古怪。在沪避祸期间，王家不仅经历了战乱带来的苦难，更遭受了痛失亲人的伤悲，王乃誉祖父等亲人先后在上海去世。这给王乃誉留下极其深刻的印象以及无限的惶恐。这些在王国维回忆文章中有生动记载：十几岁的孩子直面亲人离世，面对死神，其产生的恐惧和伤痛是刻骨铭心生身难忘的。特别是家庭变故带来的贫困更像是致命伤，无依无靠，惴惴不安。其中的一个"丐"字包含着丰富的潜台词，意在形容毫无底线或毫无尊严地"乞讨"。而实际中，这不一定是物质保障上的极度危机，更可能是人生安全感的极大缺乏，心理上的重大失落所致。

王国维在《先太学君行状》中的原文是："……府君（引者按：旧时子孙对其先人的尊称）少贫甚，又遭粤匪之乱。年十三，随先本生曾祖父、先大父避兵于上海。既而先曾祖父、先大父相继物故，君号咷呼吁，丐于亲故以敛……"①

自沪上居住不久，王乃誉开始接触社会。一方面，迫于生计而从商，在一家茶漆店学生意做学徒，学习基本功。"后益转徙无聊，遂习贾于茶漆肆。"②另一方面，认识并结交一些读书人，就传统文化等方面多有交流切磋，特别是围绕书法鉴赏更有强烈兴趣爱好。少年时开启的艺术道路，不仅是王乃誉谋生之重要部分，更是其人生修炼之途径。

从此，王乃誉在长辈的指点下开始接触经商之道，并在同道的引领下进行书画修养。读书与挣钱两不误，双管齐下。挣钱，是为了养活家人及自身；读书，是为了滋润并丰富人生与心灵。

太平天国在江南被平息后，王家陆续从上海返回故乡，同时把在上海开设的茶漆店迁移至海宁硖石。在硖期间，王家和徐氏当家人、诗人徐志摩的祖父徐星匏等有比较紧密的交往，并建立起友谊。当时，米市由长安迁徙至硖石，作为江南市镇之代表，硖石开始呈现日臻繁荣之景象。"……粤匪既平，其肆自上海迁于海宁之硖石镇……"③不久，王乃誉一家回到久违的老家盐官城内。

物是人非，眼前的盐官城到处是断壁残垣，四顾萧条，满眼凄凉。废池乔木，犹厌言兵。回顾近代历史，盐官古城多次遭受战乱破坏，太平天国是最厉害的一次，它也是盐官古城由盛而衰之重大转折点。

在上海的这段经历，给王乃誉带来的影响无疑是根深蒂固的，就像是播下了一粒种子。

后来的历史会告诉我们相应的结果。

王家经受战乱折腾，加速了破落，由原先的"贵族"几乎沦为平民阶层，"泯然众人矣"。这惨淡的情形在王乃誉七绝《岁暮题零用册示儿》

---

① ② ③ 海宁市史志办公室编：《王乃誉日记》，第 1 页，中华书局，2014 年 7 月。

一诗中有形象化的描述："粗衣淡饭苦难全，莫为体面奢华牵。试看几多炊爨绝，如何守我旧青毡。"王国维的女儿王东明对这段家史，也有相关叙述："我家原属小康，洪秀全、杨秀清之乱，遭遇变故，仅剩薄田二十来亩，老屋一幢。祖父乃誉公游幕各方，仅得糊口。"①

当然，饿死的骆驼比马大，王家毕竟还有祖传的一些田产和房产，尚有一定数量的收租来源。关于下乡收租故事，在王国维青少年时期的经历中还会有专门的叙述。

也许是在上海接受新思想，目睹上海商业发达之情形，特别是家庭遭遇变故后，经济状况十分严峻，迫使王乃誉正视现实，忍痛割爱，放弃传统科举，走上一条亦儒亦商之路。养活自己及家人，毕竟是生存的第一法则。所以，回到盐官后，王家在盐官城北门内开设了一家茶漆店。当时，盐官古城的商业结构与其他江南县城相仿，除了大小不一的米店、布店、肉店、酱园店等生活必需品店铺以外，主要还有杂货店、点心店、锡箔店、油烛店、茶漆店、钱庄、当铺等店铺商铺。之后，王家还在桐乡等地开设了茶漆分店，或是参股其中。

当然，王乃誉像所有传统读书人一样，在商人身份之外，内心深处总是埋藏着一个心愿、一个愿景：总想弄出一点名堂出来证明自我价值，或是表现自我才能。其中最显眼的棱角是，读书人（知识分子）往往会保持独立的人格、独立的思考，即便外界环境是如何的不尽如人意甚至是艰难险恶。这些傲骨或是执着在王乃誉身上也得到充分的体现或证明。前文中王国维所言"无聊"二字颇可玩味。似乎经商仅是打发时间，放下身段谋生而已，但骨子里还是念念不忘读书与功名，因为那里不仅有"黄金屋"有"颜如玉"，更是飞黄腾达、光宗耀祖前途之所在。所以，在经商之余，王乃誉没有忘却追求，继续在诗书方面用功，特别是在书画、篆刻、诗文、古玩等方面下功夫，并逐渐提升修养和品位。"衣带渐宽总不悔，为伊消得人憔悴。"王乃誉的一生，几乎就是有所追求有所奋斗的一生。

文人是讲究圈子的，或萍水相逢，或相见恨晚。这里，自身的学识、

① 　王东明：《先严王国维给子女所铺的路》（1977 年）。

修养与情趣是不可或缺的本钱，既是竞争力又是吸引力。然后才会有以文会友的机缘和平台。优秀，是优秀者的通行证，优秀者的入场券。

同治九年（1870）春，23 岁的王乃誉与当时享誉沪上的艺坛名流周闲交往甚密，并合寓于十六铺附近之潮惠馆，两人甚是投机。

周闲是浙江秀水（今嘉兴市）人。他性格简傲，颇有恃才傲物、桀骜不驯之味道。周家家境殷实，收藏颇丰，耳濡目染，这让周闲对书画鉴赏及创作能力提升提供极大便利。他善画花卉，尤工篆刻。1852 年前后，周闲寓居上海，鬻画为生，日子过得潇洒悠闲。

王乃誉比周闲年小 27 岁，两人近乎父子两代人。这让王乃誉由衷地滋生尊重敬仰之意。合寓，是缘分，也是机会。王乃誉与其朝夕与共，如入芝兰之室，不仅在艺术鉴赏方面得到对方悉心指点和启示，受益匪浅，而且在为人处世方面也得到其人格熏陶与影响。师恩难忘，王乃誉后来是如此回忆及评述这段经历的，字里行间饱含谦逊与谦卑："余时逾冠（二十三岁），依侍临摹，今得稍稍知画，盖由公指示。"

高傲与谦逊是文人的正反两面。文人笔下的谦逊颇为奇妙，千奇百怪。唯有心悦诚服之时，才会低下其高贵的头颅，甚至愿做"门下之走狗"。

当时，王乃誉还与海派画坛高手戴熙及其长子戴有恒，侄子戴以恒、戴之恒、戴其恒、戴尔恒等保持比较密切的交往。

王乃誉的努力与付出换来的收获及心得，不仅丰富其本身，还自然延续到儿子王国维人生之中。当一个优秀父亲丰富的准备、积累或成就，有朝一日巧妙地叠加在儿子身上，见证奇迹的时刻或许为时不远了。

儿子王国维"千呼万唤始出来"。

王乃誉前期种种经历，与儿子王国维有直接关联的要事，莫过于两件"大事"：其一是王乃誉成婚；其二是王乃誉外出谋生。

王乃誉先后有过两次婚姻。

王乃誉的原配为凌氏。王乃誉与凌氏一共生育一男一女两个孩子。第一个孩子是女孩，取名为蕴玉，第二个孩子是男孩，取名为国维。女儿比儿子长 5 岁。继室为叶氏，生王国华。

据乡贤赵万里在《民国王静安先生国维年谱》（以下简称赵万里谱）

王乃誉作品

记载："母凌孺人，同邑三里桥凌岫云先生之六女。凌孺人生子女各一。先生其仲也。"①

王乃誉是在二十八九岁时外出谋生的。其关键背景是，王家一位亲戚在江苏溧阳做地方官，并发出邀约，请王乃誉前往任职幕僚。按照民间称呼就是师爷。在明清时期，绍兴师爷名气之大，覆盖之广，人数之多，故事之奇，可谓空前绝后。当然，这里的"绍兴师爷"可泛指江南一带。

地方官员上任之后，至少会聘请两位师爷。一人负责刑名事务，另一人负责钱粮计算。

师爷辅助审理中

笼统而言，担任师爷一职的，都是在科举中不得志而又才华超众的读书人。师爷的主要职责是出谋划策、草拟文书、整理内务等。水涨船高，或者干脆说是狐假虎威，因为在官府做事，甚至成为为官者之心腹，所以

① 赵万里：《民国王静安先生国维年谱》，第1页，台北商务印书馆，1978年。

师爷拥有一定的政治地位及社会地位。譬如，在一次打官司的诉状上，王乃誉自称是"五品衔候选布政司照磨"。

人贵有自知之明，既然科举道路走不通，在官府依靠才华谋事、成事，在一定程度上也可体现出人生的价值与意义，这不失为读书人一种比较体面的去处，完全符合"退而求其次"的法则。当然，担任师爷除了场面上能赢得或是保持读书人必要的尊严、尊重以外，在经济上是有相当收入及保障的。这恐怕也是众多读书人愿意担任这一角色的另一个原因。在清代，江南一带的师爷年薪一般在一两百两银子。就寻常人家而言，那是一笔比较可观的收入了。

自此，王乃誉离开老家盐官，前往苏北谋生发展。旧时的交通远没有如今发达，人们生活半径一般在几里以内，主要的交通工具是坐船，走水路。这三四百里路，那是远在天边一般的距离了，所以，王乃誉每年要等到年底时才回家与家人团聚。一般是过完正月再次出门。

1877 年冬，王国维出生于双仁巷之王氏旧宅。根据王国维自述："维之八字为丁丑十月廿九辰时。"[1] 丁丑年，即牛年。牛，给人以勤劳、诚恳、耿直的印象。每个孩子都是自带风水。生肖属牛的王国维，其性格与为人仿佛就是一头辛勤的"牛"，一个"劳碌命"。

此时，王乃誉 31 岁。在女儿出生 5 年之后，喜得儿子，对于而立之年的王乃誉而言无疑是一个强有力的佳音，更是希望之所在。时隔 5 年而再生育孩子，那是一段比较长久的时间了。若是细究，我们可以得出一个比较合理的推测：主要是王乃誉长期在外就职或奔波，少有时间回家，而更重要的因素大概是王乃誉的妻子凌氏身体不太好，凌氏是在王国维 4 岁时就因病去世了。母亲病弱的体质不幸遗传给了儿子，所以，王国维身体发育状况从小就处于一般水平之下。

儿子降临，王乃誉像是得到了一个大礼包。因为儿子不仅是传宗接代的标志，更是显祖荣宗的依靠。这些心思在给孩子取名中得到集中体现，尽情包含。

王国维，初名国桢，字静庵（安），又字伯隅。

---

[1]　王国维：《致罗振玉》，《王国维全集·书信》，第 300 页，中华书局，1984 年。

所谓"国桢"，意为国家的支柱，肩负重任的人才。语出《诗经·大雅·文王》，它是《诗经·大雅》的首篇。

相关原文是：

世之不显，厥犹翼翼。

思皇多士，生此王国。

王国克生，维周之桢。

济济多士，文王以宁。

"国维"，则有国家栋梁、国家法纪之义。譬如汉代王充在《论衡·恢国》中提及："皇帝敦德，俊乂在官。第五司空，股肱国维。转谷振赡，民不乏饿，天下慕德，虽危不乱。"南朝梁江淹在《建平王庆安城王拜封表》中说："国维富礼，皇涂凝卫。"再如元朝耶律楚材在《和平阳张彦升见寄》诗句云："国维张礼义，民生重食货。"

古人注重名正言顺，讲究言近旨远。所以，不管是"国桢"还是"国维"，其义非常明确且明白，就是与家国命运休戚相关，要成为逸群之才。这些内涵或希冀完全符合王家传统和人生真谛。

怎样才能使孩子成为有用之才呢？最好的方法当然是读书是教育。这孩子的字为"静安"，是以《礼记·大学》为依据为要求的："……定而后能静，静而后能安，安而后能虑……"唯有专心致志，排除杂念，坚持不懈，方能渐入佳境，方能出神入化。

一个孩子就是一张蓝图。取名则是破题，是规划。对婴幼儿的养育照顾，主要由母亲承担。有了养育女儿的经历与经验，凌氏自然得心应手，驾轻就熟。有儿有女，总让人感觉满足。唯一遗憾的是丈夫长期不在身边，让作为女人的凌氏多少有些失落及惶恐。因为，男人是一个家庭也是女人心理安稳踏实的基石。

儿子出生后，王乃誉依旧在江苏谋生。由于在官府做事，王乃誉所接触及交往的人员广泛而庞杂。公务之余，王乃誉有机会外出考察游览，并结交世家名家。所谓长见识，就是一个人亲身见闻他人他事数量质量的累积过程、酝酿过程。鉴赏及收藏金石书画是王乃誉痴迷之所在，而文化鼎

王乃誉作品

盛的吴越之地为他打开了一个璀璨的书画世界，使其仿佛进入神奇桃花源的"渔夫"一般，大饱眼福，而"甚异之"，收获极大。"……由是遍游吴越间，得尽窥大江南北诸大家之收藏。自宋、元、明、国朝诸家之书画，以至零金残石，苟有所闻，虽其主素不识者，必叩门造访。摩挲竟日以去，由是技益大进。"①

鉴赏与收藏是一对孪生兄弟。鉴赏是基础，是前提。看到心仪的好东西，哪个人不会心动，不想占为己有？于是收藏接踵而至。而收藏，需要考验眼光，甄别真伪，鉴赏品相等，非一日之功。收藏，更是一件烧钱的举动，是个无底洞。一般而言，越是好的东西越是难得见到，价格也是越高。对于以师爷为谋生手段的王乃誉，其每年一两百两银子的薪俸，若是全部用在一家人的开销家用上，应该是完全可以应付过去的。但若是拿这点薪俸去搞收藏，那肯定会陷入自不量力杯水车薪的窘境之中。而对此，王乃誉没能坚决地刹车学会放下，依旧是我行我素。所以，每到年底，王乃誉几乎是没啥积蓄可言了，只带着他收藏来的自己喜好及满足的"宝贝"回家。好在这些收藏也是家产，收藏这个举动也不完全算是"败家"。又好在王乃誉的薪水不是王家唯一的收入来源，所以王乃誉依然故我的做派，尚未影响到王家的日常开支等。王乃誉一直认为，平常或是平淡生活中，以求内心满足就是获得幸福感及成就感之所在。付出总有回报，因为王乃誉的坚持不懈，积少成多，终于取得相应的成就及作为。他，成为一位在当地具有一定知名度与权威性的金石学家、书画鉴赏家。同时，也有力地助推了他的书画造诣、美学修养与人生感悟，使之成为一位书画家、一位诗人。盖棺而定，在王乃誉离世后，王国维对父亲的一生，包括作为、成就、寿命以及名声等有概述并感叹：

> 呜呼！君于孤贫之中，阃阈之内，克自树立。其所成就，虽古人无以远过，而年不跻于中寿，名不出乡里，是亦可哀也已！②

---

① 海宁市史志办公室编：《王乃誉日记》，第2页，中华书局，2014年7月。
② 海宁市史志办公室编：《王乃誉日记》，第1页，中华书局，2014年7月。

日复一日，年复一年。

若是生活中没什么大的变故或转折，王乃誉可以继续在外谋生，并继续他的鉴赏与收藏等爱好。而年幼的王国维在母亲的照料下，也会一年一年地成长。岁月静好，尤令人欣慰的是，王国维与王蕴玉姐弟两人亲密无间，形影不离。家庭中有一个年长姐姐的精心呵护，是做小弟的福气与幸运。六七岁的姐姐不仅能娴熟地照看年幼的弟弟，还可以帮助母亲做些事情。如此，母女、姐弟三人相依为命，王家呈现出一幅宁静温馨的家庭场景。

但世事无常，生活从来不是按照套路出牌的。生活，几乎就是善变的同义词：变好抑或变坏。

纵观王国维短暂而辉煌一生，他人生的主题词似乎始终与苦难及不幸沾边，命运几乎是悲剧的化身。王国维一共遭遇多次重大变故：幼年时（4岁）痛失母亲，中年时（31岁）痛失发妻，晚年时（50岁）痛失长子。

幼年丧母，中年丧偶，老年丧子，这人生中最惨痛的三大悲剧竟然集中在王国维身上。如此，他就是悲剧中的悲剧。

苦命的王国维！

"无父何怙，无母何恃。"1880年，光绪六年，4岁的王国维遭遇人生第一个灭顶之灾：生母凌氏因病故世。"九月十四日，凌孺人病卒。"[1] 试想，一个4岁的孩子对于死亡能明白些什么？懵懵懂懂，他只是直觉地感到母亲怎么突然之间不见了。心理学原理告诉我们，孩子认知及心理成长的第一个关键期是在3岁到6岁，这不仅是其智力发育的关键期，更是行为习惯、情感态度养成的关键期。此时，父母亲的指点、引领、熏陶等的作用无疑是最重要的，是后来者根本无法替代的。而母亲的陪伴更是孩子安全感养成最重要的环节。"有妈的孩子像个宝，没妈的孩子像棵草。"通俗易懂的歌词唱尽了母爱的真谛。

奔丧回家的王乃誉在处理好发妻后事之后，不可能作过久的逗留，只能再次离开老家，前往江苏做事。

---

[1] 赵万里：《民国王静安先生国维年谱》，第1页，台北商务印书馆，1978年。

于是，一个非常现实的难题摆在王乃誉及王氏家族面前：王乃誉的一子一女，特别是 4 岁的儿子王国维，由谁来照料、看管与教育？

若是按照家庭职责排序，父亲王乃誉首当其冲，有不可推卸的责任，且是完全责任。这是第一个方案，好像也是唯一方案。但其存在的难处却是显然的，似乎难以实施操作。试想，在传统背景下，一个大男人拖儿带女地去外地生活，一边工作谋生，一边还要照看孩子，你说有可行性吗？再换一个思路来思考：让王乃誉放弃已有职位，待在家中照看孩子，这好像也不太合适，更让人不甘心。若有第二个方案的话，无非是让不到 10 岁的姐姐王蕴玉独立承担责任，支撑门户，照看弟弟。这显然也是不切实际的。除此，是否还有第三个方案？有。在中国人传统伦理中，除家庭之外，还有一个亲情亲属组织可以依靠：家族。

此时，王氏家族最高权威者祖父发话，并一锤定音：孙子王国维的抚育担子由祖父辈亲属来承担。祖父有弟兄，有姐妹，他们与王国维保持着血缘的温情和责任。

这个看似两全其美的决定让王乃誉放心不少，大大地松了一口气。

由此，王国维类似于过继一般地到祖叔父及祖姑奶家生活。

据赵万里谱记载："时先生甫离襁褓，姊蕴玉亦仅年九岁，赖祖姑母范氏及叔祖母提携抚养，至于成立。"[1]

从表面上看，王国维的生活至少有了安顿，有了着落，衣食无忧。这是由王氏家族以亲情作为底线，作为保障的。但对于一个 4 岁孩子而言，其内心真实的感觉和真实的想法又是如何呢？可能谁也不知道，谁也没有设身处地地思考过。一个小孩成长，难道只要给他吃饱，给他穿暖就可以了吗？不！孩子成长过程中，爱与教育缺一不可。爱，是阳光，教育是雨露。而不管是爱还是教育，陪伴才是基础。孩子一旦缺乏陪伴，缺乏安全感，其心理或多或少会出问题，有的还可能出大问题。

由于王乃誉一直在外谋生，很少回家，所以，在王国维有限的认知中，父亲是一个极其模糊的概念，若有若无，似是而非。而最亲近的母亲又突然间消失了，只剩下一个姐姐，这是一个坎。而眼下，突然间

---

① 赵万里：《民国王静安先生国维年谱》，第 1 页，台北商务印书馆，1978 年。

要离开自己的家，到一个陌生的家里去生活，这又是一个坎。这就是寄人篱下。对于一个 4 岁孩子来说，这是极大的挑战、极大的惶恐。什么叫莫名？这就是。莫名，会造成挥之不去的紧张与不安，甚至是担忧和恐惧。

西谚云，性格即命运。其实，命运才是造成性格之根本原因。

由于缺少母爱和父爱的阳光，王国维的童年生活变得郁郁寡欢。如此，敏感、抑郁、灰暗的种子硬生生地注入王国维性格的处女地。后来，父亲和王国维自己都承认童年时期的"体素羸弱，性复忧郁"，是因为"幼岁丧母""中道失所养"等所直接导致的结果。

天意怜幽草。在平淡黯然的岁月里，给王国维最大依靠与寄托的就是姐姐王蕴玉了。同胞手足，相依为命，姐姐的温情与陪伴在一定程度上弥补了王国维生命中所稀缺的"母爱"。

清光绪九年（1883），王国维 7 岁，终于到了该启蒙的时候了。

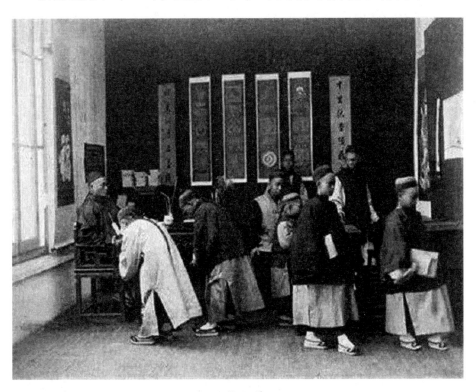

私塾开学

"养不教，父之过。"实事求是地说，在对待儿子"养育"这件事上，王乃誉是有缺失之过的，虽然是由客观因素限制而导致。但在对待儿子"教育"这一问题上，王乃誉倒是没有缺位，而是因时而动，积极作为。因为，王家算是世代书香，视读书为人生第一要务。王乃誉自然知晓机不可失的道理。孩子读书之事，一步都不能松懈，要环环相扣，层层深入。

启蒙教育，是读书求知之开启，所以是一件很要紧也是很严肃的事。态度决定成败。启蒙教育自然有必要的内容、仪式与规矩，而最重要的一环无疑是选择老师。

传统私塾，一般分为家塾、村塾、学馆三种办学形式。其中，家塾多是世家或富家大户为了教育子女在家里设立的书房，单独聘请塾师授课。

王乃誉给王国维延请的第一位启蒙老师叫潘绶昌，字紫贵。潘老师是一位秀才，饱读诗书，为人正派。此时已近知天命之年，学识、人品及年龄等诸多因素，决定了潘老师是一位好老师。这是王国维的幸运。

按照传统，塾师就馆的时间一般是在正月十六。这天，王家在书房设立孔子牌位，上写"至圣先师孔子之神位"。潘老师在孔子牌位前焚香行跪拜之礼，接着是学生王国维对孔子牌位和潘老师行跪拜礼。这是开学仪式。

私塾的教学内容以"四书""五经"为主。不同的塾师，还会要求学生兼学其他一些书籍。在学习内容及课程安排上大体划分为三个阶段：一是识字阶段，主要学习《三字经》《百家姓》《千字文》《弟子规》等；二是启蒙阶段，主要学习《大学》《中庸》《论语》《孟子》，即"四书"；三是拓展阶段，主要学习《诗》《书》《易》《礼》《春秋》，即"五经"，以及《古文观止》《千家诗》等。

私塾的教学方式分为读、写、讲、作四个方面。

读，是基础，早期基本属于识字教学。一般从《三字经》读起，然后旁及其他。凡是读的内容一律要求背诵。每天早上，塾师向学生教三段课文。但只是教学生会念，并不讲解汉字的含义或结构等。每教一段文章，学生朗读，读熟了向老师背诵。三段背诵之后，再完整地背诵一遍。每本书读完从头到尾背诵一遍，这叫"背通本"。

接着是写，汉字抄写或仿写训练。有写小字和写大字两种。写小字，即用毛笔写小楷，一般是抄书。写大字，则先从写字"格子"（仿影）开始，然后照写碑帖。关于书写情况，老师会有批阅。在写得好的字旁，老师会用朱笔"画圈"，在写得不好的字旁会画上"打扛"。

讲，就是教新课文。先是教句读和生字读音，然后是根据学生的年龄和领悟能力等实际，塾师才"开讲"，简要阐述其中的含义等。塾师讲好后，要求学生根据自己的理解领会，向老师"回讲"，以此检测学生掌握情况。

最后是作，即写作文章。先从"四书"里摘出一句作为命题，写成议论文，或夹叙夹议。在科举时代，主要学作八股文。从破题学起，然后是承题、起讲、入手、起股、中股、后股、末股，按部就班，有规有矩。

私塾一景

在训练八股文的同时，老师也会要求作诗训练，先了解诗赋的一般特点与要求等，然后是模拟仿写，让学生感悟体会，慢慢掌握要领及技巧，直至学会自我表达。

少年王国维无疑是好学与勤奋的。除了在塾师的教诲下，保质保量地完成老师布置的学习任务，听说读写，齐头并进以外，还开始自学。譬如，读《神童诗》《幼学琼林》等书籍。

自学，往往是从"课内"延伸至"课外"阅读。王家虽已经破落，但家里还是储藏了一些书籍，特别是历代典籍等。而父亲王乃誉是读书人出身，家里有一定数量藏书那是自然的事。于是，王国维开始偷偷地翻阅家里的藏书。虽然，因为识字还不多，读起来势必疙疙瘩瘩，似懂非懂，但王国维依旧保持阅读热情，连猜带蒙，既磨炼自己意志，又培养读书耐心。

少年时期开启的自学之路，是贯穿王国维求学及治学一生的好习惯、好方法。王国维是自学成才的一个典范。其后在诸多领域取得非凡成就均与自学方法的熟练灵活运用有关。

"万事不如身手好，一生须惜少年时，那能白首下书帷！"这是王国维在《浣溪沙·草偃云低渐合围》中句子，正是他刻苦求学的真实写照。其豪迈气概与凌云志向可与武穆之"莫等闲，白了少年头，空悲切"句媲美。

如今，我们已无法了解王国维在启蒙教育中如何刻苦与勤奋的细节。那些原汁原味的故事及岁月，早已淹没在历史的长河之中。"一生须惜少年时"，我们从他抒写胸怀和抱负的诗句中，似乎可以推知或是演绎那些平凡日子背后的真实，那些由汗水、泪水中混杂着少年萌动的气息，那些闪烁着才气与灵性的脉动。

少年壮志当拿云。

随着年岁增长，特别是随着学业精进，王国维慢慢学会独立及自立。学会长大是每个人的一门必修课。

不久，王国维先后面临两件大事。可谓是一"喜"而一"忧"。

其一是异地新建房子。其二是父亲再娶。

由于准备再婚，王乃誉决定搬出老屋，新建房屋。因为新屋是开启新生活最好的环境和基础。

据赵万里谱记载："十二年丙戌，十岁。是岁，移家西门内周家兜新屋。"[①] 于是，后人往往把建造新屋的时间说成 1886 年（光绪十二年）。其实文中说得很明白，这是"移家"即搬家的时间。而建造新屋的时间是在 1883 年秋冬至 1884 年初，或更早一些。

---

① 赵万里：《民国王静安先生国维年谱》，第 2 页，台北商务印书馆，1978 年。

1884 年 7 月《申报》一则消息中提及了王乃誉建造新屋之事及周边景观，弥足珍贵。结庐在人境。此地，有桑林，又临水，曲径通幽，闹中取静，大有王摩诘辋川之遗韵。

招同谦甫访王莼斋吟长兄新居。桑柘阴中曲径穿，柴门临水水清涟。凭君写入生花笔，风景依稀似辋川。竟从城市得幽居，可卖可耕更可渔。我亦年来厌尘俗，待寻山水结茅庐。①

王国维故居外景

建造新屋或搬家，自古而今都是家庭大事。所以，王乃誉亲自在盐官城内走访、勘察，最终看中位于城西南周家兜的一块地皮。

地段，是家居的首要法则。

当时，盐官城西南角一带还显得比较偏僻，与城内中心区块，譬如与县前街或城隍庙一带相比，地价自然要便宜许多。在经济尚不是十分宽裕的背景下，这是选择的重要因素。但若是从地理位置及历史渊源而言，王乃誉之所以选择城西，可能还包含某种讲究、某种联系。王家先人在盐官城内最初的落脚点是在城西北（今荷花池）一带。如今，在城西之南新建

---

① 《申报》，1884 年 7 月 18 日，第 4 版。

住宅,从此开启崭新的生活,这是一个好兆头。这一南一北、一新一旧,其气息是贯通的,气势是呼应的,气象是可期的。

此时,王乃誉已近不惑。不管从走南闯北的阅历,还是酸甜苦辣人生体验的角度来看,王乃誉真正可谓是一个成熟的男人。其志向尚存,其斗志不灭。更关键的是,知道自己该干什么以及怎么干,即有目标有策略。这看似一个简单的话题,实质是人生是否成熟的分界线。

条理清晰,重点突出,方法可行,那是做师爷的看家本领,也是王乃誉的能力所在。盐官城的后人应该感谢王乃誉这一举动,从此,盐官城里多了一处标志性建筑,一个以人文精神高度取胜的地标:王国维故居。王国维故居是第六批全国重点文物保护单位。

在大方向或方位基本确定后,接下来就是明确具体位置。此地之所以叫周家兜,是因为此地存有一个小型的水池。而以"周家"命名,可能是因为先前有周姓居住。沧海桑田,此时只是一片荒芜。临水而建,玉带抱水,得风水之灵性,可谓风水宝地。新屋后不远处便是东西走向的市河。从实用角度而言,屋东有池塘,后又邻近市河,取水、洗刷及出行等方便不少。

其次是设计建造。建造怎样一座房子,不仅是财力问题,更是功能与审美的考验。因为建筑既是时代和传统的产物,也是其主人主观意愿之直接表达。王乃誉设计的新屋为一座典型的江南民居,坐北朝南,三间两进。大门围墙外是一块比较空旷的场地。进入石开门框,是一个天井,以增加采光度,靠近围墙可种花植树。第一进是平屋,三门九檩,单檐硬山造,兼有吃饭、会客、休憩等功能。第二进为三门九檩楼房,为卧室兼书房之用。第一进和第二进之间,也有一个天井,其左右两侧配有东西小厢房,西侧为灶间。正屋后是一个小院子,算是后花园。种植花草树木,设有假山园林。院子的东北角有一口水井,供一家人饮水之用。

新居为砖木结构,建筑总面积约520平方米。就整个建筑格局和体量而言,算不上讲究,更非铺张豪华。没有一处雕栏玉砌的装饰,更没有金碧辉煌的奢靡。实用或实惠是最大原则,因为"房子是用来住人的"。这最主要的因素当然是由经济条件决定或制约的事实。所谓看菜吃饭,有多大能耐,做多大事情,这朴素的道理在造房子这件事上得到充分证明。

因为，但凡知晓王乃誉学识修养与鉴赏能力的人都知道，王乃誉的眼界不俗，要求甚高，甚至是挑剔的，不管是对人、对物还是对艺术。若"钱不是问题"的话，让王乃誉放开手脚设计建造，或是由着其性子发挥，那这个新居肯定会是另一番模样及气派。因为官宦人家或是有钱人家的大宅子，富丽堂皇，精雕细琢，王乃誉看得多了，了然于心。但现实中的王乃誉终归是被有限的钱财所束缚，只能"望楼兴叹"，适可而止。

王国维故居大门

　　如今，我们已无法知晓新屋建造一共造了多久，一共花费了多少银两等重要信息。按照赵万里谱的说法，1886 年，王乃誉率领一家人入住。

　　而就在王国维暗自疗伤，渐渐淡忘"母亲"这个角色及其功能时，父亲王乃誉"突然"娶了继室。猝不及防，成人世界和孩童世界的认知水平及时空概念是完全不同的。

　　据赵万里谱记载，1885 年（清光绪十一年，乙酉）："是岁，蓴斋公娶同邑叶砚耕先生女为继室。时蓴斋公年已三十八岁矣。"[1] 叶氏当时的年纪也不小了，应是接近 30 岁。因为据王乃誉 1895 年（乙丑）正月廿四日《日记》记载推算而得："内子四十寿。"[2]

　　在封建时代，只要家庭经济条件等许可，男子丧妻后续弦似乎是理当如此之事。更何况，王乃誉发妻已经故世整整五年了。言下之意，王乃誉

①　赵万里：《民国王静安先生国维年谱》，第 2 页，台北商务印书馆，1978 年。

②　海宁市史志办公室编：《王乃誉日记》，第 452 页，中华书局，2014 年 7 月。

家缺失主妇也有五年了。没有主妇，哪像是一个完整的家庭呀？很多事情很难假设，也没有意思作假设。但硬要作一个假设的话，当初王乃誉丧妻后不久就续弦，到如今起码也有几年时间了，也可能早有孩子出生了。时间会消磨或消化一切。这个事实若是一定要发生的话，对于王国维内心的刺激甚至是伤痛，是当初就发生容易接受一点还是时隔五年后更容易一点呢？

天晓得。

此时，王乃誉的内心无疑是满足的。宜室宜家，新屋加新妇，崭新的生活再次开启。

而就王国维而言，房子是崭新的，"母亲"却是陌生的。

对一个孩子，生活中突然增添一个"陌生"女人，而她的身份又是"母亲"（继母），这将会是怎样一副情形，怎样的反应呢？

那年王国维9岁。

9岁的孩子，在心理学上是怎样界定其成长特点的呢？一般是这么说的：其一，9岁的孩子大脑发育正好处在内部结构和功能完善的关键期。这时也是孩童期最顽皮的时期，精力又充沛。在现行教育体制中，正好处在小学教育低年级向高年级的过渡期，也即三四年级。其间，生理和心理变化特点明显，是培养学习能力、情绪能力、意志能力和学习习惯的最佳时期。其二，9岁的孩子在情感发展上也发生明显的变化，自我意识逐渐觉醒，变得敏感起来。具体体现为孩子的思维越来越活跃，语言表达上越来越流畅。最显著的标记是，就一些话题或事情与父母和伙伴展开交流探讨的前置条件多了。若是对路对头，话就多。反之，则往往是沉默寡言，话不投机半句多。

这是孩子由自发成长到自觉成长的分水岭及关键期。一言以蔽之，已经过了"有奶便是娘"的养育阶段。自我意识的萌动与建立，促使人心智成熟。

9岁的王国维将面临怎样的情景呢？一切都是未知，一切都将慢慢揭晓。

父亲娶进继母后，继续去外地当幕僚。由于继母到来，一直寄住在亲戚家的王国维姐弟俩自然要回到自己家中生活了。父亲、继母、姐姐与王国维，四个人组建成了一个新家庭。由于父亲在外，家中大小事宜自然由继母叶氏一手掌管，包括对孩子的管教，即王国维不得不直接面对继母，并听从她的教导及指令。

陌生，是亲情最大的敌人。试想，王国维每天要面对的母亲却是一个陌生人，怎样交流，怎样磨合，这饮食起居等一切都将成为问题。

显然，一方面是独立自主意识前所未有地加强化与明朗化，而另一方面又不可能逾越拥有管教权的继母，身不由己。这是一个不可回避的矛盾，像是孙悟空头上有一道"紧箍圈"。这势必给由童年期转向少年期的王国维造成极大的心理压力和障碍。更可悲可叹的是，他除了姐姐这个同盟军以外，连个倾诉的对象也没有，一点回旋余地也没有。而姐姐也还是个孩子，自身难保，心有余而力不足。此时，身边要是有父亲这棵大树依靠也许会好很多。因为，对父亲而言，王国维才是"亲生"的。

9 岁的孩子，毕竟还不足以强大到具有自立门户、排除外来压力或干扰的心理及能力。更何况王国维的体质一直比较羸弱，个子矮小。不光身体不够强壮，心理也不够强大，所以，王国维根本没有对抗的资本和基础，只能逆来顺受，只能委曲求全，只能唯唯诺诺。

随之而来的惶恐不安、无所适从的阴影自然降临，无法逃脱。

在传统文化文学语境里，继母即"后娘"，往往被描述为淡漠、严厉、吝啬，甚至是冷酷、虐待等的同义词。不可否认，面对这个事实，王国维从失去生母的旧伤中，再一次流血，无可奈何地接受继母叶氏的出现与管教，特别是最初的一段时间里。排斥，这是从心底里发出的否定。

据载，少年王国维对继母很是敬畏。用一个小事例足以证明：每次与同伴或朋友在外玩耍，只要临近吃饭时间，王国维总会早早提出告别，急忙回家。因为，若是回家晚一点，继母会有怨言或训诫。

当然，我们没有直接证据表明叶氏是如何严格，甚至严厉的。当时家庭气氛，母子母女间的关系等，我们不妨作一个比较合理的推测。站在继母叶氏角度说，丈夫王乃誉在外谋生，家里的一切自然都落在她身上。丈夫每年带回家的钱不多，一家子的衣食住行以及人情世故都需要开支，经济压力不小。王国维在《自序一》，亦称《三十自序一》中有如此说法："余在海宁，故中人产也，一岁所入，略足以给衣食。"再者，两个孩子需要监管，王国维已经在读书，学习状况尤其是成绩等需要关注。更重要的是，叶氏于丁亥年四月二十四日（1887 年 5 月 17 日）①，生育儿子王国华（健安）。试想，叶氏从孕妇到产妇，再到为人母，其承受的辛劳及压力也是巨大的。而站在王国维姐弟角度来说，怎样与这位继母交流，避免看脸色行事的窘迫，尽快融为一家人，则是最大的"瓶颈"。家庭内很多矛盾或是隔阂，往往是因为缺少沟通、缺乏沟通技巧而造成的。

而后来的事实表明，成年后的王国维对继母叶氏颇为尊重，甚至是感激的。因为，叶氏对王家的付出很多，贡献也不小。这是后话。时间会证明一切，时间也会改变一切。正所谓此一时，彼一时也。

而当时，或是在一个时间段内，家庭氛围无疑是淡漠的，是紧张不安的。

而一直处在惶恐不安的情绪或环境中，势必造成孩子心理不健康，逐渐导致孩子胆小、自卑、忧郁等不良性格的形成。

儿子表现出战战兢兢、唯唯诺诺的举止和性格，引起了父亲王乃誉极大的不满，甚至出现了恨铁不成钢的怨愤。父亲曾当面斥责儿子"畏葸"的行径，有辱王家名门之后的风尚与风骨。在王乃誉的日记中，更是用直白而充满忧虑的口气写到：儿子幼年多胆怯，少年毫无英锐之气，将来怎么会有出息？

谁愿意看到或接受如此情形呢？

而这，又是谁之过呢？

---

① 王则明：《我的父亲——国华先生：为海峡两岸教育事业奉献终生》，《我们的祖根》，《海宁安化王氏家史》（第一辑），第 65～77 页，2008 年 2 月。

第 4 章　新居生活　严父教子

随着搬入新居，王国维"拘谨"的日常生活中多了两件有趣的事。于是，幼稚的心灵增添了一份新的寄托及空间。

王家天井

一是可以在自家楼上观潮。

站在自家二楼，可以观赏到钱塘江，看潮起潮落，看岁月变迁。这些经历在王国维成年后的很多诗词中以海潮作为题材或象征，得到证明，留下痕迹。

曾经多少次，他倚窗而立，眺望远方，思绪翻滚，从少年王国维到青年王国维，时光慢慢流逝，而其中的诗句记载了曾经的心跳和情感的波澜。

其中，最著名的有《蝶恋花》等：

> 辛苦钱塘江上水，日日西流，日日东趋海。终古越山湏洞里，可能消得英雄气？
>
> 说与江潮应不至，潮落潮生，几换人间世。千载荒台麋鹿死，灵胥抱愤终何是。

"潮落潮生，几换人间世。"王国维对母亲河钱塘江充满敬畏之情，对海潮的象征意义有深刻理解，对自己是盐官人、江南人而感到由衷自豪。这在作于1913年，旅居日本京都时的诗作《昔游》（二）中得到集中而直接的证据："我本江南人，能说江南美。"

随着弟弟王国华慢慢长大，王国维带着他去近在咫尺的盐官城西门（安戍门）玩，看上塘河上行驶的船只，看城外的农田及景色。大自然是童年最友好的伙伴。

二是有了新邻居、新朋友。

王家搬入新居，就与附近人家构成了邻居关系。人的本质是一切社会关系之总和。邻里关系也包含在社会关系之中。中国人是一个人情社会。相处是一门学问、一门技巧，也是一门艺术。王乃誉、王国维父子与邻居的关系，也值得一说。因为，这是价值取向和为人性格等在时间坐标中的具体表现，所谓日久见人心就是这个意思：互相是合得来还是合不来，抑或不即不离。人与人相处，不仅讲究缘分，更是选择的结果。这在王乃誉日记中是否有记载，或是否值得记载，以及记载之多寡等，能得到最好的答案。王国维家屋后邻居为沈姓，主人叫沈传馥。沈家也曾是读书人家，不过其时已破落。沈姓以堪舆算命为生，勉强保持着读书人的体面。东邻有两户人家，一家为范姓，另一家为周姓，王家与他们的交往可能很少，因为在王乃誉的日记中很少有相关记载。西邻为陈姓，是一对父子及其家人。其父叫陈赓三，其子叫陈平斋。陈平斋比王国维稍为年长，一来二去，两人自然成了朋友。在四周诸邻居中，王家和陈家走得比较近，接触较多，在盐官俗语中叫作"讲得拢"，即"说得来"，投机之意。显而易见的原因是，陈家也是读书人家，知书达理，温良恭俭，其家境综合实力等，与王家大致相当。邻里之间的交往除了为人处世的基本价值观相近相似以外，也是讲究门当户对，讲究综合实力的。远亲不如近邻。随着时间推移而加深彼此的了解，王家和陈家慢慢超越了"一般"邻里关系界限，成为真正合得来的"近邻"。因为，两家在遇到婚丧等大事时，是有人情来往的。盐官人把这称为邻舍隔壁"有来去"，意思是遇事时你来我往，礼尚往来。

转眼就是清光绪十三年（1887），王国维 11 岁，到了"习举子业"的年龄。

这一年开始，王国维进入学业和人生的重要转折点。"进入读书活动的第二阶段。""在举子业与读书志趣间的矛盾中求索。"[1]

学业与人生，花开两朵，各表一枝。

先说王国维的求学之路。

是年正月十六新学年开始，王国维更换了授课老师。对于个人成长，特别是学业精进而言，这是一件大事。而定夺这件大事的人当然是父亲王乃誉。关键时刻，父亲的作用和意义得到充分的体现。王乃誉的用意十分明确，指向也十分明确，儿子在接受潘老师近四年的启蒙教育后，该有序地步入科举正道，懂规矩，守法度，显才情。打一个比方，私塾初期好像是在乡村公路骑车，学会必要的驾驶要领及技巧后，现在该换成汽车上省道，直至上高速公路行驶了。

此时，王国维的学业势头很好，真可谓渐入佳境。

第一阶段，光绪九年（1883），王国维七岁始读于塾师潘紫

---

[1]　王令之：《王国维少年至青年前期读书志趣及王乃誉对他的影响》，《阜阳师院学报》，第 107 页，1987 年第 3 期。

贵（绶昌）先生处，接受传统的启蒙教育。在潘紫贵先生指导下，王国维勤奋学习。这一阶段的启蒙教育，是传统的封闭式教育，所学内容不出私塾功课范围。启蒙学习使王国维初谙诗文，为他今后更多地了解中国的传统文化打下了基础。①

这里从教学内容到教学方式，再到教学效果进行概述。这个评述是中肯的也是完整的。

王国维的新任老师叫陈寿田。

陈老师是海宁陈家子弟。海宁陈家富有家学渊源，英才辈出，在海宁乃至在江南一直享有良好声誉及口碑。就个体而言，陈老师既是一个"旧人"，他获得庠生（秀才）资格，但与传统读书人的知识储备与教育经历等作比较，陈老师又是一个"新人"。何以如此界定呢，这可以从他接受的教育说起。教育是塑造人的模型或底板，一个人接受教育经历，直接决定此人的眼界格局、思维方式、学业水准等。

1868年，海宁人李善兰出任总理各国事务衙门同文馆（京师同文馆）算学馆总教习一职，类似于今日之中科院数学研究所所长。其间，主要工作是审定《同文馆算学课艺》《同文馆珠算金踌针》等数学教材，同时培育及造就了一批数学人才。所以，李善兰被誉为中国近代数学教育的鼻祖。在数学方面的造诣及成就以外，李善兰对中国近代科学发展，特别是介绍物理学、牛顿力学、生物学等方面，作出了里程碑式的贡献，被赋予近代科学奠基人或先驱者的桂冠。

陈寿田是李善兰的学生，他以庠生资格就读于京师同文馆。其后，曾担任京师同文馆算学馆副总教习，为我国近代数学人才培养等方面也有较大贡献。临近天命之年时，陈老师回到故乡海宁，开设学馆，既教书育人，又颐养天年。

在此，顺便简要介绍一下京师同文馆。这算是一个引子吧，因为日后，王乃誉王国维父子对同文馆出版介绍西方现代科学书籍很感兴趣，

① 王令之：《王国维少年至青年前期读书志趣及王乃誉对他的影响》，《阜阳师院学报》，第108页，1987年第3期。

李善兰（中间坐者）和他的学生们

受其影响颇大，几乎可算是王国维成长路上的一个台阶。

京师同文馆是清末第一所官办外语专门学校，1862 年 8 月 24 日在北京正式开办。以培养外语翻译、洋务人才为目的，以外国人为教习，专门培养外文译员。课程开始时只设英文，后增设法文、德文、俄文、日文等。清同治六年（1867）又添设算学馆，教授天文、算学，成为比较综合的培训与教育机构。

很显然，京师同文馆是时代进步之产物。京师同文馆可贵之处在比较系统地传授西方科学文化知识、培养通译人才之同时，还坚守中国传统文化的学习与传承，要求学员精于经学，充分了解儒家学说的核心组成部分。如此看来，京师同文馆培养的学生，不仅具有世界眼光，先进的科技知识，还具备扎实的国学基础和传统涵养。

邀请陈寿田担任王国维的塾师，足见王乃誉的过人之处。高明，是高明人的处事方式与结果。

　　……陈寿田先生受到过比较先进的近代科学文化教育，当时虽为塾师，其学识水平高于一般乡塾教员……①

　　水涨，船才会高。人生中，遇见一位德才兼备的好老师实属不易，这不仅是一种缘分更是一种福分。当然，后来的历史表明，更值得庆幸的人可能是陈老师。因为他是王国维的老师，所以陈老师的名字才没有被历史的尘埃所湮没。饮水思源是中国人的美德，恩师如父。铭记他人教育之恩并由此及彼，这是一种美德。王国维日后也成了一名教师、一名教授，也像陈老师一般尽心尽责，教书育人，桃李满天下。

　　自此，王国维跟随陈老师学习，朝夕与共，唯其马首是瞻。传统私塾因为没有"课程"这一概念与要求，所以从教授内容到传授方法等，都是塾师自行实施，各自为政，其科学性难以保障，教学质量更是参差不齐。与一般塾师或秀才相比，陈老师显然是不一样的。因为，他比较系统地接受过西方科学教学方式的训练，基本了解或掌握了相关课程的科学原理及要求，所以对王国维的教育方式显得有条有理，务实高效。

　　陈老师主要从两大方面着手对王国维进行比较系统且合理的教学、教育与启发。其一，根据传统文化内涵与素养等要求，重点考虑科举考试的要求，进行教学内容的设计及明确。陈老师以应试必需的"四书""五经"，旁及《左传》《通鉴》及诗文古文等为教学重点与要点。具体教学以月为单位，对王国维施行文体教学，主要课程是骈体文、散文，以及古今体诗赋等。主要教学方式为阅读讲解结合作文训练。即在老师的带领下，通过听、说、读，对圣贤经典之作，从片段开始，进行朗读背诵、结构解剖、内容理解，然后有机整合，全篇把握，直至烂熟于心。在此基础上，读写结合，学以致用，由模仿开始，进行相关文体的作文训练，即"时文""八股"（所谓"制艺"）等训练。此间，每月都有测试考评，王国维的成绩每次都能得到陈老师的肯定。"孺子可教也"或是"得英才而教之"，这都是为师者遇见聪明学生后的幸运及欣慰。

---

　　① 王令之：《王国维少年至青年前期读书志趣及王乃誉对他的影响》，《阜阳师院学报》，第 108 页，1987 年第 3 期。

严师出高徒。由于方法得当，训练有素，王国维的学业长进很快。这充分满足了王国维的自信心，同时也满足了父亲王乃誉的期望。"是为王国维治诗文之始。"① 王国维的同父异母兄弟王国华在悼念文《海宁王静安先生遗书序》中是如此说的："时先兄才十一岁耳，诗文时艺，早洛洛成诵。"

但若仅止于此，陈老师似乎还不足以被高看为"学识水平高于一般乡塾教员"。陈老师的过人之处在于，在教授王国维传统文化的同时，自觉地将西方文明元素，特别是方法论等结合在其中，以此训练王国维的思维方式，扩大其认知的眼界、角度与水平，此其二。

综观王国维一生学术作为及成就著作，明显发现一个特点或长处，那就是方法论的准确，恰到好处。有人赞誉王国维似乎拥有一根"金手指"，对诸多领域具有点铁成金的奇妙功效，其基石就是方法论的得当、科学且灵活。而这其中，数陈老师的启蒙引导之功绩巨大。为师者最大的功效及成功在于授人以渔。

另外，课余时分陈老师会主动向王国维讲述在京师同文馆的见闻，介绍外国教授的趣闻逸事等。差异即文化，新奇即兴趣。这些见闻见识在少年王国维的心目中逐渐构建起一座"崔巍的楼阁"，使其不囿于一隅之见，以及保持对新鲜事物向往的热情与追求的动力。热爱、兴趣、敏感、专注，这些学人必备的优秀素养在王国维的内心萌生并茁壮成长。人的眼界，在关键时刻一旦开启或是拓展，会受用一辈子，助推其超越同时代的一般人，鹤立鸡群。

> 有陈寿田先生的教育，王国维对中国文化的了解进入了新的阶段。与第一阶段启蒙学习不同，十一岁以后，王国维开始以审视的目光观察和思考问题。他虽然稚气未脱，却已早早起步，以聪颖的天资、高于常人的灵感，由单纯地接受知识，向研究学问

---

① 王令之：《王国维少年至青年前期读书志趣及王乃誉对他的影响》，《阜阳师院学报》，第 108 页，1987 年第 3 期。

的方向发展。①

未来可期。按照如此之步伐及节奏，特别是如此之方式方法，王国维的未来，那基于学业的基础和状况，似乎早早地透视出一丝灵光，犹如暗夜中的点点荧光。现实照亮梦想之路，多么令人振奋的势头呀！

当然，王国维并非人们想象中一副刻板的"老学究"模样。他还是一个孩子，一个情商正常的孩子，也具有爱玩与活泼的一面。上课学业与游戏玩乐应该是相辅相成的。因为游戏是孩子的天性，是一种锻炼，也是一种学习。自娱自乐，让少年王国维的活力挡不住地散发。

如此这般生活、学习、玩乐等情景，王国维念念不忘，在他 27 岁时曾以"端居"为题，写过三首五言古诗进行回忆。其中一首如一幕小电影，充满场景感，更有诸多特写镜头。

> 端居多暇日，自与尘世疏。
>
> 处处得幽赏，时时读异书。
>
> 高吟惊户牖，清淡霏琼琚。
>
> 有时作儿戏，距跃绕庭除。
>
> 角力不耻北，说隐自忘愚。
>
> 虽惭云中鹤，终胜辕下驹。
>
> 如此胡不乐，问君意何如？

再来说说王国维人生道路之变迁。

这主要源于家庭变故而起。在孩子的世界里，对绝大多数事务或人物只能被动接受，无法自主独立选择。

打破平常生活规律或节奏的，往往是某一事件发生。

在王国维师从陈老师没几天之后，即同年正月二十六日，其祖父王嗣铎去世。

祖父是王家权威的集中象征。失去一家之主，王家在短时间内自然陷

---

① 王令之：《王国维少年至青年前期读书志趣及王乃誉对他的影响》，《阜阳师院学报》，第 108 页，1987 年第 3 期。

入悲痛与忙乱之中。

作为长子长孙，此时的王国维，其惊惶不安的心理及情绪甚至超过了悲伤，不知所措。试想，王国维 4 岁时生母离世，第一次近距离感受生离死别。其时是懵懂，但后来的日子中，使他付出极大的代价，悲痛会慢慢释放，被时间冲淡。同时也让他慢慢琢磨出死亡的真实含义。而眼下，死神再一次降临王家，11 岁的孩子再一次目睹亲人离去。其时，对于死亡所造成的害怕或恐惧等的感受更加直观且深刻。王国维不知道该怎样平静内心的波澜。外界的寒冷也许可以通过加衣来抵御，而心灵深处的寒战及抽搐该怎么得到温暖与安顿？

对死亡的本质，古今中外的理解应该是相同的。死亡的唯一意义，在于对生者的启示或警示。

前文已述，王国维短暂的一生中，在不同时间段里，除了惨遭生母、发妻与长子等家人先后离世以外，还遭遇祖父、祖姑母、父亲等亲人亲属的离世。这在其心灵深处，割出一道又一道伤痕。旧的创口尚未愈合，新的伤口又残忍地降临：11 岁时祖父去世，30 岁时父亲王乃誉去世，32 岁时太夫人莫氏去世。够了，够了，我们不忍心再一一罗列。

当然，祖父病故，最主要责任人无疑是父亲王乃誉。不管是丧事操办张罗，还是家庭责任承担等方面。由此，王乃誉责无旁贷地成为当家人，一家之主，甚至一族之主。

从江苏溧阳回来奔丧的王乃誉，作出一个重大决定：遵循守制规矩，居丧不出，从此辞去在外幕僚之职位，结束忙碌奔波生活而换一种生活方式。

就像一台高速运转的机器，一旦急剧减速，直至停顿，势必要经历"急刹车"的强大惯性。人亦是如此。王乃誉自然面临巨大挑战与压力。安顿一颗躁动的心，是一件大事也是一件难事。

如果说，新房子基本解决的是安顿家人、安顿身体问题，使得日常烟火生活有了硬壳，有了依托，那接下来是要解决精神或灵魂的安顿问题。所谓精神生活，对于王乃誉而言，体现在两方面。

其一，怎样处置自己的日常生活。自己才 40 岁，余生还很长，怎样使日子变得有滋有味，今天我们称为有品质的生活，那是人生哲学与智慧之体现，是一门大学问。

其二，人总得干点儿事，总要有点儿盼头，有点儿念想。"余则四十即归隐里门"，唯"嗜书画金石，好交游文墨"。① 其中，最大的盼头及念想莫过于儿子王国维的出人头地。那是希望所在，寄托所在。

王乃誉迅速进入合格父亲的角色，既有计划，更有行动。如果说在此之前，因为要解决生计问题，王乃誉一直在外谋生，客观上导致"父亲"角色和功能的缺失及淡化，这一切已无法改变。往者不可谏，来者犹可追。如今，仿佛到了"还债"或"补偿"的轨道，机不可失、时不再来。王乃誉完全像是换了一个人，不管从教育理念还是到引领行动，焕然一新。亡羊补牢，为时未晚。如此说来，王乃誉不仅算是一个合格的父亲，更是一个睿智的优秀的父亲。

如此，我们不妨从王乃誉和王国维这一对父子两个方面分别展开叙述，而现实关系中，其实是不可分割而各有侧重或是互为因果罢了。

当然先说父亲王乃誉。因为他是一家之主，如一幕长剧的导演一般，居于主导地位，掌控并驾驭着剧情的推进与变化。精彩与否，节奏快慢等，全握在他手中。

亦商亦儒，是王乃誉的身份地位，也是他的生活方式。其为人之核心要义是"敬慎俭勤"② 四字标准。这既可视作王乃誉自己设定的人生准则，更是其矢志不渝践行的规范。而这也构成了王乃誉一生最大的闪光点与精神遗产。王国维也是忠实的践行者。

作为商人的王乃誉，其日常是怎样的言行以及生活模式呢？所谓开门七件事，柴米油盐酱醋茶。对每一个家庭而言，这些都是必要的开支。要开支，势必先要有收入。王家的经济来源，主要由四部分组成：开店、收租、养蚕、字画金石交易或创作的获利。

王家茶漆店名为王恒裕，位于盐官城拱辰门（北大门）内东侧，邻近三庙弄街。盐官古城，旧时共有十座庙之说。所谓茶漆店，主要经营茶叶、漆器与油漆等商品。

---

① 海宁市史志办公室编：《王乃誉日记》，第 780 页，中华书局，2014 年 7 月。

② 海宁市史志办公室编：《王乃誉日记》，第 961 页，中华书局，2014 年 7 月。

盐官北水城门

　　盐官城北门毗邻上塘河，即二十五里塘，可直通京杭大运河，所以南北货物流通比较方便，是货运的集散地。而城南则是钱塘江，航船直接与浙东，即浙南乃至安徽、福建等地相连，商品往来方便，特别是徽州等地的茶叶和桐油等广受海宁一带民众欢迎。得天时地利，王家茶漆店生意一直尚可，这是王家最主要的经济来源。按理说，王乃誉归园田居之后，茶漆店理应由他亲自掌管，但王乃誉是个懂得经营的高手，知道做个"后台老板"更合适。一来是他对开店这件事还没有全身心投入。二来是他要操持这个家，关键是自己还有书画和鉴赏等方面的爱好与业务。若要具体管理店里的事务，时间和精力肯定不够，何必弄得太辛苦呢？王乃誉是一个善于抓大放小，会抓主要矛盾的聪明人。对于老板，小至一家店，大至一家企业公司，核心无非是获利问题，即挣钱多少问题。只要善于抓住挣钱这一要害，其余的问题自然就会迎刃而解。至于用怎样的人，归根结底还不是为了获取更大的利益？王乃誉几乎每天去茶漆店。他主要做三件事，一是看账监管，二是喝茶会客，三是写字读书。所谓看账，主要是看两方面，一是看现金账，每天收支多少，结存多少以及应收应付等。二是看仓库账，销售及库存等数据。这不仅是"行使主权"的仪式，更是一个动态管理。监管，是最好的"防火墙"。经济账目上一旦出现漏洞，最终吃亏的是甲乙双方，先吃亏的是甲方老板，但一朝事发，乙方贪污者也不会有好下场。所以，防微杜渐或防患于未然是对双方负责。

余下的内容就是喝茶、会客聊天及写字读书。茶漆店，以经营茶叶为主体。如今有句话很时髦："专业的人，做专业的事。"那么，经营茶叶的人，首先应该是个"懂茶叶"的人，"会喝茶"的人。因为，喝茶，并非单一为了解渴。喝茶，若是从"品"的角度，即从"讲究"的层面而言，那绝对是一个细活，是一个精致活。从茶叶的选取到茶具的种类，再到取水地与水质等，都需讲究有要求，那才是格调，才是档次。对此，王乃誉肯定是品鉴的行家里手。喝茶，可以是个体行为，也可以是群体行为。若是有三五茶客，合得来，谈得拢，那喝茶就是一个雅集了。或高谈阔论或讲讲《山海经》，都会是消遣时光的好去处，会是人生一大乐趣。当然，大多数时间里，王乃誉独自一人在店里写些东西，弄些字画等。安静或独处才是读书人的最佳状态。那时，不仅身体惬意，灵魂也是最为接近神灵，最易获得灵感青睐的状态。而一到书桌前，王乃誉总感觉有一些情绪或是感喟需要抒发及表达。尤其值得称道的是，王乃誉的字和画都拿得出手，在古城盐官有相当知名度，所以前来向王乃誉求字求画，譬如写个扇面、写个对联什么的人还真不少。付出，不管是体力还是技能，就会有收益。写字作画所得，称为"润笔"。这也是王家的一个收入渠道。

据一张 1948 年的发票表明，这家名叫"王恒裕德号茶漆店"至少延续至 20 世纪 40 年代末。凭证显示，其交易的茶叶是"怀春茶"，购买方是塘工局养护总队。此时，这家店不再是由王国维后人所有了。而王国维家是何时把此店转让出去的就不太清楚了。

除了开茶漆店，王家还植桑养蚕，从事相关农活。很多读者可能不太了解这一史实。在王家屋前屋后特别是屋西一侧，有一些闲地，有几分地，王家种植一些桑树以养蚕。直到 20 世纪末，在王家屋西，还保留一大片桑园。

　　植桑养蚕，最后出售茧子或是缫丝成品，是王家收入的组成部分。关于相关农活及劳动场景等，在王乃誉日记中有明确记载。这些，似乎远远超越了我们对王家的认识或想象：王家不是坐享其成的工商地主吗？王国维不是地主家的儿子吗？他难道也要干农活，也要帮忙养蚕吗？还原一个历史人物的所作所为，特别是具体展示日常细节和生活原生态，这犹如察看一幅工笔画细腻的局部，那是一件逼真有趣的事。如此，人物才会有血有肉，有烟火气息，才是真实可信的。种桑、养蚕，不仅构成王家生活劳作的真实场景，展示其收入及经济状况之概貌，也充分体现王国维勤于劳作、自食其力之精神状态。当劳动成为一种习惯一种自觉时，才是成熟成人的标志。同时，还透视出极具江南特色之时代风貌，展示近代丝织业发展之脚印。

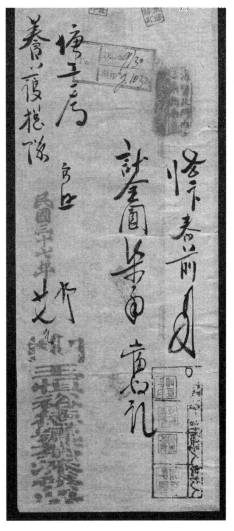

王恒裕德号茶漆店票据

　　由此可以看出，王家是名副其实的耕读人家了。耕作，意在养家活口。读书，志在出人头地。王家信奉并恪守勤俭持家、勤奋为人、勤劳做事的信条。一个"勤"字，勾勒出一个真实的王家，及其家风与人品。

　　（光绪十七年 二月）中和节……市桑株十七株，予廿文。①

　　①　海宁市史志办公室编：《王乃誉日记》，第 17 页，中华书局，2014 年 7 月。

十八，晴，巳刻，在地督工犁桑……①

廿三……买桑株，六十文六十株即归……②

廿九……前塜靠东王四泰桑地三分，欲售十五千，余含应之。此地应得者有三：有桑可采一；本少柴屋，可筑二；此屋无旁舍，得之或他年作小书室三。③

（光绪十七年 四月）初三，晴，可敌盛夏。蚕大眠。黎明起……④

文中提到王家种植几十棵桑树，适时进行修理与施肥等，使其蓬勃生长。待到两三年后的春天，王家种植的桑树已是枝繁叶茂，可以采桑，可以养蚕了。我们不妨撷取《王乃誉日记》（以下简称《日记》）中的一段，拼凑出王家在春蚕时节的繁忙和辛苦。早在清光绪二十年（1894）大年初一时，王乃誉就已经在仔细观察今年桑树长势情况，"……桑地中看，叶蕊已粗……"⑤ 待到开始养春蚕，更是忙碌并有所期待。

（光绪二十年四月）初二……蚕正大眠，家人忙乱，理治至夜，共见十四筐，每筐四斤。⑥

初三……饭后复之桐，议至初更，同静偕归。天将明至，下饲蚕。⑦

十二，早仍雨。理料酬蚕花五圣，杀鸡市肉……售茧未成，请三内舅，至，设车缫之。今年蚕讯均未见胜……⑧

养蚕，特别是春蚕，那是一件非常辛苦的农活：一是要按时喂蚕，晚

① 海宁市史志办公室编：《王乃誉日记》，第 23 页，中华书局，2014 年 7 月。

② 海宁市史志办公室编：《王乃誉日记》，第 25 页，中华书局，2014 年 7 月。

③ 海宁市史志办公室编：《王乃誉日记》，第 28 页，中华书局，2014 年 7 月。

④ 海宁市史志办公室编：《王乃誉日记》，第 39 页，中华书局，2014 年 7 月。

⑤ 海宁市史志办公室编：《王乃誉日记》，第 277 页，中华书局，2014 年 7 月。

⑥ 海宁市史志办公室编：《王乃誉日记》，第 328 页，中华书局，2014 年 7 月。

⑦ 海宁市史志办公室编：《王乃誉日记》，第 329 页，中华书局，2014 年 7 月。

⑧ 海宁市史志办公室编：《王乃誉日记》，第 334 页，中华书局，2014 年 7 月。

上也要定时进行，所以养蚕人间隔几个小时就该起来，不可能整夜安稳入眠。春天本来就容易犯困，若晚上没有好好休息，那是很累人很伤身的事。二是养育时间较长，春蚕养育持续近两个月。其时，乍暖还寒，气候多变，且要日日夜夜劳累"忙乱"，这难熬及煎熬，是局外人根本无法想象的。而待到蚕宝宝一旦成熟，就要搭建架子以及用稻草做成的草蔟，让蚕结茧，谓之"上山"，几天之后是采摘茧子以及清理场所等。这里的劳作是一环紧扣一环，不会有松懈或歇力的机会与时间。《日记》中"家人"这个词指代好像比较模糊，其实却是很明确的，主要是指王国维继母及家佣，当然还包括王国维以及王乃誉在内的所有家人。

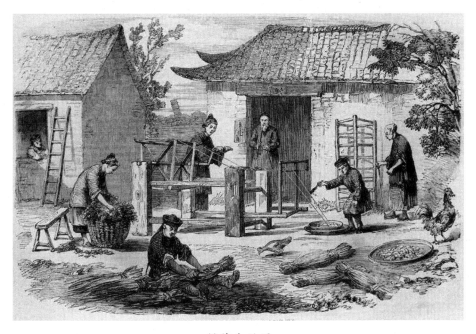

制作生丝图

王家那年的蚕茧没有出售，而是自己缫丝，这是为了多卖几个钱，而部分生丝也可以自己留用。在《日记》中细致地记载了整个过程，那充满画面的质感，勾勒出江南乡村养蚕的基本情景与环节。所谓"丝绸之府"之美誉是由成千上万养蚕人的汗水和心血换得。

这十几匾蚕最多能收获三四十斤蚕茧吧！那一年的产量比往年稍逊一些，收入相应也会少一些。

据光绪十九年（1893）六月《申报》记载，"硖石、王店、新篁、濮院等处丝行已开秤，上等丝每百两售洋二十元，其次十八九元不等……"①

只有付出汗水与心血，才会真正明白劳动成果之不易，生活之不易。王国维少年时参与力所能及的劳作，以及目睹家人的勤奋、辛劳和齐心，对其思想情感产生直接而深远的影响，促使其养成勤劳、节俭与感恩之美德。这在他留给子女的遗书中都得到醒目印证，令人动容："……我虽无财产分文遗汝等，然苟谨慎勤俭，亦必不至饿死也。"

当然，王家毕竟有别于普通或贫困的底层劳动者家庭。譬如，王家有一些祖传的房产或店铺等，分散在盐官城的北门及小东门等地。这些房产会有一些固定的收入。还有，王家在盐官城周边的乡镇，譬如鄥墅庙（今丰士镇）、郭店、周王庙、金石墩等地有祖传的田产等，可以收租。这些店面以及田产等基本情况，譬如店面与田产的具体位置，租客是谁，租金多少，等等，王乃誉也是在"守制"之后才慢慢弄清楚的。其时，王乃誉会带人，待到王国维成人之后，王乃誉便带着王国维，一起外出收租。

综上所述，王家每年应该有相应的收入，足以维持一家人的生活，乃至近乎小康生活。

当然，当家人有当家人的难处和职责。

更关键的一点是，王乃誉此时还没有把所有的心思都放在养蚕及收租等这些具体的事情上。人，具有多面性复杂性。就骨子里而言，王乃誉不是一个纯粹的商人，而是保持了读书人的传统和做派。

那我们再来说说作为读书人的王乃誉。其心思其寄托还有其日常生活会是怎样一幅情景？

读书人，一般都是有原则有讲究的人，不将就，不苟且。王乃誉更是如此。这首先表现在王乃誉对于新家布置与陈设等的要求上。苏东坡有诗云，"宁可食无肉，不可居无竹。无肉令人瘦，无竹令人俗。人瘦尚可肥，士俗不可医。"可见，居住环境对于读书人的心境影响是何等重要。

① 《申报》，1893 年 6 月 18 日，第 18 版。

所谓"养心"之境，目之所及，心之所向，朝夕共处，这能"随便""随意"吗？

"修竹当天清风可仰，崇兰在室幽趣自生。"

王国维故居后院

王乃誉喜好花草，尤其是兰花、水仙、山茶、莲花等盆栽。文人，即雅致或情调的代名词。养花养草，本质就是养心养性，陶冶情操。一部文学史洋洋大观，几乎也是一部寻找、挖掘或投射人的主观情感到对应花草树木身上的历史。譬如，屈原之钟情于兰芷香草，五柳先生之钟情于菊花，周敦颐之爱莲，林逋之视梅为妻，如此等等。所谓托物言志，所谓寄情山水，是也。花非花，草非草，那是情调，是寄托，是象征。如今，房子已经建好，院子有了，时间有了，外部硬件及要素"万事俱备"。此刻，王乃誉所需之"东风"，便是顺从自己的内心：开始养花种草，开始妙趣横生的活法。人到中年，恰如其分地给自己定调非常重要，它直接决定心境、心态与生活质量。定调，即定心。

（光绪十七年正月）初四，晴，晨起无事。洒扫，晒盆树、水仙、山茶。入陈，与耕山（赓三）语，背诵元白诗，至我家看

曲园先生诗话……①

十九……入陈，乞莲种，许以二月分之。②

（二月）十三……入陈，新福来，饬种品字莲，取河泥，用鸡毛壅之……③

廿七，清明节……见有山客售素心兰，以还价一百六十，得二茎。其人尚有二丛在船，云更佳。乃付条令之家。余亦亟归，遇陈耕兄一赏。比抵家，觅种，苦无山黄泥而怜花憔悴，不胜失时之感……傍晚，二客携筠篮寻我门，乃偕归。看之，果有四茎。花正开，色芳菲，甚荣。心素如碧玉，冰雪净明，宜洗眼目之，即予三百四十而成。然山人数数求益至再三。然不审植之能服盆否？为忧……寻耕兄不得。平斋、福生来观，被酒思之浓。夜卧枕反复思，觅盆寄硖求泥，并移棚帘护之。事琐琐难安，可谓自笑好之酷矣。④

廿八，晴，早起。观兰瓣有微红而萎……昨夜苦思觅泥护种……庭前海棠作花……⑤

（光绪十九年十月）初五……晚步庭中，督两儿灌花、扫地。⑥

痴迷，往往会成为读书人的一种常态，它比热爱的程度还要深刻、强烈并专一。宁缺毋滥，痴迷往往会滋生苛求之心，忘我之境。种植兰花，历来是君子所钟爱之事。兰花品行高洁，外观雅致。于是，种植兰花有很多讲究，譬如对品种有讲究，连花盆与土壤等也有讲究，于是"寤寐思服，辗转反侧"。王乃誉是个种兰高手，也是教育引导孩子的能手。在《日记》中，特别提及父亲督促两个儿子，即王国维和王国华两兄弟，努

---

① 海宁市史志办公室编：《王乃誉日记》，第5页，中华书局，2014年7月。
② 海宁市史志办公室编：《王乃誉日记》，第11页，中华书局，2014年7月。
③ 海宁市史志办公室编：《王乃誉日记》，第20页，中华书局，2014年7月。
④ 海宁市史志办公室编：《王乃誉日记》，第26～27页，中华书局，2014年7月。
⑤ 海宁市史志办公室编：《王乃誉日记》，第27页，中华书局，2014年7月。
⑥ 海宁市史志办公室编：《王乃誉日记》，第236页，中华书局，2014年7月。

力完成家务，譬如浇花、除草及洒扫庭院等。这既是劳动教育，更是审美教育。审美，是一种能力，是不断训练与培养的结果。暮色渐起，或是朝霞满天之时，在王家院内，父子几人各得其所，边干活边交流，笑语盈盈，时而还会吟诵诗文、引经据典，好一幅其乐融融的和谐家庭图画。

如果说，植桑养蚕，开店收租等收入，是建造王家生活"舞台"之基础的话，那打造庭院，种花植草，美化环境则是装饰功能的"布景"了。

舞台上背景音乐若有若无地飘来，正戏开演，主角换下先前的便装，粉墨登场，气度非凡。这主角当然是王乃誉：以儒生面目出现的王乃誉。他的心思、他的做派、他的期待，犹如一幅长卷，在时间的推移中移步换景，显山露水，可圈可点。

这至少体现在三件事上。

其一是身心有所安顿。

王乃誉深知，他没有陶渊明般"归去来兮"的自如及洒脱。安顿自己身心，那是灵魂之载体，既是智力，也是技术。王乃誉明白，书中自有答案，圣贤之教诲就是坐标，就是航标。读书人的最大乐趣自然是在书中寻得。于是，读书和"课子"就是日常，就是功课，修身养性，而非单纯的功利。最重要的是，在王乃誉看来，如此自娱自乐，释放自我，那是最愉悦最陶醉的事，与往昔在外谋职时见人脸色行事之无奈与拘谨，简直不可同日而语。"我的地盘，我做主。"于是，他干脆把自家的书房命名为"娱庐"，充分体现主人公的向往、追求与品位。

其二是日常有所寄托。

王乃誉决定继续记日记。在此以前，王乃誉有过断断续续记日记的状况。而此时，有了稳定的生活、稳定的心绪，更有了从容时间作保障。于是，每天记日记不仅变成一种可能，更有一种"打卡"的趣味，意在让平常的每一天，留下一些足迹，留下一些思绪。但又不仅于此，真正是兴之所至，信马由缰。王乃誉对这些文字做了自我界定，它不是单纯的日记，而是兼及随笔、札记或简评之功能，甚至还有诗词作品等。文字是个奇妙的载体，若是能少一分拘谨及束缚，则会多一分率真与自在。因为是旧历辛卯年（1891），即光绪十七年开始，所以称为《辛卯日记随笔》。

娱庐全景

旧时文人大多有写日记的喜好或习惯，它既是记录与保存，还是反思与检点。大至时局变迁、风云跌宕，小至生活起居、走亲访友、嬉笑怒骂、闲情逸致、琴棋书画、季节更替等，都可作为记录的对象及内容，真可谓包罗万象。随着岁月流逝，当事人及亲历者不免作古，于是，很多历史事件，历史人物所做事迹等都会变得模糊、淡化，直至消失、湮没。在影像等现代科技发明运用普及之前，文字是最传统也是最伟大的储存媒介。若是有日记等文字形式的原始材料存在及发现，就会给我们后来者研究或还原历史真相，提供最为宝贵的依据和凭证，提供一个密码一个密道。生命、生活及思想因文字而保留，而脉动，而鲜活。

"新年试笔"，历来是文人雅士在辞旧迎新之时的传统喜好。此时是光绪十七年（1891）农历正月初一。在传统语境中，正月初一，那是一元复始、万象更新之时。新年新气象。由此日开始写日记，不仅是吉兆，其用意也可谓十分明了且深刻。

（光绪十七年正月）辛卯元日，晴光满眼，淑气迎人，正见人寿年丰气象。迩年四海承平，君臣有道，吾民优游太平，食租衣税，无非天恩帝德。①

王乃誉记日记的历史，最早可追溯到他而立之年时，即在 10 年以前。王国维在《先太学君行状》一文中是如此记述的："……君自三十以后，始作日记，至易箦前一日止，盖三十年如一日焉。"② 这表明王乃誉记日记始于光绪初（1876）。这里的"三十年如一日"，是从王乃誉 30 岁起到 60 岁去世前这 30 年时光。"易箦"源于"曾子易箦"之句，意思是指人之病重将死。

根据海宁市史志办公室编、中华书局出版的《王乃誉日记》，其记述可见的时间是从光绪十七年（1891）农历正月初一开始，一直至王乃誉辞世前（1906 年夏），其跨度是十五六年。这其中还缺失了光绪十八年（1892）五至十二月、光绪十九年（1893）一至五月、光绪二十二年（1896）一至八月等时间段及相关内容。而按照王国维的"三十年"的说法，王乃誉 30 岁以后（1876 年前后）至 1891 年正月"试笔"前，这十四五年所载的日记，尚未大白于天下，其命运尚有多种可能，祈愿不是最坏的结果。但历史，本来就是大浪淘沙，它是一场无休无止的遗忘、消失与想方设法地保存、延续之间的拉锯战，且绝大多数以前者得逞而告终。

作为传统文人，王乃誉颇具才气，但并非恃才傲物、桀骜不驯，而是时时处处显示自律的底线，坚韧的品行。这从他一生著述勤奋、几十年如一日的坚持中得到证实。据《中国近现代人物名号大辞典》等记载，王乃誉一共留下《日记》及杂著手稿等 29 本。其中《日记》18 本，以及《游目录》10 卷、《娱庐诗集》2 卷、《竹西卧游录》1 册、《画粕》3 册、《题画诗》1 册、《可人》1 册、《古钱考》3 册等杂著共 11 本。若从史料价值而言，《日记》无疑是最为珍贵的。

据粗略统计，这部《日记》有一两百万文字，洋洋洒洒，丰富厚重。

---

① 海宁市史志办公室编：《王乃誉日记》，第 3 页，中华书局，2014 年 7 月。
② 海宁市史志办公室编：《王乃誉日记》，第 1 页，中华书局，2014 年 7 月。

其时间跨度之大，涉及人物之广，反映历史事件之多，令人感叹与惊奇。它，既是一部真实反映盐官古城在清光绪年间历史的日记，是时代的见证及缩影，也是一笔研究盐官城乡风土人情和时代风云际会的文化遗产，还是一幅展示儒商人家原生态生活之素描或速写。

其中，有关儿子王国维的记载，特别是在王国维离开盐官赴上海谋职前，或长或短，或详或略，至少有六七百处。它，不仅数量可观，而且意义非凡。这是父亲眼中及心中儿子成长之记录，它构成一个不可替代视角和坐标下的王国维形象，从少年到青年，近乎完整、丰富且立体。这里不仅包含了家庭生活的主要内容，还包含了父亲与儿子相关的事件与人物，更包含了父亲与儿子思想情感的交流与传递等。这些交集，是人生百态原汁原味记载，喜怒哀乐，跌宕起伏，不一而足。

基于此，《日记》不仅是记载，是史料，更是还原人物、历史与生活最真实可靠的依据。它是解读王国维成长史

《王乃誉日记》手迹

的关键密码，是研究王乃誉思想性格的宝贵遗产，翔实而珍贵，朴实而厚重。

难能可贵的是，《日记》并未局限于一个读书人的日常和心态，而是时常涉及家国层面与历史风云，富有时代气息、忧患意识和家国情怀。家庭、父亲、儿子，组成一个奇妙的三棱镜，由一个家庭原生态的情景和思想，折射出他们所处的轰轰烈烈近代史之特殊质感和光泽。历史巨人正因为拥有如此生动且真实的血肉之躯和毛细血管之彰显，才显得更为丰富、深刻与立体。

而从另外一个角度而言，其文化价值之丰富远远超越一般人的想象。因为《日记》是一部手稿，一笔一画、一字一句，均是王乃誉亲手所为，它不是一部印刷体书籍，而是一部集个人气质、风骨、气韵等于一体的手稿本，透视出主人公生命的力度、厚度和温度，散发出书法艺术的迷人光泽和美学意义。

试想，多少个夜晚或是清晨，春夏秋冬，日复一日，主人公从容伏案，边磨墨边思考，然后落笔，这一日的所见所闻及所思所感都在笔端凝聚流淌，最终成为生活及生命的晶体。

不易呀！

而单就王乃誉书法、笔墨、日记页面设计等，现都成为珍贵的文化遗产，今人可以全方位地进行挖掘和总结。王乃誉的书法在一定范围内具有知名度。这得益于他数十年练笔功底。他早年曾学褚遂良和米芾的笔法。40 岁回到老家盐官后，改学明代董其昌的书法艺术。这些经历在稍后的文字中会有比较详尽的叙述。由于基本功、学识及人生经历等融入其间，渐臻成熟，使得王乃誉的字深得董其昌之"神髓"，又不失其个人修为及特色。所谓"晋人书取韵，唐人书取法，宋人书取意"，王乃誉不仅擅长书法表现，更是领悟书法艺术精髓的高手。独到、个性，才是艺术创作的核心竞争力。

其三是未来有所期待。

王乃誉决定花大力气，教育引导王国维的学业及人生。千里之行，始于足下。

光绪十七年（1891），王国维 15 岁。正处青春初期，这是"人之自觉"开启阶段，直接决定一个人一生是否有所作为及成败结果。

世家自有世家安身立命的传统和规矩。王乃誉深知自己是家族传统承上启下中的一个接力手，继往而开来。于是，为儿子王国维、王国华等作引导，为表率，作监管，乃是责无旁贷之事。有道是万丈高楼平地起。万事之中，学做人，乃是重中之重，不可懈怠与荒废。学做人，关键在于树立规矩、培养习惯，锻造品质。而这些都需要从"小事""实事"做起。譬如，逢年过节时，返回故地、拜见尊长，或凭吊或祭祀等，都是必修课的内容。以此，对下一代进行直观的家族家庭伦理教育、传统教育，使之明白家族的传承和肩负的责任。

老人、老屋、老坟，这些不仅是有形的载体，更是生命延续的象征，它构建一个家族显性的由来，真实解开"我从哪里来"之答案。作为具有标志性含义，《日记》记载时间是新年初一，事件为带领孩子们回到双仁巷老屋，拜望长辈、请安祝福，给亲友拜年贺喜。

当然，作为新年第一天这一特殊的日子，王乃誉的笔触自然没有局限于个人小家的范畴。一个人的立足点很关键。站得高，自然看得远。读书人家国天下的意识和情怀在"元日"这日记中得到充分印证。

> （光绪十七年正月）元日……微明起，具衣冠，望天稽首祝告，愿宇内康宁，时和世泰，家门纳福，百事增祥。儿子辈读书绩学，继起有人，已足蒙神麻歌帝。巳，先斋佛，接乐厨司，命两儿随叩，继谒祠堂图神主，并叩贺姑母、四婶年喜。儿女亦随来贺。食糕后，令静儿随，健儿龀齿五龄，亦喜相随。出城桥，见叶百福，余指两儿曰："百福虽乞儿，其名佳，可作口采，亦如旧例镜听金卜之谓耳。"至钱公盛市香烛。至南门祖庙，拈武圣前香……回，市花炮八文，付小儿；入双忠庙小坐。健儿付如婶，盖内子与燮夫人皆在，道也。午膳得印片，天有雪意，□儿女玩兴颇浓，羯鼓喧阗，牌声膈膊。余均为一下手而睡。夜枕上作《元旦口号示两儿》：
>
> 元日相逢百福来，迎人淑气信佳哉。一生命以乐天得，大地温从寒谷回。

浓美牡丹闲富贵，要知梗楠撼风雷。岁初一似同年少，莫任蹉跎悔不才。①

简洁的文字中包含着丰富的内涵和细节。王乃誉谦恭地斋佛，并带领两个儿子一起礼敬，这既符合传统礼仪，彰显敬畏之情，又是起到模范作用。

而夜晚写下的那几句诗，则集中展示了一位父亲对儿子们的期望：珍惜青春光阴，奋发有为。

过年，这是一年中最为隆重的节日，讲究的就是诚心及仪式。所谓仪式感，就是一丝不苟，就是言传身教。譬如对姑母及四婶等尊长的拜年，就是对血脉的尊敬。率先垂范，以身作则，并一以贯之，才会成为家庭习惯，成为家族传统。试看，一年后的新年，王乃誉在日记中依旧是类似的记载：

> （光绪十八年正月）元日，黎明天有晴意。披衣起，呼儿随拈香烛斋佛，接灶谒神……两儿相随出门至关帝庙……市春饼四，与儿入双忠庙……②
>
> 初五……乃同静儿出，看迎春。至州前，已见排道。入双仁巷徐宅，见四婶及三娘。闻锣声，即复出……余与静走教场街之小东门……访陈寿田师，晤，语定静馆膳，谈及文艺。时将午，辞出……③

除了过年，在一些特定的日子，譬如清明、中元和冬至，这些都属于祭奠先人的日子，王乃誉都是一早就带领儿女回到双仁巷老屋，进行必要的礼仪。很多时候还会去徐步桥老宅以及祖坟祭扫等。这些在《日记》中都有专门的记录。

---

① 海宁市史志办公室编：《王乃誉日记》，第 3 页，中华书局，2014 年 7 月。
② 海宁市史志办公室编：《王乃誉日记》，第 127 页，中华书局，2014 年 7 月。
③ 海宁市史志办公室编：《王乃誉日记》，第 130 页，中华书局，2014 年 7 月。

　　（光绪十八年正月）人日（引者按：人日，又称人节、人庆
节、人口日、人七日等，每年农历正月初七是古老的中国传统节
日。传说女娲初创世，在造出了鸡、狗、猪、羊、牛、马等动物
后，于第七天造出了人，所以这一天是人类的生日）晴，晨属静
儿补投诸片，坚不肯往。理所不解，余怒，大加惩责……午后，
偕静持帽，同之徐步桥老宅拜年。出门之恒裕坐，宜桥李氏使静
谒二姑娘座。一路寒风籁籁，抵桥于王恢店一息足。

　　至墓前检点松柏，新植者柏高而杉低，若无侵损，三四年可
二丈许矣。入老宅见四叔，贺年。四弟媳、毛侄女、鸿侄均
见。①

　　（光绪二十年十月）十七……食后挑祭菜行李，二婶亦偕到
老宅，粹夫、两儿先后行，余至广转（取三元）市墓土团等下
船。开葫芦潭，舟塞难行，甚滞。之徐步桥下泊。上扫先祖以下
暨两叔祖以下墓……②

　　王国维是长子。众所周知，从周王朝开启宗法制后，嫡长子的地位和
使命在同辈中无人可敌。王国维在《殷周制度论》一文中，关于论及"周
之所以定天下，必自其制度始矣"，首先提出嫡长子继承制，具有以启山
林之贡献："周人制度之大异于商者，一曰立子立嫡之制，由是而生宗法
及丧服之制，并由是而有封建子弟之制、君天子臣诸侯之制……"这一传
统在王家亦体现得十分明显。在《日记》中，但凡涉及家庭大事或传统礼
节时，都会写到长子王国维。一般都是父子一同出现在这一场合，以示最
高礼仪及规格。同时，这也是引导及培育儿子社交能力，使之懂得传统礼
仪或人情等的规矩和要求。实践，是最好的学习方式与途径。

　　这里的文字所包含的内容非常丰富，为我们进一步了解王家成员的分
布以及家产等提供确切的证据。譬如徐步桥附近有王家的老宅以及族人，
另有王家的祖坟等。徐步桥，位于盐官城外东北方向，距离城内两三里

---

①　海宁市史志办公室编：《王乃誉日记》，第131页，中华书局，2014年7月。
②　海宁市史志办公室编：《王乃誉日记》，第417页，中华书局，2014年7月。

路，由郭店塘水路与盐官古城相通，交通便利。而单就文中的细节描写也是非常生动且传神。"一路寒风簌簌"，证明"持帽"御寒的必要性。江南寒冬气温一般在零摄氏度以下。而松柏等长势良好，"若无侵损，三四年可二丈许矣"，让人滋生期待之情，"有望头"。成才，是过程更是结果。树尚且如此，作为父亲王乃誉内心深处，此话是否还包含对儿子王国维成长及成才的期待之情？我们完全有理由朝这方面思考或想象。

事实基本就是如此情形。王乃誉对儿子王国维的指导、引领与影响，主要集中在学业、思想、人生规划这三大方面，齐头并进。

我们先来说一说学业方面情况。

新年伊始，照理说应该是在过年休假之中，但王乃誉坚持对王国维学业进行检测评估，指点书法等，并主动听取王国维对于前途的打算。

有一个头脑清醒、认识到位的父亲给予把关与指导，儿子所走之路会避免不少弯路或挫折。对此，王家后人有精辟论述。

> 王国维生长在一个富有文化修养的家庭，从他读书的第二阶段开始，王乃誉归里，王国维得以更多地接受父亲给予的文化熏陶。王乃誉指导王国维的课外学习，"口授指画，每深夜不辍"。在王乃誉直接影响下，王国维读书志趣发生了变化。①

读书，首先要解决读"什么书"的问题。

按照科举要求，肯定是读"四书""五经"等必考典籍。王乃誉要求王国维读哪些书的实情已不能清楚知晓。但对此，王国维在《静庵文集续编·自序》中却揭示了部分答案："家有书五六箧，除《十三经注疏》为儿时所不喜外，其余晚自塾归，每泛览焉。"这些书都应该是王乃誉留下的读本，抑或是王家世传的部分书籍。"十三经"是指《易》《诗》《书》《周礼》《礼记》《仪礼》《公羊传》《穀梁传》《左传》《孝经》《论语》《尔雅》《孟子》十三部儒家经典。这些书，既是道统所在，也是科举的主要内容，为读书人的"必读书目"，类似于今日的统编教科书。而所谓

---

① 王令之：《王国维少年至青年前期读书志趣及王乃誉对他的影响》，《阜阳师院学报》，第 108 页，1987 年第 3 期。

除《十三经注疏》外的"其余"之书，我们对其可以作两个方面的基本推测：一是数量。箧，即小箱子。若是每只"箧"能装二三十本书的话，王家藏书总量应该有近百本乃至上百本。二是内容。这些书或是王乃誉之藏书，与王乃誉所喜好有关，或者说，与其前半生经历有关，特别是与其滞留上海等的经历有关。由此推知，其藏书内容之丰富性或多样性。这在《日记》记载中得到部分佐证。王乃誉回家后，每天都还会读点书。夜晚临睡前，以及半夜醒后，都是他的读书时光。那王乃誉平时在读哪些书籍呢？除了"十三经"等典籍之外，还有《阅微草堂笔记》《青云集》《海宁县志》《四书》《红楼梦题咏》《平浙纪略》《州志》《海塘志》《梦庵杂著》《日知录》《类腋花典》《昌黎集》等。① 而《日记》中记载所读书籍远远不止这些。譬如，还有《红楼梦》《曾文公集》《说文解字》《群经平议》《墨子刊误》《赵氏铁网珊瑚》《随园诗话》《雨村诗话》《史记》《归方评点史记合笔》等。

这父亲所读之书，几乎也是儿子王国维的读物吧？如此，我们就可以对王国维少年时期读书情况作一个比较合理的推测。而王国维一生之藏书及读书数量更是蔚为大观，汗牛充栋。其曾孙王亮先生写有《王国维先生的藏书及遗文》② 一文有专门梳理。

而自王国维青春期之后，王家书籍来源模式发生了逆转，变成由王国维买来或借来的大部分书籍流转到父亲手中。于是，王乃誉所读之书更广更杂了，思想随之发生变化。这个话题在后文中有专门记述。

读什么，怎么读？一个人的阅读史，特别是青少年时期，几乎决定了一个人精神发育史与成长史的轨迹。

这里还涉及一个不得不关注的倾向或苗头。若是按照科举考试内容要求，王国维所读"十三经"以外的这些书，大多属于"课外书"，与科举考试没有直接关系，或关联度不大。若从功利角度来说，它们都算是

---

① 张镇西：《王乃誉日记有关少年王国维略述》，《嘉兴学院学报》，第 32 页，2015 年 1 月。

② 王亮：《王国维先生的藏书及遗文》，《海宁名人》第四辑，第 39～51 页，中国文联出版社，2018 年 1 月。

"闲书"。而对此，王乃誉好像没有严厉阻拦，或是横加干涉。这默许或默认的态度，与王乃誉思想、立场和追求等有关。王乃誉不是一个顽固不化或是迂腐泥古的旧式读书人。他对科举应试，对人生之路，特别是对传统文化有比较开明的观念，开放的姿态。选择，是取舍，也是认知。在很多时候，人生，面临的不是对错问题，而是选择问题。

> 封建时代的知识分子，若以进取科名为奋斗目标，所读范围局限于应付科考的功课，则只能走向学术思想迂腐僵化的死胡同。王乃誉自己治学未受科举考试束缚，也不希望王国维的学业只限于举子业的功课范围。王国维从课外阅读开始，变封闭式的塾学课程为博览群书，从阅读中广泛汲取古今思想文化知识的营养，开始接触中国文化的许多领域，逐渐产生他自己对文化的理解。到光绪十七年（1891）十五岁时，已能上下古今纵论文史、校勘疑误、鉴别异同，间为辞章与朋友彼此欣赏。①

其次，是教授的方法和态度等问题。

传道授业解惑，为师者，在传统模式中都是当面传授，亲手指教。于是便有了"耳濡目染""如坐春风"等情景与情感有关的说法。"口授指画，每深夜不辍"，这是一幅极其生动的父子读书图，充满画面感。面对面地交流，手把手地指导，这不仅是因材施教原则的体现，更是情感、态度、价值观等多层面的综合交融。父子相伴，本身就是一种不可或缺的教育。而"每深夜不辍"的不懈坚持与努力，不仅传递着勤奋刻苦的品质，更传递着一种精神、一种毅力。从另外一个角度而言，从小一直对父爱比较模糊乃至陌生的王国维，此时终于得到父爱的"补偿"。言重一点，说是"补救"也未尝不可。虽然是迟到，但它总归还是真真切切地到来了。

也许是为了吸取这方面的教训，不重蹈覆辙，到王国维自己做父亲时，他非常主动、非常及时地坚持与孩子们交流，不让父亲的"角色"与

---

① 王令之：《王国维少年至青年前期读书志趣及王乃誉对他的影响》，《阜阳师院学报》，第 108 页，1987 年第 3 期。

"功能"迟到或缺席。他"一闲下来就抱孩子",一个慈爱父亲的形象顿时栩栩如生。王国维之女王东明在《王国维家事》一书中写道:"父亲的一生中,可能没有娱乐这两个字……"① 勤奋,构成了学者王国维的日常。而学术之余,就是倾心于家庭与孩子:"我们小的时候,他一闲下来就抱我们,一个大了,一个接着来,倒也不寂寞。"② 女儿三言两语的追叙中,描绘出王家充满温情的场景,仿佛触手可及,日积月累,父亲王乃誉以及儿子王国维两代人所有的付出与努力,最终会在适当的时刻显山露水,水落石出。若是硬要从王国维后来取得巨大学术成就中看出什么源头或是根基的话,这就是。任何一条大江大河的源头,都是以涓涓细流开启,汇聚而成的。

王国维在学业道路上取得长足进步,除了自身努力和来自塾师与父亲的教导和指点以外,还和他结交的有品质的朋友圈有关。建立一个高质量的朋友圈,在相当程度上保障了交流对象的合适与机制的健康。如切如磋,互通有无,这在最大可能的范围内避免或减少了认知盲区,并最大能级地拓展上升通道。建立成长或学业的朋友圈,需要奠定两个基石,缺一不可。一是志同道合,二是旗鼓相当。志同道合,保障了同行的方向及价值观的基本一致,这会让同行的道路走得长远,走得笃定,且走得有趣。而旗鼓相当,则保障了彼此间人格或心理上的平等和自由,学业或学术上的公平和共鸣。这前半句与男女间恋爱讲究门当户对是一个道理。而后半句注重的是和而不同的君子风范,以及水涨船高的交流初衷。

惺惺相惜。朋友圈是不能强求的,也并非一朝一夕而成,它是彼此逐步接受、接纳、认可的过程。当时,在盐官古城内,生活着一些书香门第或是世家子弟。虽说各自家境、历史和传统等不同,但有一点是类似的,即对传统文化有执着的喜爱、追求及造诣。这是隐形的基础与"门槛",也是入场券。再则,毕竟生活在同一个县城内,空间有限,人口有限,加

---

① 王东明:《王国维家事》《记忆中的父亲》,第 36 页,安徽人民出版社,2012 年 12 月。

② 王东明:《王国维家事》《记忆中的父亲》,第 36～37 页,安徽人民出版社,2012 年 12 月。

之血缘、姻亲或亲朋等各种渊源及关系，使得他们之间有交集，有交往，有认知，至少有所听闻。随着时间推移，彼此间该发生的、该沉淀的，总会呈现。渐渐地，王国维和陈守谦（字吉卿）、叶宜春（号绿成）、褚嘉猷（字植卿）这四人组建成了一个比较稳定的朋友圈。文人之间的互相认可，直至欣赏赞誉，特别是年轻人间，尤为难得，尤为可贵。因为谁不年轻气盛，谁不自以为是？陈守谦在《祭王忠悫公文》一文中，对当时的情形有清晰的记载。而现实情形肯定更为生动更为丰富，因为有细节，有故事。

> 忆余与君之订交也，在清光绪辛卯岁（1891），君年才十五耳！余长君五岁，学问之事，自愧弗如。时则有叶君宜春，褚君嘉猷者，皆朝夕过从，商量旧学，里人目为"四才子"，而推君为第一。余最浅薄不足道，而君之才冠绝侪辈，叶、褚二君亦迄无间言。余时饭城南沈氏，距君家仅里许，无一日不相见。见辄上下古今，纵论文史；或校勘疑误，鉴别异同；或为辞章，彼此欣赏。[①]

有个词语叫"同道中人"。它是一个有骨骼也有温度，不是随随便便就能使用的词语。譬如，著名的西泠印社成员结社为"西泠印社中人"，其初心为"雅集天下，问道金石，以心印心，复兴文化"，并创造了艺术上的辉煌，成为佳话。盐官古城内王国维等几个年轻人，也是声气相投，胸怀天下，学业为务。

王国维被誉为"四才子"之首，卓绝群伦。有趣的是，其父王乃誉则有"城中三绝"之称。得到同伴首肯，特别是最高褒奖，在文人圈是一件不太容易的事。因为"文无第一"，文人一般都比较自负。朋友间的评判评价，往往来得直接且鲜明。王国华在《海宁王静安先生遗书序》中也有类似的说法：先兄"年十六，入州学，好史汉三国。与褚嘉猷，叶宜春，陈守谦三君，上下议论，称海宁四子"。

有道是"众人拾柴火焰高"。团队的力量并非圈内人数简单相加而得

---

① 陈守谦：《祭王忠悫公文》，《国学月报·王静安先生专号》，述学社，1927 年10 月。

之总和。彼此头脑风暴，集思广益，取人之长，补己之短，其思维方式就会发生新的变化，思考问题的角度便会更加妙巧，所得结论自然就会"别开生面"或是"豁然开朗"。四位才情喷发的年轻人经常在一块讨论磋商，主要内容涉及古今历史，或所读文献书籍中发现的错讹脱衍之处，抑或是自己疑问疑难之处，并交流传阅平日所做的文章、诗词歌赋等，奇文共欣赏。启发是最好的学习，欣赏是最高的礼遇。

其间，王国维之嗜好文史、擅长校勘、精熟诗词的修养及兴趣，已崭露头角。"其时，君专力于考据之学，不沾沾于章句，尤不屑就时文绳墨。"①

才情燃烧，那是些多么美好、舒畅且张扬的日子呀，令人难忘。

时隔多年之后的 1905 年，王国维与江苏师范学堂同伴数人，于酒后途经沧浪亭，恰遇有人骑马擎着火炬迎面而来。此情此景，瞬间唤醒王国维内心深处对往事记忆的涟漪，仿佛昨日重现。

今夕何夕。但见亭边林木繁茂，林间宿鸟被火光惊得乱飞。一位同伴脱口吟诵杜甫"炬火散林鸦"诗句，王国维闻之大喜，沿途默默构思新词，并连夜填成《少年游·垂杨门外》一阕，洋溢着对青春年少激情澎湃岁月之追忆："……酒醒起看西窗上，翠竹影交加。跌宕歌词，纵横书卷，不与遣年华。"如此才情、如此气度，正是一个文人追求的境界、向往的生活。王国维和朋友们正努力向着目标攀登。

山高人为峰。若是时间按下快进键，后来的历史和结果表明，王国维的学术成就和影响果然成为"高山仰止，景行行止"。而陈守谦与褚嘉猷等也是有所建树。陈守谦，走上学而优则仕的传统道路，为官一方，曾担任江西石城、大庾两县知县及候补选知府。褚嘉猷，留学日本，考入早稻田大学学习政法。1910 年"学部试验，钦赐举人"，也是功成名就。他们两人的生平事迹在《海宁州志稿》中亦有记载："陈守谦，字吉卿，附贡生，署石城。"②"宣统二年，褚嘉猷，字植卿，学部试验，钦赐举人。"③

---

① 陈守谦：《祭王忠悫公文》，《国学月报·王静安先生专号》，述学社，1927 年10 月。

② 《海宁州志稿》卷 27 选举表。

③ 《海宁州志稿》卷 26 选举表。

载入州志无疑是一种荣耀，是成功的象征。叶宜春与王国维是表亲关系，其日后的事迹及作为等不详。其父叫叶桐，《日记》中一般称为"桐君"，他是王国维继母叶氏之兄长。因为亲情关系，在王国维结交的年轻人中，王乃誉对叶宜春（绿成）最为熟知，也最为器重，在《日记》中也最多提及。

除了这四人组成比较稳固的朋友圈之外，王国维还与邻居陈平斋，同邑陈汝桢、姚文琢、居益升、樊候、樸庵、赓三、子云、齐鸿等，以及姐夫陈达衢、小舅叶子研有往来。特别是与住在小东门直街上的陆宗舆（字润生），以及住在北寺巷的张光第，有更紧密的交往与深入的探讨。

曾经的道路共同走过，而日后的命运则全然不同。

指点江山，挥斥方遒。在青春期，与同伴间思想碰撞的温度，学术探究的深度，开放包容，博采众长，这些优势及习惯都将融入王国维日后的人生道路及学术成就之中。

在重点说了学业之后，再来说一说思想及人生成长方面的情况。

作为父亲，王乃誉对王国维的前途是有综合思考的，并非只走"科举"一条路。其教育内容是丰富的，以教育儿子认识社会、学习做人为重点，启发指导儿子学会认准自己发展的方向与道路。这种教育，不管是内容还是方式，大体而言，都是可取的。

读万卷书，行万里路。知行合一的重点在于行。对儿子的培养，王乃誉有清晰的整体的规划，他有意识地带领王国维接触社会，接触自然，进一步提升其认知能力。譬如，他带着王国维去海塘，亲眼观察塘工们抢修海塘的工作场景，感受劳动者的智慧和力量。

> （光绪十七年午月）初三，晴。巳刻，挈静儿出西门上海塘观海。沿堤东行四五里，一望海色苍茫，知近日潮甚大，塘下坦水巨石悉为卷起。石工数十人，修整不暇，至城东止。[1]

---

① 海宁市史志办公室编：《王乃誉日记》，第 48 页，中华书局，2014 年 7 月。

海宁州大潮

当面对久旱未雨，王家父子对今年收成以及米价等表示极大的忧虑，关注民生。"十一，米已涨一文、已廿九文一升矣。"① "十五，晴。霉雨久不见下，人心防旱，米谷日增价矣。"② "十六，晴。天久不雨，米价日增至三千一百文。下河水如沟浍，大为可虑。"③ 到十七晚，终于大雨倾盆，"晚雷电猛雨"④。

而更可喜的，甚至是出人意料的现象，是王家父子的目光不仅仅局限于一时一地。在父亲的引导及培养下，年轻的王国维，开始关注"外面世界"的风云变幻，视野开阔，眼界提升。譬如：

（光绪十七年午月）十一……静儿晚馆归云，吴中闹教堂者

① 海宁市史志办公室编：《王乃誉日记》，第51页，中华书局，2014年7月。
② 海宁市史志办公室编：《王乃誉日记》，第52页，中华书局，2014年7月。
③ 海宁市史志办公室编：《王乃誉日记》，第53页，中华书局，2014年7月。
④ 海宁市史志办公室编：《王乃誉日记》，第54页，中华书局，2014年7月。

皆哥老会人……夜为此事深思，吾浙宜如何于尖山内外设炮台水
师兵轮，以防省城门户为急筹……①

　　十五……看《申报》，知丹阳、无锡三四处教堂尽毁，而上
海沿江奸民蠢动。②

可能让王家父子有所不知的是，处理丹阳教案的主角正是时任丹阳县
令的海宁人查文清。他是著名作家金庸之祖父。

当然，王乃誉最关心是王国维的学业。

期望，固然是美好的。但期望又往往是一把难于掌控分寸的"双刃
剑"。一般而言，期望值越高，其要求和标准势必也高。所谓"高标准严
要求"是也。过犹不及，这稍不留心很容易导致一个极端心态：急切。急
于求成，操之过急，就会滋生急躁，进而衍生苛求、苛刻之心，最终酿成
欲速则不达的悲剧。所以，古人一再强调"毋躁急以速其愤"。

每个人都是有软肋有死穴的，会犯迷糊，会陷入怪圈，甚至走进死胡
同。心里"想的"与实际"做的"可能不是一回事。王乃誉亦是如此。儿
子的学业成绩就是父亲的"敏感神经"。一旦涉及时，王乃誉的认知是
否清醒我们不能确定，但其心情肯定是矛盾的，有时还是紊乱的，五味
杂陈，少有欢喜欣慰，多是失落沮丧。时喜时悲，悲喜交集，恍如冰火
两重天。

　　（光绪十七年正月）初三……早食糕后，同静儿分走贺年。
伊至大东门、小东门外各处。余具衣冠出，之沈楚斋、郭梦花、
俞韵莲、蔡礼耕、施友卿……静儿晚归，说诸事。夜与粹甫（引
者按：王乃誉之弟，有时写成粹夫等）说为人处世之方，屡屡千
百言。③

　　初九……饬静临朝考卷，一无佳处。并询以读书、学贾，何
者为得。申初，挈静之陈寿田师处，论及读书情形并及馆事，坐

①　海宁市史志办公室编：《王乃誉日记》，第 51 页，中华书局，2014 年 7 月。
②　海宁市史志办公室编：《王乃誉日记》，第 53 页，中华书局，2014 年 7 月。
③　海宁市史志办公室编：《王乃誉日记》，第 4～5 页，中华书局，2014 年 7 月。

谈至久。清言娓娓使人之意也消。①

初十，晴。早作字。饬静抄文学书，虽不惮烦，而启发迄不得其佳处，可知字学亦非漫然能进也。②

十一……早在抄书，教静用笔。③

从《日记》反映，父子间对话是畅通的、有效的。十四五岁的王国维，是到了人生选择的岔路口：学业科举，抑或学贾经商。从"询以读书学贾，何者为得？"这一文本依据来看，王乃誉对王国维不是简单地行使父亲特权，以"居高临下"而"发号施令"，而是放下身段，平等地征询意见，让儿子拥有自主选择的机会和权利。这在当时的家庭中尤为可贵。人格平等，是尊重的前提与基础。哪怕是家庭中，父子之间，也是不可或缺的。

但在具体操作中，王乃誉免不了带有情绪化倾向。譬如，（光绪十七年四月）初三，"……静儿上月官课，得上卷第二"。④ 五月廿二，"夜膳后，见静、健两儿，言不理，身不勤，大恨所为"。⑤ 七月十七日，"午后细雨时作……静儿以衣湿未出到馆，可恨！"⑥ 而在十月十七日的《日记》中，王乃誉则表现出对王国维失落至极，失望至极。如此批评及否定儿子的言语是以前《日记》中所未见的。主要原因可能有二：一是自身健康原因。那时，王乃誉身体极为虚弱，极为疲劳。每到夜晚噩梦连连，到白天时也是神思恍惚，萎靡不振。最后发展到需要借助拐杖方能勉强行走的地步。人在病痛时情绪往往会失控，会多愁善感，会怨天尤人。二是儿子方面的因素。王国维客观上肯定存在诸多问题或不足，不管是性格还是学业上。

归根结底一句话，父亲对儿子不满意，非常不满意。

①②③　海宁市史志办公室编：《王乃誉日记》，第 7 页，中华书局，2014 年 7 月。

④　海宁市史志办公室编：《王乃誉日记》，第 39 页，中华书局，2014 年 7 月。

⑤　海宁市史志办公室编：《王乃誉日记》，第 56 页，中华书局，2014 年 7 月。

⑥　海宁市史志办公室编：《王乃誉日记》，第 75 页，中华书局，2014 年 7 月。

（光绪十七年十月）十七，晴。拄杖至案书日记……终日可恨静儿之不才，学既不进，不肯下问于人，而作事言谈，从不见如此畏缩拖沓，少年毫无英锐，不羁将来，安望有成？语则杂乱无章，格格不吐；面则木如朽败，见之可憎！且有事一动气粗心乱，十九多讹。吾尝有言，不患吾身之死，而患吾身之后子孙继起不如吾。吾无学术才德于予，子当易为，而不图其子若是。故吾近岁深喜人家子弟有才能作事者，即规矩所欺亦为奖借。盖求才难，而欲子弟才过其父为尤难。①

（光绪十七年十一月）十八，阴，小雨竟日……晨，饬静扫地抹桌……夜又为静话为人处世之方，又觅纸不得，大为诟谇，可恨之至。②

在王国维成长及学业道路上，有两件事值得一提。其一是王家亲属商议给王国维做媒及定亲。这《日记》中至少记载了几次。譬如，光绪十七年六月初一那天，"知濂侄为静作伐及数处有帖至"③。第二天，又有人登门说媒。"遇咸吉、子云云，为静作伐"，等等。

这是喜事也是大事。经过一番比较及选择之后，王家终于有了初步结果：决定订婚。

当时，在盐官古城，婚姻顺序大约经过四个步骤：第一步是媒人或亲友有做媒意向；第二步是互相了解，譬如双方家境及男女生辰八字等；第三步是初步认可后商议彩礼、定亲；第四步是决定结婚，择吉日举行婚礼，新娘进门。

七月二十六日，王家举行订婚仪式，邀请媒人及至亲商议并吃"订婚酒"。

（光绪十七年七月）廿六，晴，微雨时作。夜及天明大雨如注。蚊多蚤多不可爬梳。早周六来，饬市肉菜，取酒……又饬周

---

① 海宁市史志办公室编：《王乃誉日记》，第 97～98 页，中华书局，2014 年 7 月。
② 海宁市史志办公室编：《王乃誉日记》，第 108 页，中华书局，2014 年 7 月。
③ 海宁市史志办公室编：《王乃誉日记》，第 59 页，中华书局，2014 年 7 月。

六去请潘、叶、徐诸陪客……芸倌女来。既请媒叶、沈，乘至。燮臣与丈、朗生、寅宾络绎到。旋设席，四小四点六大十二回。酒数巡罢，乃用二盘，一盛金翠，二如意匣，一名求帖二，并旁饰花果。雇吴轿，二媒去陆家牌朱氏……暮，二媒回，盘四帖二（吉祥万年）一盂，又留酒面，复送折席各一元，乘舆去。诸人随归。玉堂亦去。计得用洋数元。首饰金乃借用，翠去岁购存耳。①

可惜，家住陆家牌楼的那位朱姓姑娘不久因病去世。此门亲事也就不了了之。

其二是王国维在模仿练笔的基础上，尝试写诗作词，并得到王乃誉的指点及评判。"晚见静课作有《薿菊》《浇菊》《采菊》《餐菊》韵诗，思不属。"② 有道是"歌诗合为事而作"，王国维早期习作之一，是描写江南吃大闸蟹之习俗。"为静作《九月团脐十月尖》诗三四韵。"③ 团脐即雌蟹，尖脐乃雄蟹。江南吃蟹有"九雌十雄"之说法，意即九月的雌蟹油肥，十月的雄蟹膏丰，鲜美无比。

时而是愁眉苦脸，时而是喜形于色。这充满矛盾的王乃誉才是具有人间烟火气的父亲形象。

而王乃誉对王国维要求之高，近于严厉及苛刻的心态与做法，在指导王国维学习书法一事上表现得最为明显，几近偏激。

在此，我们可以从两个方面去解读。其一，王乃誉是严格的，是一位不折不扣的严父。其二，王乃誉又是自律的，以身作则，勤学苦练。

在《日记》中，关于王乃誉是如何勤奋刻苦钻研书法之记载可谓多矣。譬如，在新年正月期间，王乃誉照旧坚持临帖练字，不曾荒废。（光绪十七年正月）"上灯节，在楼临董帖四百字。"④ "十六，作书， 临

---

① 海宁市史志办公室编：《王乃誉日记》，第 78 页，中华书局，2014 年 7 月。

② 海宁市史志办公室编：《王乃誉日记》，第 92 页，中华书局，2014 年 7 月。

③ 海宁市史志办公室编：《王乃誉日记》，第 102 页，中华书局，2014 年 7 月。

④ 海宁市史志办公室编：《王乃誉日记》，第 8 页，中华书局，2014 年 7 月。

董帖千余字，少见笔致。"① "十八，晨书帖二三百字，阅县志，读御制诗文。"② "十九，早临帖三纸，阅志一刻。"③ "廿一，晨少作字。"④ "廿二，捡所藏画阅，至百十纸。"⑤ "廿三，作书千余字，画信笺五纸。"⑥ "廿四，晨洗手作字。"⑦

王国维在《先太学君形状》中是如此回忆的："……归后，日临帖数千字，间于素纸作画，躬养鱼种竹，以为常课。"⑧

正是王乃誉的自律、勤奋与刻苦，深刻地影响并感染了儿子王国维。

这就是榜样的力量，促使王国维学业精进。

> ……君于书，始学褚河南、米襄阳，四十以后专学董华亭，识者以为得其神髓。画，无所不师，卒其所归，亦与华亭、娄东为近。⑨

对于这段勤奋刻苦的经历，王乃誉有过反思与总结："光绪己丑共临此帖（董书孝经）卅过，然了无得，可见临池之难。"

王乃誉将习字方法与技巧，特别是独特的心得体会毫无保留地向王国维灌输、传达。父亲一心一意希望儿子能够把字写好。字若是写好了，不仅方便交际，体现学识水平，因为"字"是读书人的第二张脸面。更重要的是，在科举考试中会多一分成功的希望。试想，作为考官，谁愿意十分吃力地去辨认那些龙飞凤舞的天书？据史载，从唐代开始，科举考官便十分重视举子的书法，以此作为评定成绩的重要参考。

书法学习，是属于千日之功，既需要坚持不懈，又需要领悟与灵性。

在父亲眼里，儿子学习书法的积极性和投入度还不够高，至少没有达到王乃誉的期望值。于是，不满或是埋怨之情不可阻挡地滋生并发泄。

---

① ②　海宁市史志办公室编：《王乃誉日记》，第 10 页，中华书局，2014 年 7 月。

③ ④　海宁市史志办公室编：《王乃誉日记》，第 11 页，中华书局，2014 年 7 月。

⑤ ⑥ ⑦　海宁市史志办公室编：《王乃誉日记》，第 12 页，中华书局，2014 年 7 月。

⑧ ⑨　海宁市史志办公室编：《王乃誉日记》，第 1 页，中华书局，2014 年 7 月。

（光绪十七年正月）

上灯节（十三）……为静指示作字之法，游衍随意，尚不足道。盖久闲欲骤坐定甚难，可知懒惰害人而人不自觉，犹马之脱辔，鹰之脱韝，一纵不可复收。少年宜自惩戒也。①

十四……早作字，并改静儿字。②

（光绪十七年七月）

十七……柏氏又送挽诗来请，遂属强静成之，并廉书楷焉。盖教其不可畏事，亦不可鲁莽。即此小事，亦犹磨镜然，极至精光，落笔何难耶？③

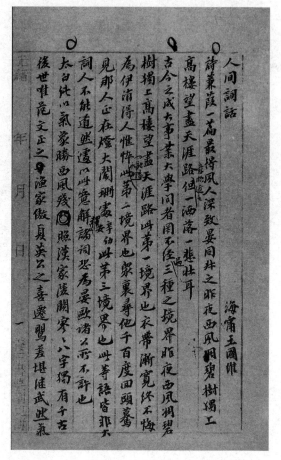

王国维人间词话手迹

这些文字间弥漫着"恨铁不成钢"的气息。在父亲眼里，儿子终究还是不够刻苦，不够勤奋，终究还是一个"懒"字在作祟。王乃誉以"磨镜"作比方，意在强调"铁杵磨针"古训的含义。而解决问题最有效的方法就是自我约束，奋发有为。律己，该是人生最重要的信念与习惯。"少年宜自戒也。"一语道尽了天下为父者的心声与沉重。

而实际情形果真如《日记》中所言吗？

若是过滤其父话语中明显带有情绪化色彩的成分，我们明显察觉王国

① 海宁市史志办公室编：《王乃誉日记》，第8页，中华书局，2014年7月。

② 海宁市史志办公室编：《王乃誉日记》，第9页，中华书局，2014年7月。

③ 海宁市史志办公室编：《王乃誉日记》，第75页，中华书局，2014年7月。

维的付出和勤奋。或者说，是父亲的言传与身教，为儿子树立了最具鼓舞力和说服力的标杆，让其急起直追。王国维在父亲严格要求及精心指点下，书法技巧和水准得以突飞猛进，渐入佳境。

冰冻三尺，非一日之寒。时间之累积终于得出最客观的事实真相。今天，当我们看到王国维手迹，特别是看到《人间词话》等名篇手迹时，所发出的啧啧称叹声中，还应该包含对王乃誉的理解、肯定和褒奖。

冰心有首小诗很是流传，它塑造了一个奋斗者的形象，说理明白透彻。

> 成功的花，
> 人们只惊羡她现时的明艳！
> 然而当初她的芽儿，
> 浸透了奋斗的泪泉，
> 洒遍了牺牲的血雨。

所谓舍与得，付出与成就，要用辩证的眼光和方法去看待，特别是对于历史事件或历史人物。因为按照后来者角度观之，不管是历史事件还是历史人物，其结果及结局都已经彰显或是定论，譬如王国维是国学大师、其书法别具一格等。这好像是一个"保底促销"，后人对此"倒逼式"的解读当然来得容易或简单。

而当时的情形却不容乐观。日居月诸，这过程是艰难且漫长的。一方面，科举的压力，父亲的期望，单调的生活，这众多"负面"因素叠加在一起，重重地压迫着王国维稚嫩的心境，过早地抑制了王国维作为少年该有的自由活泼、天真烂漫的天性。忧郁，构成王国维性格乃至整个生命的灰暗底色，无法删除，无法修改。而另一方面，萌动的青春，如一棵被石块瓦砾重压的小草，以惊人的力量在寻求突破，渴望阳光雨露。

总之，此时王国维的日子不好过。王国维少年时代多的是"阴霾"，少的是"阳光"。

第5章 少年才子 志在远方

光绪十八年（1892），壬辰龙年。"见龙在田，利见大人。"龙年，是一个吉祥之年。

对于16岁少年王国维而言，这一年则是一个里程碑式的年份，王国维少年才俊的身份第一次被官方认可，第一次接受"成功阳光"的温暖沐浴。

在恩师陈寿田长达五年时间的引导教育和父亲的栽培期望之下，王国维学业大有进展，进入佳境。脱颖而出，这是展露锋芒的必然途径与结果。其标志性事件是，是年二月，王国维参加并顺利通过海宁州举行的县（州）试。

有道是"过五关，斩六将"。明清时代的赶考者若能"笑到最后"非要闯过以下几个"关口"不可：院试、乡试、会试与殿试。大致而言，院试考秀才，乡试考举人，会试考进士，殿试中状元。前者是后者的参考条件。据王力先生主编的《中国古代文化常识》①载："清人为了取得参加正式科举考试的资格，先要参加童试……正式的科举考试分为三级：乡试、会试、殿试。乡试通常每三年在各省省城举行一次，又称为大比。由

---

① 王力主编：《中国古代文化常识》，第111～114页，北京联合出版社，2014年11月。

于是在秋季举行，所以又称为秋闱。参加乡试的是秀才（庠生），但是秀才在参加乡试之前先要通过本省学政巡回举行的科考，成绩优秀的才能选送参加乡试。乡试取中后称为举人。会试又称为礼闱、春闱，取中后称为贡士。殿试取中后统称为进士。殿试分三甲录取，第一甲赐进士及第、第二甲赐进士出身、第三甲赐同进士出身。"

考生参加考试，无非两大要素：一是对考生资格等的要求及甄别；二是参考及结果。这里主要包括有无资格、考什么、何时何地考，以及考试成绩即结果等。

县试和府试是院试的预备性考试及前提。院试是由各省学政主持的地方科举考试，也是正式科举考试最低一级的考试。院试取中者俗称"秀才"，正称"生员"。

县试、府试和院试，这三次考试总称"小考"或"童试"。应考者不管年龄大小通称"童生"，又称"儒童""文童"，其义为尚未"进学"的人。童试三年两考。逢丑、辰、未、戌年考试叫岁考，逢寅、巳、申、亥年考试叫科考。

当年二月，王国维参加县试的几场考试并顺利通过。最终考试成绩不是特别出众，大概是"百六十余名"。关于这次应试过程，在《日记》中有具体且明确的记载，明显流露出父亲对儿子大好前程的期望之情。特别是二月初十那天，天气恶劣，先是下雨接着是鹅毛大雪，寒风凛冽。但为了在第一时间得知考试结果，王乃誉竟然不顾自身感冒发热，连夜到州府前打探消息，"灵市面"。

> （光绪十八年二月）初二……晚静儿回云，初七填册诸廪。[①]
>
> 初十，雨，风，夜雪片如鹅毛，寒甚。竟日伤风痰吐……夜饭后，持灯出，之打铁巷，风紧将火吹灭，摸黑至鱼巷，点灯及州门接考。尚少，乃访寿田师。入，言告填册及令诸徒赴考情形，久之……老虎至，令伊接考。初更同出。又往州前，雨泞无坐息处，见诸熟友，话谈无聊。又往陈根香处憩息，待放头排至

---

① 海宁市史志办公室编：《王乃誉日记》，第 139 页，中华书局，2014 年 7 月。

久出，又入天后宫少避风雪。二更后，始放，老吴及老虎均言静儿等已出，余不见焉。询宝荣及乙青题目。老虎后寻余云，静已在，乃偕归。①

十二，细雨，阴……少间出，鱼巷饮，至州天已暮。出案需时，入礼房……静儿与陈锦兄语及舆金还递笔事……抵家已灯饭，令静至师处约定头图内复之。余醒然醉。三更闻二炮，知案出，将进场矣。殊不知何人居前耳?②

十三……辰，出之桥。陈四云：案出，静儿在后。挈健儿，之州前看图，寻名，在第三图。而陈、郭诸戚俱在三、四图……案首李铭。十名，东城者郑荃、陈汝桢、陈龙夔、宓陶钧、沈冠云五人而已。③

十五，晴，大寒，北风……申刻，挈健走州前待案，未出。④

十六……州前初发案。案首陈龙夔、李铭六……而新入者叶逢春……⑤

十九，雨，早阴。晨着屐冒雨至州前看案，晡朗生，因见案言，陈汝桢、王张等皆出头场……⑥

廿一……傍夜，挈健至州前看三复案……⑦

廿四……遇林朗珊，说定静等与伊郎同舟赴府试。⑧

廿五……出正案，阅静在百六十余名矣。⑨

① 海宁市史志办公室编：《王乃誉日记》，第 141 页，中华书局，2014 年 7 月。
② 海宁市史志办公室编：《王乃誉日记》，第 142 页，中华书局，2014 年 7 月。
③ 海宁市史志办公室编：《王乃誉日记》，第 142 页，中华书局，2014 年 7 月。
④ 海宁市史志办公室编：《王乃誉日记》，第 142～143 页，中华书局，2014 年 7 月。
⑤ 海宁市史志办公室编：《王乃誉日记》，第 143 页，中华书局，2014 年 7 月。
⑥ 海宁市史志办公室编：《王乃誉日记》，第 144 页，中华书局，2014 年 7 月。
⑦ 海宁市史志办公室编：《王乃誉日记》，第 144 页，中华书局，2014 年 7 月。
⑧ 海宁市史志办公室编：《王乃誉日记》，第 145 页，中华书局，2014 年 7 月。
⑨ 海宁市史志办公室编：《王乃誉日记》，第 146 页，中华书局，2014 年 7 月。

出师告捷。王家上下自然是喜笑颜开，信心满满。趁热打铁，王国维为杭州府举行的府试而准备。

三月初三日，上巳节，王家雇好赴省城赶考的船只。下午，王国维离开盐官，第一次坐船前往杭州，准备参加府试。

当时，从盐官去杭州，都是坐船。由盐官沿二十五里塘（上塘河）至长安，再经运河直至杭州。"烟花三月下扬州"，王国维伫立船头，一任杨柳风尽情吹拂，想象着古人曾经的追梦之路，心中涌起豪情壮志。

十六岁出远门，此次赶考功效非同一般。在杭州，王国维结

贡院考试图

识了新同学，结交了新朋友，大开眼界。

三月初七，王国维参加杭州府举行的府试。

据《申报》"武林逸事"一栏记载："杭州府张太守举行府试，初七日先考旅籍及仁和、钱塘、海宁三州县……"①

三月初八，清明节。《日记》中如此记载："府考，弟子入。"②

王国维在杭考试期间，王乃誉专门与陈寿田老师以及老丈人等就王国维赶考情况进行交流讨论。父亲非常惦念儿子，一直为其前途着想，也为其倔强的性格而隐隐忧虑。

　　（光绪十八年三月）十一，晴。早续写信付静，共三纸。累累数百言，令其禀复家书，贵长、贵祥、贵畅，以谕之……③

①　《申报》，1892 年 4 月 13 日，第 2 版。
②　海宁市史志办公室编：《王乃誉日记》，第 150 页，中华书局，2014 年 7 月。
③　海宁市史志办公室编：《王乃誉日记》，第 151 页，中华书局，2014 年 7 月。

三月十三日，王国维从杭州回到盐官。

参加此次考试，以及在杭州的所见所闻，特别是用压岁钱买了"前四史"等史书，对王国维学业发展影响很大。更关键的是，王国维的兴趣，乃至人生之路发生了微妙变化。

出乎意料的是，王国维竟然没有通过府试。这结果自然加剧了父亲对其不满心理及埋怨之情。《日记》里写满了为父者的伤感和失落，同时还包含清醒的忧患意识。

> （光绪十八年三月）十三……静儿杭回。图已出，知考而未取。自不思振作用功于平日，妄意自为无敌，及至临场数蹶，有弃甲曳兵之象。尚怪怨于有司之不明，实愚而好自用也。巳刻，往访寿田师，伊卑谦过当，余至不能请其严饬用功，述陈锦康种种而回。[1]
>
> 廿五日，晴……上楼改旧诗，饬静写……陆荣卿门斗来报云，静在百以外，府案首孙元珍也。[2]

府试失利，也深深刺激了王国维自己。

五月下旬，王国维参加岁考。

所谓岁考（岁试），是清代学政对所属府、州、县生员、廪生举行的考试。成绩分五等，以分别优劣，酌定赏罚。它与现在职称评定考核制度相似，其实质是能力考试。

据《申报》"杭州试事"一栏记载："本月……二十七日，杭州、仁和、钱塘、海宁四学生员岁考。"[3]

岁考中，王国维发挥得比较出色，打了一个漂亮的翻身仗，取得颇为满意的成绩，"第二十一名"。而同学褚嘉猷则考得更为理想，居第十一名。

《海宁州采芹录》（下册）记载了当年岁考成绩名次排列：张汝金、

---

① 海宁市史志办公室编：《王乃誉日记》，第152页，中华书局，2014年7月。

② 海宁市史志办公室编：《王乃誉日记》，第156页，中华书局，2014年7月。

③ 《申报》，1892年6月19日，第2版。

陈汝桢、沈思颢、朱煐、张景骞、林锺汉、吴恒、查文华、张宝云、陈龙
夔、褚嘉猷、许庚棣、许观光、沈志逊、戴祖荫、徐徵、陈清顺、孙元
珍、金彤康、周思兼、王国维……①

据赵万里谱载："朱逢辰海宁州《采芹录》（下）云：光绪十八年壬辰
岁试，陈宗师（彝）。题为'季氏富于周公而求也，七八月之间雨集，夜
归读古人书（生）'。'第二十一名'王国维（静庵）。"②

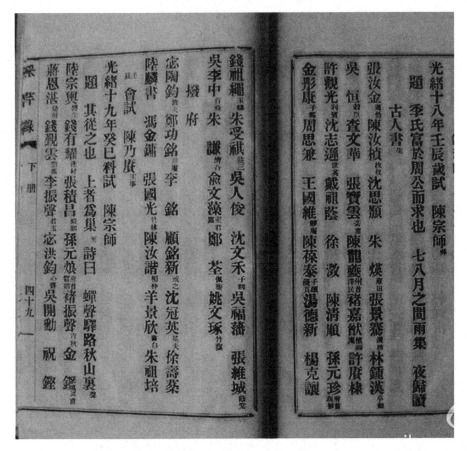

光绪十八年的《采芹录》

岁考成绩良好，自然让少年王国维名声进一步扩大，"名噪乡里"，并
让王家再一次进入高光时刻。

①　朱逢辰：《海宁州采芹录》（下册），第 49 页。

②　赵万里：《民国王静安先生国维年谱》，第 2～3 页，台北商务印书馆，1978 年。

王乃誉及其祖父辈都曾获得过秀才功名，都有过"春风得意马蹄疾"的遐想。但是，王乃誉和他的先人却都止步于此，因没有更高的进展而抱憾。好在王家后继有人，弦歌不辍。王国维如此年轻，如此才华，前途必定无量。在父亲眼里，儿子乘胜追击，考取更高功名自然是势如破竹，指日可待。

六月，王国维进入州学，开始更系统的学习，为进一步科举而准备。

"昨夜西风凋碧树。独上高楼，望尽天涯路。"

人生之路上，明确方向，锁定目标，此为"第一境界"。王国维以勤奋为台阶，努力攀登高楼，寻找前方，寻找未来。

王国维之"三境界"说

王国维在州学的详细情况因无记载，我们已不得而知。但是，王国维在《静庵文集续编·自序》中对此间的学业和思想等有两方面的回忆。文字虽简练，但能管中窥豹：其一是继续为参加科举考试而习"时文"，同时也练习"骈文散文"等。拳不离手，曲不离口。读书是学习和借鉴，习作是领会和表达。操练文字，是读书人的日课，与武人练兵练拳同理。但对此间的情形，王国维有一个总体性的自评："用力不足，略能形似而已。"这是如实坦诚的自白，也是被事实所证明的结果。

"用力不足？"那其余的力气或时间花在哪里了呢？答案是对历史，尤其是"前四史"，产生浓厚的兴趣，"好史汉三国"，此其二。

所谓"前四史"是"二十四史"中的前四部史书。分别是指西汉史学家司马迁之《史记》、东汉班固之《汉书》、南朝范晔之《后汉书》以及西晋陈寿之《三国志》。其《三十自序》中的原文是：

十六岁，见友人读《汉书》而悦之，乃以幼时所储蓄之岁朝钱万，购"前四史"于杭州，是为平生读书之始。

这段话的文字虽不多，但信息量很大。

在杭州备考期间，看到友人在读《汉书》，从而激发起王国维对史书极大的阅读兴趣，并且是心悦诚服地向往之。这再次证明读书人结交朋友的重要性，互相交流启发的重要性，以及明确志向的重要性。研读科举"必读书"以外的书籍，可视为其淡泊名利、独立思想、自由精神苗头之显现及发育。按照王国华在《王静安先生遗书序》中说："……童稚提携，相与受于先君子者，犹如影历历，逼取欲真，综先兄一生，淡名利，寡言笑，笃志坟典，一本天性。而弱冠内外，其有承于先君子者尤众。"

所谓"岁朝"，即正月初一。"岁朝钱"，就是俗语所说的"压岁钱"。甘愿花费由幼时开始积攒起来的压岁钱去买书，这钱还不少，这是有动机、有策划、有目标的行动，绝非一时冲动。还有，动用孩子自己的"私房钱"去购书，至少透视出两方面情况：一是家境一般。一个家庭若收入有限，则势必要节约开支，精打细算。这孩子又太懂事了，不会随口声张，随心所欲。王国维一家生活并不富裕，王乃誉时有"日见米昂心忧忡"①之感叹。二是这孩子有自己独立的想法和做法。王国维深知父亲养家糊口之艰辛不易，所以没轻易向父亲伸手讨要，而是用自己积攒的压岁钱去买心爱的书籍。这必定是经过慎重考虑的结果。成大事者，必有谋略，必有行动，必有结果。

当然，最为后人看重的一句是"平生读书之始"。

这句话当然更值得玩味与琢磨。果真如此的话，那以前的种种努力和付出算什么？只是单纯地认字识字？所谓"读书"，自然是思想抱负、思维情感、学问方法等综合因素对人生成长与发展所产生的意义和作用，而不仅仅像是林黛玉在回答贾宝玉询问"妹妹可曾读书"时所言的"些许认得几个字"而已。若结合王国维学术之路及学术成就，他所谓的"平生读书之始"可能在两个"更侧重于"。一是更侧重于主动疑问、发问及求证的过程。学术界有个著名论断，叫"提出问题比解决问题来得重要"，二是更侧重于求学与治学方式方法的探索与培养，譬如考证、求证、校勘等的自觉运用及熟练掌握。在古人眼里，"考据"和"义理、辞章"等是密不可分、互为关联的。

鹰隼试翼。

读书和思考，让王国维生长出一对隐形翅膀。随着羽翼渐丰，展翅高飞，翱翔蓝天，那是自然而然的选择及结果。

当然，此时的王国维还不能对史学等有全面深刻的理解，更没有形成或建立宏大的历史观。但从他对史书典籍浓厚的兴趣和热烈的追求中，我们似乎完全有理由对他治学未来与前景充满信心。尤为珍贵的是，在逐步明确读书兴趣和志向的同时，王国维正在探索形成系统的读书和研究方法。

人的行动都是受思想精神支配的。

对此，著名学者叶嘉莹先生曾有过非常精辟的论述："虽然他（引者按：指王国维）在少年时代，未必便有如他在'国学丛刊序'中所叙述的对史学之意义与价值的深刻的认识，可是他对于记述人类经验的历史有

---

① 　王乃誉遗墨。

兴趣，又喜欢校勘考据，则其关心人世与追求真理之精神，却是从他幼年读书志趣中，便可窥见一斑了。"①

　　求学道路上有一个环节或境界很重要，也很奇妙：开窍。原先的懵懵懂懂或是一知半解，突然间变得豁然开朗，变得柳暗花明。所谓"蓦然回首，那人却在，灯火阑珊处"是也，这是由必然王国到自由王国的飞跃和升华。王国维钟情于此，并深谙其道。当然，任何一位学人融会贯通之法也会经历由此及彼、以点带面，由量变到质变之过程。

　　源于感同身受或是亲眼看见，一般情况下，家人及亲人对家庭成员某些方面"量变质变"方面的回忆及概述总是最到位，也是最有说服力的。王氏后人如斯说："这种少年时期培养起来的对史学的兴趣，为他（引者按：指王国维）的治学产生了当时意想不到的影响，与他后来成为一代史学大师有着微妙的联系。"②

　　当然，任何事物都应该用一分为二的方法去分析看待，这才符合辩证法。人生不同阶段都会有不同的主要矛盾，以及矛盾的主要方面。一旦主次偏离及偏差，事物的进展就会混乱，杂乱无章，六神无主。按照常理，王国维理应心无旁骛，全神贯注地在举子业上不断精进，一鼓作气，直捣黄龙。因为一个人的时间和精力是有限的。三心二意，心猿意马，是干事业做学问的大忌。而事实上，"王国维对史书、对校勘、考据之学表现出来的兴趣和热情，以及他于私塾功课用力不专的读书态度，对他的举子业产生了强大的冲击。""他对史学、校勘、考据之学兴趣浓厚，对历史和校勘、考据的喜好成为这一段读书的第一兴趣，治举子业的精力被分散了。考入州学，并未增添科举考试的诱惑力，他没有用主要精力准备参加高一级考试。"③

　　如此拉长战线且全面出击的王国维，其主战场的考试将会如何结果呢？让我们拭目以待吧。

　　时间来到了 1893 年（癸巳），光绪十九年。王国维将面临一场重要

---

　　① 叶嘉莹：《王国维及其文学批评》，第 25 页，河北教育出版社，1997 年。

　　②③ 王令之：《王国维少年至青年前期读书志趣及王乃誉对他的影响》，《阜阳师院学报》，第 109 页，1987 年第 3 期。

考试：科试。因为唯有通过科试，才有资格参加乡试。

关于王国维癸巳年参加考试性质与考试时间等问题，学界存在不同说法。当然，这些说法的结果却是明确的一致的：名落孙山。

大致是三种说法。

其一是陈守谦之"癸巳大比"说。王国维自沉以后，陈守谦回忆说："故癸巳大比，虽相偕入闱，不终而归，以是知君之无意科名也。"①

其二是赵万里之"二月科试"说："二月赴杭垣，应科试不售。"②

其三是陈鸿祥之"七月乡试"说。《王国维年谱》③ 当年 8 月篇："1893 年，癸巳，光绪十九年，十七岁。本月（阴历七月），赴杭州乡试。以'不喜帖括之学'，不终场而归。"

按照科举常规，1893 年（癸巳）是不举行乡试的。乡试为每三年一考，逢子、卯、午、酉年举行，谓之"正科"。因在八月举行，所以叫"秋闱"，参试叫"入闱"。但除正科外，还有"恩科"，即加科。开恩科，多是遇到皇帝、皇太后寿辰，或新皇帝即位等吉庆之事的年份。1894 年（甲午）是乡试正科年份。这一年又是慈禧太后六旬寿辰。为了给太后庆寿，所以清廷决定开"万寿恩科"，于癸巳年八月，在各省增加一场考试。史称癸巳恩科乡试。据《清史稿》载："十九年癸巳春正月乙酉朔，诏以明岁皇太后六旬圣寿，今年举行恩科乡试，翌年举行甲午恩科会试。"

参加乡试，必须先通过科试。按照明清科举制度，各省学政周历各府州，从童生中考选秀才及甄试欲应乡试的生员，称为"科试"。那年科试在七月开考。王国维参加了本次考试，但没有通过。所以，他连参加乡试的资格都没有。而陈同学所谓的"癸巳大比"，应该是指王国维参加了"那一年"的考试，因为举行乡试之年被称为"大比"之年。而王国维参加的是科试，而非乡试。

---

① 陈守谦：《祭王忠悫公文》，《国学月报·王静安先生专号》，述学社，1927 年10 月。

② 赵万里：《民国王静安先生国维年谱》，第 3 页，台北商务印书馆，1978 年。

③ 陈鸿祥：《王国维年谱》第 23 页，齐鲁书社，1991 年。

因《日记》癸巳年中一月到五月是空缺的，所以，王国维是否于二月赴杭参加考试等史实无法从《日记》中找到证据。

若从人物关系特别是时间时效角度而言，即便是同学陈守谦还是门生赵万里，他们的说法都是在王国维去世之后的回忆性材料，即时隔三四十年之后，其准确性很难保证。

关于此事，最准确最有说服力的史实，当然是父亲王乃誉的《日记》。因为，《日记》几乎是第一时间记载，且往往具有时间与事件上的连贯性。

从《日记》记载，再结合相关史料，我们大致梳理一下线索，然后得出结论。

六月廿四那天好像要下雨，王乃誉带着雨具出家门，先到店里一转，对王国维有所交代，"乃剪绸料加茶付静儿，即下舟"[1]，然后乘船准备远行。

那年六月底至九月初，王乃誉自"还乡"后第一次，也是唯一一次出远门游玩。他自认为是"为平生胜兴"[2]。对此，王国维在《先太学君形状》中也有专门记载："年四十归，遂不复出。唯一游金陵，一沿桐江观富春山、登钓台，皆不出数月而归。"[3]

但即便是外出游玩，王乃誉心里还是惦念家事，特别是惦记王国维参加考试这一大事，所以他和王国维以书信保持必要的联络。遗憾的是，离家之后的王乃誉没有在《日记》中明确记载王国维离开盐官赴杭赶考的确切日期。但是，按照《日记》相关记载，可以推知，王国维前往杭州的时间应该是六月底至七月初之间。

六月廿四日当晚，王乃誉在硖石和老友会面交流。正巧对方问起王国维参加考试之事，王乃誉以尚不清楚而如实回答。

七月初一，王乃誉到达南京。初二，在友人的陪同下，他游览了承恩寺、夫子庙等，还特意参观了考场，见识"入闱"场景。

---

① 海宁市史志办公室编：《王乃誉日记》，第 175 页，中华书局，2014 年 7 月。
② 海宁市史志办公室编：《王乃誉日记》，第 173 页，中华书局，2014 年 7 月。
③ 海宁市史志办公室编：《王乃誉日记》，第 1 页，中华书局，2014 年 7 月。

（光绪十九年七月）初二……明谓夫子庙，即学宫也。棂星门外气象宽大，有聚星亭、泮池，皆停着灯船百十号……东贴近贡院，现将恩科厂设数百间地，独由小门专设径，步入，看号舍，较浙省坚实，可避风雨……①

初八，阴，早甚凉，呼剃头。写家信，令静得科举，使入闱，不得则勿入，云云。②

海宁夫子庙

在此，父亲非常明确地指出儿子将面临两种不同的结果，意在提醒与告诫："得科举""使入闱"，即通过科试就能参加乡试。反之，"不得"，"则勿入"。

在宁期间，王乃誉不仅拜会了在南京上元为官的王欣甫及其他友人，更与书画界人士交流扇面、水墨、山水创作及鉴赏心得等，同时还游览乌衣巷、文庙等历史名胜，另外还参观了下口（下江）与上口（上江）考

---

① 海宁市史志办公室编：《王乃誉日记》，第 184 页，中华书局，2014 年 7 月。

② 海宁市史志办公室编：《王乃誉日记》，第 191 页，中华书局，2014 年 7 月。

棚等。

"从前的日色变得慢，车，马，邮件都慢。"

在资讯以书信为主要载体的年代，信息传播速度较慢，于是人们学会了耐心等待或期待。

中元节那天，难得在外过节的王乃誉颇为感慨，滋生故土之情。"窃意在家，十一夜接祖，是日祀神祭庙。今人在外者，其谁忆之。"①

念念不忘，必有回响。

王国维在杭州参加考试之后，随即返回盐官。回家后，王国维第一时间给远在南京的父亲写信，简要告知自己考试等情况，通报平安。

> （光绪十九年七月）十八，晴。早接静儿初十发家书，稔知到杭试后回家，悉家事，殊慰。余患痢，略少愈。而日行十余次，殊不解何病。来写家书，陆续记忆加纸，计五纸……又述静儿试回事。②

从王国维给父亲的亲笔信，特别是王乃誉在日记中相应记录，都清楚地表明，王国维于七月初在杭参加了考试，然后回家。而王国维参加的不是乡试。因为，单就考试时间而言，与八月举行的乡试不符。

八月初二日，王国维在家给父亲写信。十一日，王乃誉在南京收到此信。那天，王乃誉参观了上口（上江）考棚。当天日记中，明确记载王国维没有参加乡试这一事实。

> （光绪十九年八月）十一……接静儿、粹夫初二日家信，颇慰。内言绿成托买书，静不赴乡试，各琐琐。③
>
> 十三，晴……入龙王庙一看，归。于戒三房见《申报》浙江试题。④

①　海宁市史志办公室编：《王乃誉日记》，第 195 页，中华书局，2014 年 7 月。
②　海宁市史志办公室编：《王乃誉日记》，第 198 页，中华书局，2014 年 7 月。
③　海宁市史志办公室编：《王乃誉日记》，第 213 页，中华书局，2014 年 7 月。
④　海宁市史志办公室编：《王乃誉日记》，第 214 页，中华书局，2014 年 7 月。

乡试分三场，一般于八月九日举行首场，十二日举行第二场，十五日举行第三场。考试结果一般于当年九月五日前后放榜。

那年"恩科"乡试到底是何时举行？答案还是八月。据李慈铭《越缦堂日记》记载，那年乡试从八月初六日开始至九月十一日发榜而结束。而据《申报》刊"癸巳恩科浙江乡试题名全录"，时间是九月十三日（1893年10月22日）。

再来看《日记》中其他有关线索和证据。从七月初回家之后，王国维一直在盐官。八月廿七日，他给父亲写信，顺带把姚子佛写给王乃誉的信件等一并邮寄过去。这姚子佛是王乃誉当年在溧阳县做幕僚时的同事。于是，王乃誉得知了那年乡试发生的贿赂案及相关联语评述等。所以，在《日记》中提到了此次涉及周家（介孚公）的"著名"科场丑闻案。

> （光绪十九年九月）初二……接静儿廿七发信，附子佛信并物单，知杭闹科场贿辨事，并有杭人联语，剧而发笑。此亦逢场常事。事既新异，携之付雨人、照叔、樵人各人观，竞传诵也。又入签房，欣叔为余设法荐事至周。①
>
> 九月廿三，晴……更许后，由广店一看江南榜《申报》，借灯静儿照回。②

在解决了赶考级别与具体时间等问题之后，我们再来分析一下王国维科试"不终场而归"的几种可能。从表面看，几乎聚焦到一个问题上，即王国维的志向和兴趣明显不在"帖括之学"，即科举考试上。既然目标不明确，注意力不集中，见异思迁，怎能如愿以偿呢？再有，若是结合王国维体弱多病这身体状况，其中是否还存在因健康因素而导致"不终场而归"这一结果呢？

科试分两场进行。第一场正试，试以两文一诗。第二场复试，试以一文一诗。这科举考试不仅是才学和能力的比拼，也是体力及心理等的综合测试。贡院试场单间叫号房，非常狭小，一般规格是长五尺、宽四尺、高

---

① 海宁市史志办公室编：《王乃誉日记》，第227页，中华书局，2014年7月。
② 海宁市史志办公室编：《王乃誉日记》，第233页，中华书局，2014年7月。

八尺。按照换算，大约长 1.65 米、宽 1.32 米、高 2.64 米。考生吃住等连续几天都在此空间进行。所以，若没有足够的体力与强大的心理作支撑，是难以终场的。

这一年的科试和会试成绩先后公布。

据《海宁州采芹录》（下册）记载：光绪十九年癸巳科试，题为"其从之也，上者为巢诗曰：蝉声驿路秋山里。"录取名单为："陆宗舆、钱有耀、张积昌、孙元烺、褚振声、金鑑、蒋恩湛、钱觐云、李振声、宓洪钧、吴开勋、祝铿……"榜首是王国维的同学陆宗舆。

而据《申报》"癸巳恩科浙江乡试题名全录"① 及"副榜"② 公布名单，海宁当年有两人高中举人：张维勤和宓时敏。

科举，在王国维内心真的成了鸡肋了吗？既然无意科名，又何必赶考？这似乎自相矛盾，令人费解。难道是迫于父亲压力，抑或是侥幸心理吗？对此，王氏后人是如此解释的：

> ……入州学的第二年，他（引者按：指王国维）虽然参加了一次科考，但是不终场而归，这并非出于偶然。王国维在读书活动中发现了寻求真知的广阔天地，新的读书兴趣耗去了他原来可以用于举子业的大量精力，探求真知的读书活动与科举功课发生了矛盾，他无法专力于背四书五经，习帖括诗，写八股文。读书活动使他眼界大开，他渴望得到古今中外思想文化领域的丰富知识，不愿被举子业束缚。这是他不专心应考、广泛求知、追求自己理想的一面。③

面对儿子落第这一事实，父亲王乃誉也许是感触最深、失落最大的人。因为在父亲眼里，儿子才情斐然，名声在外，他无疑是王家振兴之所在，也是父亲尚未实现理想之继承人。他，怎么会，又怎么能落第呢？

---

① 《申报》，1893 年 10 月 22 日，第 2 版。
② 《申报》，1893 年 10 月 25 日，第 2 版。
③ 王令之：《王国维少年至青年前期读书志趣及王乃誉对他的影响》，《阜阳师院学报》，第 109 页，1987 年第 3 期。

王乃誉很是纳闷，看不懂，也想不通。

时光是最强大的洗涤剂及稀释剂。所有的不愉快终将淡化、褪色，直至消失。

王国维科举失第残存的一丝阴霾，以及王家日常平淡无奇的灰色，终于被一件喜事所吹散，所替代，继而阳光灿烂，晴空万里。王家上下的脸上都洋溢出珍贵的欢笑，喜气洋洋。这件喜事就是，王乃誉之唯一女儿王蕴玉将于十一月出嫁。从十月初起，王家进入喜庆忙碌的筹备阶段。王乃誉除了与妻子商量婚事以外，"……上楼，与老妻对烛议嫁事。二更后卧。"① 他还亲自书写婚礼请柬、对联等。王国维有时也会帮忙书写请柬，但其主要任务则是跑腿、负责请柬的发送等事。另外，王国维还负责买米买肉等采购事务。当时，家里还特意请人弹了黄花絮两条，一条给嫁女王蕴玉，一条给儿子王国维。

经过忙碌有序的准备，婚礼进入倒计时阶段，王家已万事俱备，筹备好所有的嫁妆，以及婚宴物资等的采购工作。十月二十九日晚，王家开始设宴，至亲及好友等络绎前来贺喜。张灯结彩，人来客往，王家呈现出前所未有的喜庆和热闹的景象。

1893 年（光绪十九年）冬月初，王国维的姐姐王蕴玉出阁。据赵万里谱记载："十一月，姊适同邑庠生陈达衢（汝聪）。"②

旧时，盐官一带的婚礼一般会持续三天。第一天是待媒日，宴请并感谢媒人。第二天是"正日"，迎接新娘，招待宾客。第三天是谢相帮，感谢帮忙的亲朋等。

> 初一，晴。晨后，诸客毕集，送礼者纷如……各客贺者百许人，夜设筵七席，又陈所二席，广店二席，又各素席、内筵五席，外随人茶炉乐手三席……诸客轮流坐语，合宅内外人如蚁聚，辉煌达旦。③

---

① 海宁市史志办公室编：《王乃誉日记》，第 236 页，中华书局，2014 年 7 月。

② 赵万里：《民国王静安先生国维年谱》，第 3 页，台北商务印书馆，1978 年。

③ 海宁市史志办公室编：《王乃誉日记》，第 243～244 页，中华书局，2014 年 7 月。

清末民初江南新娘下轿照

　　王家夫婿是居住在盐官城内十庙前的陈寿镜（丽南）之子陈汝聪（字
达衢）。王家和陈家门第相当，喜结连理则是合情合理之幸事之喜事。王
家是名门之后，家风正派，有来头有教养。而陈家不仅是小康之家，其家
境比王家更胜一筹，更关键的是，陈家也是诗书传家，代有才人。当地人
称为"十庙前陈家"，有别于城内另一家陈家"渤海陈（陈阁老）"。据说
其家族源自河南"颍川陈家"，所以也被称为"颍川陈氏"。

　　新郎官陈达衢是一位忠厚朴实的读书人，学问可以，人也长得一表人
材，玉树临风，直叫人心生欢喜之情。

　　对于姐姐出嫁，王国维是既高兴又颇为失落。自己高兴，也为姐姐高
兴，这自不待言。因为姐姐找到了如意郎君，终于建立属于自己的家庭，
其后还会有孩子。做母亲，几乎是每个女孩的梦想与归宿。而所谓失落，
是指姐弟情深，而自今日始，姐姐会离开这个家，姐弟俩就不能朝夕相处

了。自王国维懂事起，姐弟俩这十几年里相依为命的手足之情，实在是难以割舍的。依赖，不仅是一种习惯，更是一种幸福所在。好在姐姐嫁得不远，就在盐官城内，想见面还是比较方便比较容易的。

1893年（光绪十九年）冬月初二至初三，王家正式举行婚宴。虽是冬月，气温较低，但天气晴朗，太阳一出，就感觉不那么寒冷了。王家亲朋好友陆续前来贺喜喝喜酒，王乃誉、王国维父子两人忙于招呼，分头接待宾客，不亦乐乎。

王乃誉对这位乘龙快婿十分认可，乃至欣赏。初三的《日记》中，王乃誉特别提及对女婿的总体感受，"魁梧端毅"，成熟稳重，所以极为满意。岳父为之肯定，为这门婚事的幸福指数奠定了强有力的基础。试想，封建时代的女孩在婚前能遇见几个男孩？又怎么能辨别对方是"好"还是"歹"？所以，由成熟男性，主要是父亲给女儿终身大事来把关和定夺，显得十分重要。

> （光绪十九年十一月）初三，晴，早开二单请诸陪客。又写望朝帖……申初，新婿到门，延平斋陪入茶筵，嗣见各人礼，诸客又络绎至。夜设筵宴。新郎魁梧端毅，尚无近时浮冒气，似属佳婿。①

王家的婚礼虽然比较隆重，但排场不大，所邀之人主要是王氏本家以及叶氏娘家至亲。另外，王乃誉还邀请了有来往的邻居，以及王国维的同学好友等。这一举动足以表明王乃誉对儿子好友同学的看重，其实就是对儿子的看重。王乃誉是一位十分细心或有心之人。《日记》中甚至有婚宴席位具体细节等的说明及记载。所谓"首席""次席"与"旁席"等之分，这是根据亲疏关系而定的，中规中矩，合乎礼仪。

> ……首席陪者平斋、绿成、樸庵、静儿；次席吉卿、沈顺林、赓三、子云、齐鸿、莲澐；旁席则叶丈、燮臣、子湘、幼圃、子研并予兄弟也。上十六回，六小八大二道点。耳酣猜拳至

---

① 海宁市史志办公室编：《王乃誉日记》，第244页，中华书局，2014年7月。

久，八九小醉。散席，送出。新郎登舆，玉女继，亦辞去……①

婚宴气氛热闹，觥筹交错，宾客尽兴，皆大欢喜。其中"八九小醉"，可谓是恰到好处。而王乃誉写到的"六小八大二道点"这"十六回"具体是指哪些菜肴及点心，若是能一一明确，就能为我们研究盐官一带婚宴菜谱传统以及风俗文化等提供实证。

婚姻，不仅是一对男女间结合的纽带，也是彼此家族间联系交往的桥梁。其关联而产生的价值，会紧随相互间社会地位、经济状况、人脉资源等而释放及呈现。当然，其效能效益则可大可小、可轻可重、可长可短，千变万化。

需要着重提示一句的是，王家和陈家结为亲家一事，在王国维成长之路的某一节点产生了深远且重要的意义。

因为陈家当时有两位人物比较厉害，影响甚大。这两人是一对兄弟，兄长叫陈汝康，兄弟叫陈汝桢。他们和王国维的姐夫陈汝聪是堂兄弟关系。光绪十四年（1888），陈汝康就乡试中举。据《申报》"浙江乡试校正题名全录"刊载：海宁，陈汝康。②

王国维与陈家会产生交集，发生故事，在后文中有叙述。

生活是很现实的，甚至是严峻的。所谓过日子，即一天又一天的日子，也是需要安排需要打发的。

17 岁了，对于儿子王国维的前途或是人生发展，真的到了该明确的时刻了。关键时候，人生之路不在于你想做什么，而在于你选择做什么。到底是坚持不懈地"取士"求功名，还是另辟蹊径"经商"求生计，父亲和儿子都在遭遇挣扎与彷徨。所不同的，无非是立场和角度之差别。

对于功名之路，王乃誉对王国维继续寄寓厚望，严格要求，这是他的一贯作风。"见静作望课卷不甚惬，而诗尤草率，戒之屡而终违，可恨。"③

---

①　海宁市史志办公室编：《王乃誉日记》，第 244 页，中华书局，2014 年 7 月。

②　《申报》，1888 年 10 月 23 日，第 2 版。

③　海宁市史志办公室编：《王乃誉日记》，第 249 页，中华书局，2014 年 7 月。

　　读书固然要紧，谋生也同样要紧。为了培养王国维独立生活能力，特别具备担负家庭重担的责任、担当和能力，王乃誉决定带领儿子走上社会，并给予实际锻炼。最主要的担子就是让王国维开始打理家庭事务，承担责任，并体验生活的酸甜苦辣。这其中一项就是"收租"。

　　在一般人的理解或想象中，收租是一件不劳而获又趾高气扬的好事，颐指气使，自我感觉甚好。但事实上并非那么简单，唾手可得。因为在《日记》中我们看到，为了收租，王国维不仅要付出极大的体力劳动，以致筋疲力尽，更会被弄得狼狈不堪，两头受气，既受租户的气，更受父亲的气。最后，还要生自己的气：为何那么无能？为何不会软磨硬泡？为何不会强硬蛮横？怀疑自我，否定自我，那是最痛苦的经历。

　　收取租金或粮食收成既是王家经济来源之一，又是主要劳动之一。每当春夏之交或是秋收年底，王家就要上门收租收粮。从王国维十六七岁开始，王乃誉就有意识地带领王国维一同前往收租，其目的或用意是明显的。一是让儿子知晓自家的田地及财产之所在以及租户的情况等，二是让儿子在实践中得到锻炼，乃至磨砺。旧时，主要交通工具是船只。从盐官城里到周王庙、郭店与鄾墅庙等地，至少有十几里水路，而金石墩等则更远一些，有二三十里。父子及帮工一起雇船出去，逐个前往，到达目的地后，往往要与承租人讨价还价磨嘴皮，所以在外时间少则两三天，多则五六天。吃住都要在船上进行。而船舱空间肯定是极有限的，既要载货，还要住人，这势必产生一系列问题，特别是晚上睡觉更是难题。春夏之交，气温适宜，问题好像不大，但是夜间蚊子骚扰足以让人抓狂。而到隆冬岁尾时，那就是吃苦了就是遭罪了。譬如，当年冬月的一个夜晚，气温骤降，寒风瑟瑟，狭小的船舱立刻变成一个冰窖，王乃誉父子及帮工等几个人只能蜷缩在一起，无法入睡。饥寒交迫，这个中的滋味及难处可想而知。看一则《日记》就可以知晓大概。那里是原生态的显示，真实且冷峻：

　　　（光绪十九年十一月）廿九，小雨间作。粥后，子云收租回，
　　静安到店，云行李已下。匆匆拎物行之茶店，知误雇两舟，
　　支吾。遂为乞情解释。借袋于和源、源昌，并赊米一斗，市零

物，下舟。船户乃丁桥王也，伙阿七。开至郭溪，雨少止，路泥
泞。着屐访王敏伯（达卿），同过苏骏伯家，以东地待到晤后偕
之敏伯处。伊有事不暇，同赴谈处，遂与骏伯下舟。开行到新桥
一询，约张租，过鄞墅庙泡茶。十余里，抵金石墩东北新开河严
家木桥西吴家浜南谈宅，至其家，寿生以收租他事出。勘田约计
十五亩，不足二亩余。少间，寿生回，议收租，以未开粮，中人
未全顾，仍加息以待来年……骏伯、周六、静儿同住卧舱，四更
不寐。①

　　这里的内容及细节就像是一幅素描，其饱含的艰难与辛劳一目了然。
特别是两个细节更使人过目不忘：其一，名义上是去收租，但收租用的麻
袋等也需要向人租用，外出几天的食粮也竟然是赊账。这些细节都指向一
个事实：王家的日子过得也是紧巴巴的，能省即省。其二，时辰已到四更
天了，但王乃誉还未入眠，其忧心忡忡之心情不言自明。

　　"知我者，谓我心忧；不知我者，谓我何求。"

　　若要追问细究，此刻，王乃誉难以入眠的原因难道仅仅是为了收租之
事吗？

　　不。

　　是为儿子王国维前途问题。更直白地说，是继续走科举还是走经商之
路的选择问题。一个侧重于前途及功名问题，另一个侧重于现实与谋生问
题。二者似乎不能再含混不清，不能再左摇右摆了。

　　（光绪十九年十二月）十五，晴……子佛赞静儿不去口，然
髫年须文学光昌，不应走入考据，而师说颇应为是。②

　　而此时，王乃誉完全掌握着王家大小事务的决定权，他又不是一个优
柔寡断的人物。照理说，他完全可以拍板定夺，一锤定音。但面对儿子出
路问题，父亲却始终是举棋不定，患得患失。在父亲心里，这主要集中在

---

　　①　海宁市史志办公室编：《王乃誉日记》，第 257 页，中华书局，2014 年 7 月。

　　②　海宁市史志办公室编：《王乃誉日记》，第 265 页，中华书局，2014 年 7 月。

"好歹"这利益的纠缠上，即对王家是否"好"，对王国维前途是否"好"。但对于当事人王国维到底走哪条道路最"合适"，或者说，这是否是儿子主动"选择"，这一关键及要害，考虑得反而颇少。

"为你好"，这是父母亲对孩子说得次数最多也是最为传统的一句口头禅。因为它指向孩子人生"好"的结果，所以，它既是冠冕堂皇，又是苦口婆心。而它最大的问题及症结在于，这完全是从父母亲的立场、角度出发，借以家长的权威，忽略、替代，甚至剥夺了孩子对人生之路的选择权和主动权。因为"被安排"，所以会有抵触及抗拒。

跟随父亲收租回家后，王国维的学业和生活又恢复到日常之中，按部就班，重点是继续读书和写字。此时，王国维抱着极大的兴趣开始阅读《汉书》善本。"静儿所住绿成家，以市秘本《汉书》，其意欣然。"① 学而不思则罔。王国维善于思考并钻研，所以对此本《汉书》有质疑，有笔记及批注。王乃誉看见了儿子所读之书及笔记等，并予以关注。颇感意外的是，对王国维所读之书与心得，王乃誉非但没有批评、指责或阻止，反而有肯定的倾向。"静儿出观，所得唐镜香细批《汉书》，又有黼之记，不知何许人，朱墨粲然，可宝也。"②

读书之余，王国维还在尝试创作一些诗词。这既是写作训练，又是心情抒发。诗词创作是传统文人的看家本领，其留存作品往往成为后人模仿、学习及鉴赏的对象，更是走进诗人心灵世界的秘密通道。王国维存世诗词作品有 100 多首。其实际创作数量远不止此，早期的作品，仅留存《题梅花画宴》《杂感》《书古书故纸·癸卯》《偶成二首》等，而大量习作、练笔等，大多已散佚而成为遗憾。

既是练笔，当然需要交流、指导及批评。如此，才可能吸取他人意见建议，不断磨砺自我，修正自我，最终得以提升自我。王国维的习作最有可能是给两拨人展示或征询：一是"朋友圈"的好友，二是父亲王乃誉。这是两个文化层次，又是两个年龄角度。如此横看侧看，双管齐下，对王国维创作水平提升，作用及意义无疑是巨大的。

---

① 海宁市史志办公室编：《王乃誉日记》，第 267 页，中华书局，2014 年 7 月。
② 海宁市史志办公室编：《王乃誉日记》，第 270 页，中华书局，2014 年 7 月。

此时，王乃誉肯定属于王国维诗词创作的专属"导师"，所以当他看到王国维七古习作之后，毫不客气地提出批评意见，甚至还有全盘否定的意思。事实上，王乃誉多少还是手下留情了一点。而值得称道的是，王乃誉现身说法，给儿子指示出一条"活路"：他亲自作一首七古，以之为示范，对王国维进行有针对性的辅导和点拨。点对点，面对面，这是精准化的指导，效果自然非凡。"见静儿作集七古挽章，毫无是处，乃拈笔为七古……"①

如琢如磨。正是因为父子间有探讨交流的机制，虽然父亲的态度或口气有时因过于严厉而让人不太舒服，但对此王国维好像慢慢适应了，也习惯了，所以其结果是，儿子在学业上得益、收获及进步是非常明显的。

又是快到年底时候，走亲访友变成主要日程或课程。腊月二十五那天，王国维跟随父亲到姐夫家一坐。王国维见到了壬辰年岁试"同年"陈汝桢。这次见面让王国维兴奋不已，收获不小。"午后，过陈婿家，见女及仲簏桢弟，谈久。又访子佛并见其太母夫人。"②

与君一席谈，胜读十年书。陈汝桢是盐官城里一位颇有名望的老师，虽然年轻，但见多识广，思想活跃。王氏父子与之有较长时间的交流。其中缘由或许是交谈投机深入，又或许是涉及话题较多。两位年轻人外加一位长者，这老少组合间的思想碰撞，机会难得。我们完全有理由想象及还原当时的场景，王国维和陈汝桢促膝谈心，气氛热烈。豁然贯通，茅塞顿开，直至醍醐灌顶，这些都是形容学人或修行者接受外界点拨之下顿悟的感觉，妙不可言。不断与高人交手，并有幸得到面授机宜，才可能练就为高手。

没有比较就没有伤害。为人父者，总免不了将自家的儿子和他人孩子攀比的心态和做法，随之感慨或郁闷等情绪自然而生。王乃誉也不能免俗，喜欢将王国维和其表兄绿成比较。（光绪十九年十二月）廿六："……与绿成语学问事，伊之学胜静多矣。"③ 见贤思齐，急起直追，汇聚到

① 海宁市史志办公室编：《王乃誉日记》，第 270 页，中华书局，2014 年 7 月。
② 海宁市史志办公室编：《王乃誉日记》，第 271 页，中华书局，2014 年 7 月。
③ 海宁市史志办公室编：《王乃誉日记》，第 273 页，中华书局，2014 年 7 月。

王国维内心的压力能小吗？

"旧历的年底毕竟最像年底。"和千家万户一般，王家也开始过年准备，杀鸡宰鹅买鱼，并进行祭祀仪式。

辞旧迎新，最隆重而紧要的事莫过于对来年的谋划与畅想。

王乃誉、王国维父子间基本达成一个共识：新年后，王国维将和几位好友一起赴杭州进修深造，努力备考，以图金榜题名。

第 6 章　探究深入　思想活跃

　　光绪二十年（1894），甲午年。

　　但凡知晓中国近代史的人都知道，这一年是如何的灾难深重，又是如何的痛彻心扉，丧权辱国，从而激发有识之士觉悟觉醒，上下求索，发愤图强。中国这个古老的国度，为何会沦落到如此危险且屈辱之境地，将何去何从？不管是于国、于世，以及于人，这都是一个值得宏大叙事的年份，又是一个需要条分缕析的年份。甲午，于当时，是个鲜血淋漓的伤口；于历史，则是个隐隐作痛的伤疤。

　　这里的"人"，主要集中在王氏父子身上。因为时代之微光将会在无意中散射到王家父子的额头。于是，王乃誉王国维父子之思想情感明晰地烙上时代痕迹。王家父子的生活轨迹，渐渐与时代建立某种关系，时隐时现，若即若离，时而靠拢、时而交集，当然更多的是游离。这在《日记》所载话题发生"前所未有"变化中得到最鲜明的证据：除王家日常之外，或远或近、或明或暗地出现了时代背景下的"家国"概念，以及主人公思想及情感与之呼应的足音。

　　新年伊始，王乃誉继续以一介"臣民""顺民"的姿态，以充满喜庆吉祥的语句，抒发心情，歌功颂德。

　　（光绪二十年正月）元旦，晴。晨曦耀采，云气氤氲，正文

治光华、年丰人乐之象。且也，今年逢皇太后六旬万寿，寿宇宏开，天下人民咸登仁寿……①

忠君爱国，是王家的传家宝，历久弥新。

过新年，意味着王国维又长一岁。18岁，是一个大小伙子，盐官俗语称为"大人家"（成人）了。

大年初一，王家自然是颇为热闹，颇为喜庆。王乃誉一早招呼前来拜年的内侄绿成等人。在完成斋佛仪式之后，王乃誉"持香烛"带着小儿子外出，准备赴南门双仁巷，拜谒祖居祖庙，拜见尊长及亲朋。一路上，他们与诸多邻人及亲朋驻足交流，直至午饭后返回。

王国华毕竟还是个孩子，对什么都感觉好奇好玩。路经北寺时，见寺院大门口设有锣鼓，于是手痒痒，胡乱地敲打起来。咚咚的锣鼓声辉映着孩子天真烂漫的笑声，这终于让父亲暂时放下矜持，融入其中。王乃誉面带微笑，动手敲击大鼓，以之祈福祝愿。

而王国维，从今年起单个出行，代表王家外出拜年，走访亲友。这是年前父亲对他提出的要求。这可视为一个标志、一个起点，王国维应该独立自主了。

拜访亲友之余，王国维最喜欢去姐姐、姐夫家坐坐。在那，王国维感觉才是轻松的、自由的。

过年，王家自然会宴请宾客，特别是新婿一家及至亲。

过年期间，盐官古城依旧举行猜灯谜、迎神赛会等活动，丝毫没有显示时代会发生巨大变动的征兆。王乃誉属于盐官城里的一位文人墨客，参与相关活动是理所当然。参与，是支持，也是一种姿态。而这次更是带着儿子王国维等一同前往，纯属散心开心，因为有一件大事即将发生。当天的《日记》中，父亲是这样记载的："初十……夜饭后，出之醋坊桥猜廋词，迄不属见。静安猜中二三，余得者十许……"② 据《太平广记》引文："或曰：廋词何也？曰：隐语耳。"周密在《齐东野语·隐语》中说得

---

① 海宁市史志办公室编：《王乃誉日记》，第 277 页，中华书局，2014 年 7 月。

② 海宁市史志办公室编：《王乃誉日记》，第 284 页，中华书局，2014 年 7 月。

更明白："古之所谓廋词，即今之隐语，而俗所谓谜。"王国维的文化功底不能与父亲相比，能猜中几个谜语，也属新年吉兆吧！

所谓大事，是指王国维将赴杭州求学深造。新年期间，家里已经为他准备好了必要的生活用品，万事俱备。王国维则准备好代表学业水准的"作业"等。赴省城杭州，理由和目标十分明确：为乡试做准备。

1894 年是乡试之年。前文已述，参加乡试是有前置条件的。但也有变通办法，其中有一个"曲线入考"途径：只要考入官办书院就读并肄业，取得"同等学历"，也有资格参加乡试。王国维走的就是这条路。

正月十一，王国维与朋友商量赴杭具体事宜。

面对儿子即将赴杭，王乃誉内心是汹涌澎湃，思前想后。"……静儿来叩，看赴杭戒谕数言。绿成樊候过店与吉卿送别。第不知此行于学于考有益有得否耳？"① 这最后一个疑问句谁能明确回答？一个清醒而要强的父亲，总是默默扛着，默默坚守，默默等待的那个人。

正月十三日，是一个晴天。王乃誉一早外出办事，上午九点多（巳时）回家，准备送儿子出行。

中午时分，王国维偕同好友绿成、樊候等坐船前往杭州。王乃誉特意叫用人周六一路护送，并支付盘缠费用。褚嘉猷因临时有事，决定推迟一天前往。

据查，杭州的书院自唐代始，至清代到达极盛，前后总共有 31 所。其中以敷文书院、崇文书院、紫阳书院、诂经精舍四大书院最为著名。

崇文书院是一个老牌书院，历史悠久，名家辈出。它始建于明万历二十七年（1599），位于西湖跨虹桥西。清康熙四十四年（1705），康熙南巡，题榜"崇文"，书院遂更名为崇文书院。太平天国时毁于兵燹，清同治年间重建。

自此，王国维住读于崇文书院，成为书院的一名学生。

酌水知源，涌泉相报，王国维在成名后，曾到访崇文书院并讲学，以实际行动报答母校教育栽培之恩。

---

① 海宁市史志办公室编：《王乃誉日记》，第 285～286 页，中华书局，2014 年7 月。

杭州崇文书院

　　而眼下，崭新的环境与同学，特别是崭新的生活，主要包括衣食住行情况，以及心情和感受等，王国维迅速通过书信，告知家人。家人特别是父亲大人的确在牵挂，在惦念。在正月十六日《日记》中，记载了王乃誉因早餐时食用粽子后肠胃部不适而早早回家，突然感觉家里冷清清的，"殊觉冷落"，王乃誉一时心酸。父亲对待儿子的心思总是特别的，甚至是矛盾的。

　　此时，有两个细节颇为感人且暖心。一是继母特意请人来为王国维缝制开春后穿的小衫裤等换季衣裤。二是为儿子在杭生活着想，重点是取得参加乡试资格而托人帮忙谋划等。"午后，至访沈颂彝于家，说馆事，并托其在杭照料静儿。"① 正月十八日以及廿一日，王乃誉分别收到儿子来信，才安心下来。

　　　　（光绪二十年正月）十八，早细雨、晚阴……申刻，接静儿
　　来信，谓他处房屋甚昂，惟住湖上崇文西斋，已搬入。②

---

① 海宁市史志办公室编：《王乃誉日记》，第 290 页，中华书局，2014 年 7 月。
② 海宁市史志办公室编：《王乃誉日记》，第 291 页，中华书局，2014 年 7 月。

廿一……接静儿第二号信，谓住崇文，人日三餐，素菜五十文。另令周六备荤人卅。附交沈冕夫函，嘱其代考甄别，俾列名秋试元卷计。[1]

可怜天下父母心。在接到王国维来信当晚，王乃誉有很多想法，辗转反侧，以致一夜几乎无眠，"夜雨惺忪一阵，早起欲作复"[2]。王乃誉一边在枕上听雨，一边思考着儿子备考等问题，重点围绕儿子关于读书方面，再拟几句，意在指导与告诫。在父母眼里，孩子，即便成人，依旧还是个孩子。于是，唠叨会成为惯例，成为常态。但王乃誉似乎还算理性，会反省，转念之间他怀疑自己的做法是否得当，是否有必要！不知不觉中，子夜已过。在百般纠结之中，王乃誉还是决定起床，磨墨动笔，终于完成一封几百字的家信。但是，待到次日起床后，原先的想法又发生了动摇，已经写好的家书最终决定取消发送。

（光绪二十年正月）廿二……昨枕上拟谕静读书法，似有数百言。及起，又不欲告之……巳刻，回家过沈宅交信。[3]

家书之寄（告诫）还是不寄（不告诫），这是个难题。

当时，书信是王家父子间传递信息、沟通思想的唯一手段。王家父子间的书信若是能保存至今，对于了解王家家事，尤其是父子俩思想、情感与学业探讨等内容提供了原始依据。但遗憾的是，这些书信早在历史长河中湮没。而有一点值得欣慰：那些家书虽然消失了，但王国维却一直保持或延续了写信交流这个习惯。他自己自从成为父亲之后，也是一直牵挂关心子女，也是通过书信，事无巨细，谆谆教导，循循善诱。这一举动演变成王家的传统。而庆幸的是，王国维这些书信的大部分被保存下来。特别是王国维给长子王潜明的家书，数量有上百封，弥足珍贵。当年的儿子，如今成了父亲，通信的内容当然不尽相同，但那里传承的心态、告诫与期望等，一如王乃誉当年之于王国维吧！如出一辙，抑或大同小异吧！譬如，"一切宜安心，不可怀厌恶失望之心；若一事无恒，则他事亦难办

①②③　海宁市史志办公室编：《王乃誉日记》，第 292 页，中华书局，2014 年 7 月。

也。"① "无论中学与西学可以自择一门习之，每日读书亦不在多，苟能日以一二小时习一事，积久成绩自有可观。此事一面可以修身养性，若遇有用时可以为治生之助。"② "汝每日赴关往返须携伞为佳，每出门时须饮茶一杯，则不至罹日射病也。"③ "汝三弟现已为电报生，月薪廿二元，现令其每月储蓄八元。"④ 如此等等。借此，读懂这些书信，为我们揭开当年王乃誉王国维父子间交流之谜，至少提供了方向性启示及指令性联想之基础及依据。

天气一直阴雨，王家茶漆店的生意比较清淡。王乃誉以阅读《申报》等为消遣，打发时光，平复心境。

父亲此时的彷徨与苦闷，是为儿子所不知的。盐官一带有句俗语，叫"这家不知那家事，家家都有本难念的经"，意为每家或每人都有各自的难处或窘迫。就像王国维有王国维的难事，而王乃誉有王乃誉的忧虑。

正月二十五日那晚，先是大雨，接着是大雪，"夜雪积六七寸"，气温极低，又逢邻居家丧事，这直接导致王乃誉又将面临一个难熬之夜晚。人到了一定年龄，睡眠不好那是一件非常难受且伤神的事。"夜雨甚浓，数醒，与内子语。"⑤ 万幸的是，漫漫长夜中饱受失眠折磨的王乃誉还有一个可以倾诉的对象：老伴。人的后半生，有一个知冷知暖的老伴，晚景才不会过于孤单冷清。《日记》中虽然没有明确记载老夫妻间谈论的话题及内容，但此情此景，可以猜想甚至是断定，谈论的一定是家事，或许他们谈的就是儿子王国维的前途及种种设想。积雪的微光，透过门窗的缝隙，透射到屋内，朦胧中，老夫妻依稀窥见了那一丝光亮中蕴含的希冀。人，是活在希望里的。

---

① 马奔腾辑注：《王国维未刊往来书信集》，第 4 页，清华大学出版社，2010 年 11 月。

② 马奔腾辑注：《王国维未刊往来书信集》，第 8 页，清华大学出版社，2010 年 11 月。

③④ 马奔腾辑注：《王国维未刊往来书信集》，第 9 页，清华大学出版社，2010 年 11 月。

⑤ 海宁市史志办公室编：《王乃誉日记》，第 295 页，中华书局，2014 年 7 月。

犹豫纠结几天之后，王乃誉最终还是没有放过自己，或者说，没有放过对儿子告诫训导的机会。在正月二十二日暂时搁下写信打算后的第四天，王乃誉最终还是决定旧事重提，给王国维写信，一吐为快，以浇心中之块垒。

那天一早，王乃誉在家为先人祭祀作飨，之后径直到店里。午后，他出门拜访朋友，不久折回店里，开始给王国维写信。兴之所至，一旦动笔，就刹车不住，竟然写了六页纸。写完信时，已是傍晚时分。放下笔，王乃誉长嘘一下，仿佛感觉卸下了一身重担。

　　（光绪二十年正月）廿六……午后，作复蒋照生三河厘局信，又谕静学问用功事，计六纸。着屐出店，已申刻。①

此时，正巧有人非常诚挚地来邀约王乃誉一起赴杭，会友雅集，赏梅探春。此约甚合王乃誉之心意，所以他爽快地表示同意，并约定择日起航。此番，一来，可以去看望王国维。儿子在杭的动态是王乃誉最急于想知道的事。二来，王乃誉在杭有书画生意可以处理。平时，王乃誉与在杭的一些书画家们保持着比较紧密的联络关系。他创作的一些书画作品，包括扇面、条幅等在省城书画圈有交流，也有销售。有人喜欢，有人收藏，这说明，王乃誉创作的书画作品的确具有相当的水准。

好事多磨。接下来的几天里竟然是连日雨雪，不便出门，所以原先约定出发的日期只得一再推迟。王乃誉在家看报并作相关摘录。"二月初五，晴……一晌抄《申报》中总理同文馆课程、翻译书目实书，今时务之急也。"②

至二月十五日，王乃誉及随行和朋友们终于坐船沿着运河抵达杭州涌金门。随后，王乃誉和朋友们分道扬镳，暂作告别。他租用一条小船，横穿西湖，径直前往崇文书院方向。

早春二月，春雨绵绵，远山如黛，沿途所见景色甚美。最吸人眼球的是西湖两岸婀娜多姿的柳树，嫩绿的枝丫，随风起舞，娇羞可爱。王乃誉

---

① 海宁市史志办公室编：《王乃誉日记》，第 295 页，中华书局，2014 年 7 月。
② 海宁市史志办公室编：《王乃誉日记》，第 298 页，中华书局，2014 年 7 月。

杭州西湖

心情怡悦，颇有情满青山之雅致。"细雨如丝沾衣，趁划船渡湖，一叶中流，四围微黛，眼界胸次顿清。"[①] 王乃誉等在岳坟上岸，与在那等候的杭州友人亲切会晤。最后，他到达崇文书院，终于见到王国维及绿成、樊候等。重逢总是令人开心的事情，更何况王乃誉心情还算不错。一般情况下，父子间对话不会像母女之间那样热烈及亲密。其中，又往往以父亲主动且热情者居多。因为青春期男孩往往比较寡言，而王国维尤其显得内向，近乎木讷。所以，当时王氏父子相见的实际情形是颇为寡淡，颇为呆板。主要围绕考试学业等话题，王乃誉与王国维之间进行一问一答式交流。王国维自然"不愿"或者说"不会"多说什么。而阅历丰富的王乃誉其实不用多问，只要察看王国维的眼神和脸色，就大抵知道有关答案了。

在这不咸不淡的交流中，突然发生了一点意外。不知何故，可能是晕船反应所致，王乃誉突然出现呕吐，很是难受痛苦的模样。于是，王国维

---

① 海宁市史志办公室编：《王乃誉日记》，第305页，中华书局，2014年7月。

与绿成等赶紧搀扶他，送至渡口，并让其坐船尽快回到住处休息。王国维本想一路陪同，但父亲坚持说没大碍，不用护送。所以，王国维只得关照家佣周六帮助好生照看。小船渐渐远去，王国维伫立目送，久久不忍离去。

因为担忧，王国维整夜都是迷迷糊糊的，没有深睡。次日一早，他急忙赶到父亲住处，探望情况，并商量近期事宜。经过一夜休整，王乃誉的身体状况似乎有所好转。所以，他决定坐夜航船返回海宁。听到这个决定，王国维眼泪都快急出来了，连连说"不稳妥""不放心"。他扶着父亲的肩膀，央求父亲让自己陪护一起回家。最后，儿子的恳请终于得到父亲的许可：父子俩一起坐夜航船离开杭州，返回盐官。

古语道，祸兮福所倚。因为父亲身体不适，让儿子有了一个特别近距离接触、面对面照顾与服侍的机会。因为身体虚弱，王乃誉平日里威严的气势荡然无存，这让王国维放松不少，感觉亲切不少。

父子俩相依相伴，这温馨的场景是以往所未曾有过的。亲人者，乃最为亲密亲近之人也。

途中，王国维一直依偎在父亲身边，细心照料。而此时，王乃誉却一直挂念店里被诈之事，五味杂陈。但他没有直接告诉王国维事态的实情和全部真相。而在《日记》中，王乃誉有一段较长篇幅的人生之感慨，内心之独白。当然，王乃誉并没有一味沉浸在个人忧伤及愤懑之中，而是兼及普天之下的事与人，以"天下事"与"多苦人"为坐标为参考，以怜悯之心，既宽慰自己，又同情他人。这是读书人的情怀、心胸与良知。

可贵。王乃誉是一位"矜人之厄"的君子。

（光绪二十年二月）十六，雨……早，粥后丈偕静儿来，余定计夜航即返，静随丈留，说及各琐务……下航，又茶，身汗如流，同房舱者俞瑞生……并陈娃、宜桥卡巡丁及余、静四人，宽展舱大，与来舟悬绝。旁夜……蕾腾一觉已近临平，不寐，思念家中不知被诈如何？作扰，而又恨命不犹人。人家安居，聚集多财，居气养体，而余生平艰险备尝，略得粗饭，犹无福以飨，真不堪愤恨！又回思天下事，平心衡量，世多苦人，何我而躬自厚，第他无显诈之戚友，较余胜多多矣。心烦意乱，船窗中看月影树梢，处处多画，致天明，过长安。①

二月十八日，王国维与王乃誉回到家里。

一到家，王乃誉告诉王国维家里大门开启的诀窍。原来，为了防止讹诈人上门滋事，家里更换了开门方式。听到这个消息，王国维当然非常难过，他完全可以想象，家人，特别是父亲一直以来所受的烦心、忧虑和煎熬。

的确，当时王家上下被讹诈之事弄得鸡犬不宁，惶惶不可终日。

经过几天静养，王乃誉的身体有明显好转，这让王国维及家人放心不少。随之，王国维主动与父亲交流沟通，主要是汇报在杭求学情况以及自己的打算等。

到二月廿一日，那天刮着大风。王乃誉强打起精神，一早去茶漆店。因为离开已有好些时日了，内心很是忐忑。到店后，得知前期又遭遇讹诈数次，自然是闷闷不乐。

那天，王乃誉比往日提早一些时间回家。一见父亲回来，王国维便向其请安。随后请示说，自己准备去长安仰山书院参加甄别考察等。王乃誉予以允许，"快去快回"，而其内心却是不太开心。因为种种迹象表明，王国维好像没有全力以赴地投入科举备考之中。

随着气温回升，江南进入最美的季节，桃红柳绿，生机盎然。王家庭院里的海棠花盛开了，花团似锦，绚丽夺目。不久，一阵春雨，落英缤纷。

花开花落，这让平常的日子多了一份诗意和灵动。王国维在家继续用功读书，学业为重，在完成书院老师布置的作业之余，继续练习七古等诗词写作。也许是为了排遣日复一日过于单调所致的平淡，王国维偶尔也会去茶漆店里坐坐，与伙计或客人聊上几句。平凡的日子中，因有年轻人带来的热情和朝气，所以多了一份斑斓与涟漪。

可是，日子不会永远是风平浪静的。

---

① 海宁市史志办公室编：《王乃誉日记》，第306页，中华书局，2014年7月。

当时，王乃誉一直面临与他人经济纠葛乃至矛盾冲突，以致多次惨遭讹诈、勒索及滋事，致使王家上下胆战心惊。面对此情此景，所受压力最为严重最为严峻的肯定是王乃誉。他，寝食难安，坐卧不宁。

> （光绪二十年三月）初七……而静安既心心痴想上省，但此间不得即了，伊竟发浑，乃大加责惩，余气急过于彼诈。盖子弟之不继，一家后无望在者，恨恨至夜。夜与子研痛饮，牢骚郁抑。惟近日作字有是处。四更，与老妻拟诈人事。①

这里清楚地表明，王乃誉因被人讹诈之事，心情一直处于低潮，情绪难以把控。所以不觉中竟迁怒于儿子王国维了：谁让你令父亲不省心而担忧？

而在此，不仅是责怪或怨气，而是气急败坏地骂人了。"发浑"是海宁土话，意思是脑子不清楚，犯浑。退一步而言，情急之中骂人尚可理解，而最让人伤心及寒心的，是做父母亲的对子女的失落与失望，心里是拔凉拔凉的。"盖子弟之不继，一家后无望在者，恨恨至夜。"这可是泣血的哀号了，犹如无尽的黑夜一般笼罩，那里弥漫着不甘、不愿与无奈，一起在内心混杂着挣扎着。至此，借酒浇愁，牢骚满腹，甚至不能自已，似乎也是情有可原了。

而事实上，在排解遭人讹诈困境之中，王国维挺身而出，坚强地出面帮助父亲。虽然，王国维的身体不够强壮，但毕竟是一个"毛头"小伙子了，血气方刚，不管在气场上还是道义上，都会给父亲强有力的支持与支撑，给对方以压制及顾忌。但王家父子并肩作战也只是缓解一下紧张的气氛，矛盾却一直没有得到根本性的解决。因为对方欺人太甚，胡搅蛮缠，根本没有谈判的诚意和基础。

世风日下，人心不古。在《日记》中，还记载了闹事的升级版：有人蛮横地上门来闹事，来挑衅事端了！这种极端化的场景赤裸裸地挑战安全底线，威胁人身安全。秀才遇见兵，有理说不清。王乃誉毕竟是个斯文的

---

① 海宁市史志办公室编：《王乃誉日记》，第 316 页，中华书局，2014 年 7 月。

读书人，除了气急败坏、恼羞成怒，还能怎么办？而对王国维及其表兄叶子研，尤其是对王国华这未成年孩子而言，如此场景无疑是极大的伤害及刺激。

> （光绪二十年三月）二十，早雨潇潇不已。晨刻，子研来，为言诈人去桐借钱不付，并扬言昨已到过门前云云，殊觉扰扰。学楷三四百字，捡古钱等玩玩之。午炊未毕，大麻纠同人二，两子后户叩门，不开，继又二子用脚大踢。内言当此蚕时，何剧妄谬？约半时许去。子研帮同挂门。两儿在楼，看其行止，健儿闻叩门，去开，急止。幸未阑入，家人扰惊，此举真犬彘也。旁夜，静儿出，告沈、陈：如伊等复至，乞为禁止……过赓兄，如有事，乞其借门走……①

当然，如此极端事件，必定是个案，也是暂时的。虽然，在一段时间内，王家日常生活因有人闹事而不太平。但事情总会缓和，会解决，会过去的。

遇事，既是挑战，也是最好的教育与启发。王国维慢慢明白父亲所面临的责任、难处及苦楚。所以，学乖不少，长进不少，在家里，他学会主动给父亲做帮手。干得最多的事，是父子俩一起拟定对联、合作书写等。当然，王国维明白肩负最大的使命是学业是备考。

"再加把劲呀！"王国维对自己说。

渐渐地，王家又恢复到忙而有序、安宁充实的日常景象之中。一方面，全家全力以赴为养蚕之事而操劳；另一方面，父亲、长子、小儿，两代三人，读书习字，书香氤氲。

> （光绪二十年三月）廿四，早，小雨霖霖。一看蚕，二眠后二昼夜矣……初更，督静作字。健儿艰于读书，甚恨。②

---

① 海宁市史志办公室编：《王乃誉日记》，第 322 页，中华书局，2014 年 7 月。
② 海宁市史志办公室编：《王乃誉日记》，第 324 页，中华书局，2014 年 7 月。

暮春时节，绿肥红瘦。王家春蚕陆续进入二眠三眠直至大眠阶段，开始一年中最为劳碌的日子。"三月廿五日……蚕三眠，镇日家人做眠头，碌碌。"[①] "四月初二日，蚕正大眠，家人忙乱，理治之夜。"[②] 四月初八凌晨起，春蚕陆续成熟，一家人赶紧挑选已成熟的蚕"上山"。而尚未成熟的蚕则还需要喂食。这个过程及相关工作一般会持续一两个周时，其间需要有人看守，所以尤其辛苦。

养蚕图

王国维曾以《蚕诗》为题，描述蚕的一生以及养蚕人的艰辛。

> 余家浙水滨，栽桑径百里。
> 年年三四月，春蚕盈筐筐。
> 蠕蠕食复息，蠢蠢眠又起。
> ……

作为长子，作为青春蓬勃的小伙子，王国维能体恤父母亲的付出，会

---

① 海宁市史志办公室编：《王乃誉日记》，第 324 页，中华书局，2014 年 7 月。
② 海宁市史志办公室编：《王乃誉日记》，第 328 页，中华书局，2014 年 7 月。

主动承担力所能及的事务，特别是承担一些体力劳动，譬如挑桑叶、取蚕匾，或是去市场买给蚕取暖用的木炭等。连王乃誉也会主动帮忙做事。在《日记》中，时而会有半夜三更时起来做事的记载："……竟日帮为饲蚕未出……夜二起饲蚕，天微明又下楼。"[1] "雨断续不已，阴霾冥合，自晨蚕熟登山，黎明起帮理。"[2]

随着蚕丝国际市场的进一步拓展，江南所产优质蚕丝的价格也不断上升，从早年的每百两售价 20 元，提高到每百两二十三四元。[3]

回顾历史，我们清晰地发现，王家优良传统在王国维身上得到进一步充实及丰富。他以朴实的人格、勤勉的作风、辉煌的成就，为王氏家族打造一个新的标高。一个个家族优良的家风如涓涓细流，在一代又一代人不懈追求努力之下，汇聚成奔腾不息的中华民族优秀文化传统之长河。

今天，我们既很容易但又很难想象王国维那时苦读的情形或细节。说"容易"者，笼统而言，不外乎废寝忘食、悬梁刺股如此这般。但凡发愤苦读者的情形总是相差无几的，就是把学业与前途无限放大，而把自身享受和需求无限减缩。而说"很难"者，除了《日记》中的三言两语，再没有其他可考证及确认的具象与凭证了。十年寒窗无人问，也无人知。春去秋来，多少个日日夜夜，王国维几乎是在父亲"遥控"及"监管"中发愤苦读的。由此，我们不妨设想一下王国维彼时艰辛于学业的模样，以及思绪情感：他既想施展自己对史学及考据等的热爱与热情，但又不能太放纵太肆意，因为还不得不应对或应付父亲的期望，为科举而做准备。同时，家里遭人讹诈等诸多不顺心的干扰也是时有发生，防不胜防。面对如此煎熬，王国维心神不宁，抑郁苦闷之心境可想而知。

日积而月累，这可真难为了年轻的王国维。正因为有如此人生体验和感悟，所以当王国维日后接触到叔本华与尼采等人的悲观主义人生哲学思想时，便如飞蛾扑火一般地接受，如遇见了知音或救星一般，不由自主。

---

① 海宁市史志办公室编：《王乃誉日记》，第 165 页，中华书局，2014 年 7 月。
② 海宁市史志办公室编：《王乃誉日记》，第 331 页，中华书局，2014 年 7 月。
③ 《申报》，1894 年 6 月 17 日，第 2 版。

当时情形，可以从刊登在 1906 年 7 月第 129 号《教育世界》上的一张照片说明中得到有趣证据："哲学专攻者社员王国维君。""哲学专攻者"，是一个冠冕，更是真实写照。而这张照片可能是王国维存世最早的照片了。

王国维在崇文书院入学是为了取得参加乡试资格，兼有集训进修深造之"高端班"性质。在回家一段时间后，王国维又该返回学校了。一是把此间完成的"回家作业"，主要是策论诗文等上交，以待老师批阅。二是再次得到老师的面授及教诲，接受新的学业任务。四月十三日，王国维决定离开老家，与父母亲告

王国维早年像

别，再度赴杭。离开前，王国维给有关朋友写信，表明心志，抒发情怀。"静儿上省，作致绿成、子湘，并致凤林寺昔征僧信，旁夜趁杭去。"[1]

四月中旬，会试揭晓。按理说，春闱的结果对于王家没有直接的关联，风马牛不相及。因为王国维连乡试资格都还没有完全取得呢。但会试考试的新闻却还是深深吸引了王乃誉的注意力与兴奋点。从《申报》发布的消息中，王乃誉几乎摘抄了其主要内容，特别是对浙江省高中者 26 人的名单全部记录在日记中。如此举动，充分表明其内心是何等的"向往之至"及"浮想联翩"。不言而喻，王乃誉最大的心思就是：有一天，儿子王国维的大名会在金榜之中。

由于暂时脱离父亲的监管，在崇文书院求学的王国维全身心地沉浸在自己喜欢的一件事中，不能自拔。

---

① 海宁市史志办公室编：《王乃誉日记》，第 335 页，中华书局，2014 年 7 月。

　　与此同时，王家开始自行土法缫丝，一片忙碌。王乃誉因食用粽子引起消化不适，心情一直低落。祸不单行的是，王乃誉的姑母已病入膏肓，王乃誉急忙修书一封，要求王国维赶紧回家。"……过午，以姑母病危，作示与静儿，令归……"① 重人伦，敬尊长，讲规矩，这是世家的传统美德。

　　接到父亲来信后，王国维及时起身，于四月二十四日回到家中。"廿四，阴晴……至恒裕，十下点饭，饭罢回家，见静儿杭已回。"② 当晚，下了一夜的雨，"昨雨连宵达旦"，江南的梅雨季到了。

　　四月已是尾声，秋闱已为时不远。但王国维迎考的状态让父亲不顺眼更不顺心。其中也有王乃誉自身原因，"足痛异常"。如此内外交困，对儿子埋怨与责备的思绪便死灰复燃：

　　　　（光绪二十年四月）廿五……责静儿以不合数借书画与人，并责其不用功而心地未明白。此时极好机会，再不努力惜光阴以从事，后日何所望？于是时老大伤悲，犹小无学、无业、无功名，不振家声，不能顾家处世，胥在此偷闲好逸，自是之弊耳，可不戒哉！③

　　本着互通有无的做人原则，王国维在向他人借阅书籍等的同时，也会将家中藏书或书画作品等借给他人。因为有时是自作主张，事先没有征求父亲意见，所以会遭到责备或埋怨。甚至是借给老师或尊长也不行。譬如，王国维曾将父亲珍藏的楚北崇文书局出版的《三国志》等书"大方"地借给陈寿田老师。得知这一情况后，王乃誉很是"肉痛""心痛"，甚至是生闷气。因为这是他在南京时以 7 元钱买得，心爱得不得了，价格也不菲。而撇开这书有多贵重，单说从南京将书带到家里，这一路的奔波艰辛就很不容易。

---

①　海宁市史志办公室编：《王乃誉日记》，第 338 页，中华书局，2014 年 7 月。
②　海宁市史志办公室编：《王乃誉日记》，第 341 页，中华书局，2014 年 7 月。
③　海宁市史志办公室编：《王乃誉日记》，第 341～342 页，中华书局，2014 年 7 月。

（光绪二十二年十月）初十，是晨，静儿持《三国史》借与陈师，大恚其所为。盖四年前余至金陵……吉卿又数数来借，余坚止。今又为师借，擅取而付之……①

"小人家大手大脚，到底还是不懂得进出。"王乃誉内心嘀咕着。

王乃誉、王国维父子，活脱像是一对"冤家"：因离别而生思念，而相聚则生埋怨。《日记》中依旧沿袭惯有的指责，且口气是越来越愤慨与严峻。"无学、无业、无功名，不振家声"，结果自然是老大徒伤悲。后果很严重，很恐怖。

四月二十七日，王乃誉从《申报》看到了殿试结果公告。那年的头名状元是江苏南通人，张謇，字季直。看到这一消息，足以让王乃誉兴奋了好一阵子，抚掌击节。因为，去年（1893）王乃誉在南京游历时，与张謇有过会面与交往，诗酒花茶，酬唱应和，好不雅致。彼此惺惺相惜，相见恨晚。王乃誉还为之留下墨宝，赠予扇面等。

作为与前文中"苏东坡与海宁"之呼应，在此还想提出一个新命题："张謇与海宁名人。"因为，张謇与海宁王乃誉

张謇像

王国维父子、徐申如徐志摩父子等名人，均有密切的交往及交集。张謇，不仅是王国维日后从事教育事业的领路人及合作者，更是徐申如人生与事业奉为标杆和楷模式的人物。

---

① 海宁市史志办公室编：《王乃誉日记》，第722页，中华书局，2014年7月。

显亲扬名，出人头地。这是多少男人的梦想呀！

张謇的成功，刺激王乃誉的感慨和遐思：好运落在儿子王国维头上。

希望是那么美好。但现实中却大多是不尽如人意之事。这截然相反的两面着实让王乃誉心绪不宁，甚至焦头烂额。

> （光绪二十年四月）廿八……上楼，见静儿作书，竟无是处。指示之，犹不见其工整，况润腴端厚何可得耶？①
>
> 三十……夜课健读，早指示静书法。②

王乃誉对王国维所习之字全盘否定，一无是处。这就太过分了。这不再是严格要求，而是严厉苛刻了。

而对习字要求，王乃誉以"工整"为基本准则，目标是"润腴端厚"，这倒是极有境界的美学见地。

王乃誉之书法造诣，除了勤奋坚持还与他会唱曲与吹箫等综合修养相关。"夜被酒唱曲吹洞箫，自乐甚得。"③ 艺术是相通的，音乐修养赋予他在书法、辞赋和绘画创作中充满灵动气质，得以品质保障。而王乃誉最为后人称道的是书画创作与鉴赏能力，超乎寻常，自有心得。有关书画之美学见解在他手稿中有专门论述：

> 人无奇气，不必工书画；无独识，不必讲求笔墨；无心营八荒、目空一切，不必论布置。故必有卓绝之行、好古之癖，乃能涉其境界，否是徒学无益也。
>
> 书与画所最要讲求者在"秀厚"二字。盖秀而不厚，则犹人之无精神，若轻薄少年略知文理，迨鲜经纬特识，流入纤巧一派。厚而不秀，则如木讷强项，近乎古执而无通达世故之方。倘欲成家，法难偏废。

---

① 海宁市史志办公室编：《王乃誉日记》，第 342～343 页，中华书局，2014 年 7 月。

② 海宁市史志办公室编：《王乃誉日记》，第 344 页，中华书局，2014 年 7 月。

③ 海宁市史志办公室编：《王乃誉日记》，第 12 页，中华书局，2014 年 7 月。

做如此聪明人的儿子，并要一一实践且符合他的期望，真的很艰难，很辛苦。

面对父亲的教诲及指责，王国维一般情况下都是保持沉默。逆来顺受，几乎成为王国维性格的主色调，甚至是命运的主旋律。

当然，这只是表面现象，是显性的，王国维内心有着足够的坚毅、足够的主见，以及足够的智慧。外柔内刚，用在王国维身上是十分贴切的。或是按照诗人徐志摩诗句所言："你有你的，我有我的，方向。"王国维，坚定自身的念想，孜孜不倦，矢志不渝。

至此，有读者可能会发问，此时的王国维到底在干什么？他到底是怎么想的？为什么没有原原本本地，或是推心置腹地与父亲交流，说明自己的追求与理想？

对此，不仅读者有疑问，有不平，王乃誉更想明确知道这其中的谜底。

初步的答案终于开始显现，直至全部揭示。

那时，王国维正在做一件了不起的事情：挑战权威，发出质疑，阐述见解。

"了不起！"当然不是一个随便能用的词。

"一事能狂便少年。"这是王国维的诗句。羽毛未丰的王国维敢于对如日中天的著名学者俞樾之名著《群经平议》发出质疑并进行条驳。你说，这举动算"了不起"吗？

先说这俞樾是何等人物。他是道光三十年（1850）进士，曾任翰林院编修、河南学政等。后罢官，潜心学艺研究，主持苏州紫阳书院，同治七年（1868）任杭州诂经精舍山长，积学 30 余年，为一代朴学大师。《清史稿》中有专门的《俞樾传》。

再说这《群经平议》是何等著作。它是俞樾的代表作，共 35 卷。其主旨为继承高邮王念孙王引之父子《读书杂志》《经传释词》《经义述闻》而作，并据王氏治学方法，校正《易》《书》《诗》《周礼》《仪礼》《礼记》《大戴礼记》《春秋公羊传》《春秋左氏传》《论语》《孟子》《尔雅》及《国语》诸书句读，审定字义，辨别古文假借等。同时十分注意分析其中的特殊文法及修辞现象，对文中错误进行考证和订正。尤其值得

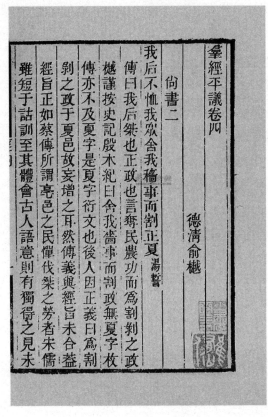

俞樾《群经平议》

一提的是，俞樾在书中还专章讨论了《考工记》中"世室"和"明堂"制度，对汉代学者郑玄《注》文逐一进行驳批，以此弥补清代另一学者戴震《考工记图》之不足。

如此，面对名人，又是名著，少年王国维怎么敢？又如何下手？

而在王国维眼里，学问面前无老少尊卑之分。学问，讲究的是实事求是、独立精神，讲究的是以理服人、准确深刻、严密独到。

初生牛犊不怕虎。面对卷帙浩繁的典籍，王国维智慧地选择并锁定俞樾此部学术经典作为"初露锋芒""初试牛刀"评论剖析的第一刀。

一般而言，文艺或学术批评的价值主要集中在两大方面：一是批评的勇气和精神。少年义气，敢怒敢言，没有丝毫的瞻前顾后，于权威于经典无所畏惧，这种敢于挑战敢于质疑的精神，是难能可贵的。对此，顾颉刚曾如斯说："王国维对于学术界最大的功绩，便是经书不当经书（圣道）看而当作史料看，圣贤不当作圣贤（超人）看而当作凡人看。"此时，王国维好像完全换了一个人似的，眼光坚定，成竹在胸，绝非父亲王乃誉眼中那副萎缩、木讷的模样。这是王国维选定平生事业，特别是在学术领域敢于质疑、敢于创新之尝试及基础。郭沫若在《鲁迅与王国维》一文中对王国维有一个著名评语："他是很有科学头脑的人，做学问是实事求是，丝毫不为成见所囿，并且异常胆大，能发前人所未能发，言腐儒所不敢言。"二是批评的准确性与创造性。有破有立，揭示事物或学术的真相或真理，这是批评的意义和目标。如此说来，王国维一开始就抢占了学术批评的制高点。目光如炬，洞若观火，理性客观。

可喜可贺。

王国维是模仿俞樾批驳郑玄《注》文的样式，撰文进行"条驳"式地批评。分条析理，步步深入，且有理有据，足以彰显大家风范、大家气质，更有大家之见地。

"提刀而立，为之四顾，为之踌躇满志。"这是"庖丁"的高度自信与精神满足。每一个有价值的批评或意见都值得尊重，都值得回应及评判。就如诗句所言："……人们一定会给予热情、客观、公正的评定。是的，我焦急地等待着他们的评定。"①

而此时，除了年龄大致相仿的同学以外，在王国维眼中，最具学术权威的人物，理当首推父亲王乃誉。所以，王国维故意或特意把这个手稿留在家里，目的就是让父亲过目，让其提出意见。不管是指教指正还是贬斥否定。

王国维像一位赶考者，已经做好充分的准备。

一切都如约而至。

王乃誉很快作出回应及反馈意见。可惜的是，我们已经无法知晓父子之间对此事件对话、辩论抑或批斗的现场情况，特别是各自的观点和见解。好在《日记》中原汁原味地保留了一些意见和部分情绪。虽是碎片化，更可能还是片面化的，但让后人还原现场，多少提供了依据及可能。

> （光绪二十年五月）初一……平明，见静条驳俞氏《群经平议》。太率直，既自是，又责备人。至论笔墨，若果有确见，宜含蓄谦退以书，否则，所言非是，徒自取妄；即是，亦自尊太过，必至招尤集忌。故（宜）痛戒此习。若仍不改，难免召祸耳。②

---

① 食指：《相信未来》。

② 海宁市史志办公室编：《王乃誉日记》，第 344～345 页，中华书局，2014 年 7 月。

这个局面似乎还是大大超越了王国维所设的底线：哪个人不喜欢听他人肯定与夸赞的好话？即便是批评，总也要有点分寸，留点面子，让人有台阶可下。

而事实是，王国维满腔热情遭遇了一盆冷水，甚至是跌落到一个冰窖，让人感觉彻骨的寒冷及胆战。

非常明显的是，在《日记》中，王乃誉对儿子难能可贵的成果及做法没有丝毫的肯定及褒奖，也没有从学术层面对儿子的观点及价值进行评价或是取舍。对学术或学说而言，可以持不同观点和意见，或批评、批判或否定，甚至是全盘否定，也不失为一种批评方式，属于正常范围，无可厚非。但是，批评，一定要回避涉及人身攻击以及对学术动机与做法等的无端猜忌、捕风捉影，以及情绪化的发泄。这是原则，也是底线。而王乃誉正是触犯了这个忌讳，突破了这个底线。

从《日记》中所见，他没有论及王国维在阐述中的可取之处、不足或是谬误等内容，而只是集中在对王国维这一"做法"的深深忧虑甚至是贬斥：明显带有个人情绪，直接地指责并彻底否定，毫不留情。"太率直，既自是，又责备人。"接着，又凭借父亲的权威，进行一番训导及训斥，还言之凿凿推导出其"所言非是，徒自取妄；即是，亦自尊太过，必至招尤集忌"这一正一反两方面可能出现的结果。这里，赤裸裸地暴露出王乃誉纲常封建道统思想在作祟：父亲，就可以随心所欲地批评、否定乃至阻止儿子的思想或创造！

当然，当时的实际情景是否完全如《日记》中所言，我们已不得而知。因为，这《日记》里记载的明显是情绪化的产物。

那么，受到父亲如此指责及教训时，王国维是否还坚持自己的观点与思想，有否争辩，有否解释说明？还是毕恭毕敬地站在一旁，面红耳赤，没有争取，甚至没有回复，只是单向听取父亲的教导训斥？

这猜测的情景让我联想起王国维一张真实的照片。在王国维日后存世不多的照片中，有一张照片最让我感到心酸，直至心痛，不忍直视：这是王国维在清华园里与梁启超、陈寅恪、赵元任等几位导师的合影。这些人物在当时学术界的地位属于最顶尖、最著名，可谓叱咤风云，一言九鼎。但在照片中，王国维的眼睑是低垂着的，根本看不到他的眼神。一位誉满天下的大学者，他的神态却是可怜的，可悲的。这不是低调，也不是故意为之。看似偶然的那一瞬间，则几乎才是真实的王国维，悲情的王国维。

1925 年冬，王国维在清华大学国学研究院时的合影。前排右起：赵元任、梁启超、王国维、李济；后排左起：章昭煌、赵万里、梁廷灿

由此观之，对待问题尤其是解决问题的方式方法实在太重要了，所以有情感专家说："家庭是讲爱的地方，不是讲是非对错的地方。"相处是一门艺术，表达更是一门艺术。

王乃誉的教育方法虽不可取，但我们也不能由此而轻率地批评甚至否定他的为人与品行。其出发点是非常明确的，希望儿子多些"成熟"与"稳重"，甚至是多些"世故"，如此才能少吃些亏、少得罪人。还有，将心比心，放在一个真实且完整的氛围或是环境中，再来看待及分析这一问题，才可能不失为公允。

生活是一团乱麻。身为父亲的王乃誉，其内心的苦楚和压力有谁清楚？他不仅面临家境拮据的窘迫，以及来自外界刁民粗暴的骚扰，更面临儿子前途渺茫的闹心。如此等等集中在他一个人身上，所以不免有烦闷和感慨，甚至是白日做梦，以寻求解脱的途径：或是捐官，或是隐遁山林。但这些都是想入非非，不切实际的。

而现实中的父亲，大多情况下，只能强颜欢笑，一本正经地潜心学术并操持家庭。

生活，实在太难了。

> （光绪二十年五月）初二……辰看《说文解字》并抄《平议》……饷午餐，中心窃计身世，惟有纳资佐贰，试吏而出，差可逃俗。必俟姑事毕，田事料理并措资，再至省道厅，捐项折层。乃于秋定行，或先由金陵沪渎四处摆布，然后稳妥，妄想如此，似有命存。唯顾下眼蒙殊甚，老态益增，尚思如处女作新嫁娘，殊觉晚迟，有落花狼藉之慨已，顾势不可安居，又不能觅就以避世。十年后或稍稍事毕，足以娱世，是岂梦想可到耶？未刻卧起，写格言书三百字。[1]

如此看来，《日记》可能成为王乃誉解脱烦恼的渠道，发泄情绪的对象，成为他心灵的避难所。王乃誉像是两个人，或体现出一个人的多面性：《日记》中的"王乃誉"牢骚满腹、怨天尤人；而现实中的王乃誉，则一直保持勤奋做事、踏实做人的传统，喜欢和读书人一起讨论交流，喜欢发表真知灼见。

月有阴晴圆缺，王家自然也有喜怒哀乐。

每当姐姐姐夫一家来家做客时，王家就会洋溢难得欢畅的笑语，整个家庭氛围顿时转为阳光灿烂，王国维则更是兴奋、放松。端午那天一早，姐夫来家里一坐，王国维正在楼上用功。而王乃誉正巧在裱画，脱不开身，顾不上多寒暄几句。于是，由王国维出面招待姐夫。姐夫虽然年长一些，但辈分相同，两人共同语言自然较多，一起交流气氛融洽。因为要向姐夫借阅几本参考书籍，午饭前，王国维和姐夫一同离家外出。

端午节一过，气温迅速上升。"轻汗微微透碧纨，明朝端午浴芳兰。"

---

[1]　海宁市史志办公室编：《王乃誉日记》，第 347 页，中华书局，2014 年 7 月。

可王国维不是一个悠闲散淡之人，少有风花雪月的闲情逸致。此时，王国维在王乃誉的指点下继续努力习字。根据父亲的意思，王国维开始临摹《多宝塔碑》。可能是因为进步缓慢，没有达到父亲的期望值，其结果依旧没有得到王乃誉的肯定。

《多宝塔碑》全称为《大唐西京千福寺多宝佛塔感应碑》。其碑文由著名书法家颜真卿书丹，它是楷书典范。历代学颜体者多从此碑入手。如此说来，王乃誉给王国维选择的临摹范本是合理的正确的。

　　（光绪二十年五月）十一……督静昨临《多宝塔》书，都无是处。①

父亲虽有批评与否定，但更有悉心指点。在当天《日记》中，有如此记载：那天，王国维一直站在父亲身边，仔细琢磨父亲书写时的运笔及章法结构等要领。王乃誉一边书写，一边解说，反复强调重点和难点。父亲一笔一画作示范，让儿子受益匪浅。"玩帖半日，汗流浃背。"② 如此情景，仿佛重演了昔日王羲之教育儿子王献之练字之佳话故事。

在父亲的督促与鼓舞下，王国维一边勤于练字，一边阅读名家点评的《史记》等著作，进一步扩大史学史论阅读范围，比较鉴别、考证求实，不断提高研究能力。王国维深知读书之功在于积累、在于比较思考。善于站在前贤的肩膀，借梯登高，是做学问之首要"捷径"。同时，他还与好友继续保持交流读书心得的习惯。或是定期会面，或是书信沟通，一方面对典籍中一些观点以及佐证材料提出自己的看法或意见，另一方面则是彼此交换或推荐所读书籍，互通有无。

相比而言，这后者的作用及意义似乎更为巨大，它直接满足了王国维阅读史书的渴求。在公共图书馆建立或普及以前，私人藏书的数量和品质，会直接决定一个求学者的眼界与学识。前文已述，王家的藏书至多只有一两百本，这和官宦之家及藏书世家的藏书量肯定是无法比拟的。而王国维因为结识了这些人家子弟，所以才有机会借到或看到他们的藏书，特

---

①②　海宁市史志办公室编：《王乃誉日记》，第 360 页，中华书局，2014 年 7 月。

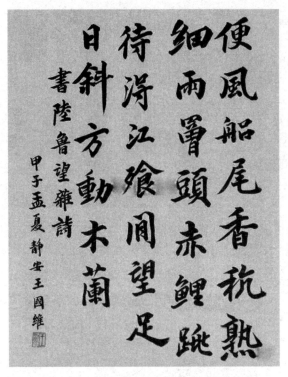

王国维《书陆鲁望杂诗》

别是一些善本甚至是孤本。从此，王国维如一位善食的老饕，或大快朵颐，或细嚼慢咽，津津有味，获益良多。

这其中，王国维从张家得到最多藏书，并与张家公子张光第结下深厚友情。张家位于离周家兜王国维家不远处的北寺巷。张家藏书数量可观，尤富乡邦文献。张光第（1875—1916），字渭渔，清末民初藏书家。他比王国维年长2岁，显得更为成熟老到。其子张正学（1897—1986），字昌拨，后为上海名律师。其孙张直中（1917—2011），后为著名雷达与信息处理技术专家、工程院院士。

书籍，是交往的纽带，更是助推成长及进步的阶梯。因为书，王家和张家关系紧密。王国维在《敬业堂文集》序中称："当吾之世，海宁'言收藏者推渭渔'，'固文相之邦也……吾邑收藏家，以他山先生始，以渭渔终。'"可惜，张光第只活了42岁。王国维曾无比伤痛，为张家，也为乡邑文化："殁后，遗书遗器及金石拓，尚塞破屋数楹，均未整比。斯不能不为吾邑文献惜也。"

王张两家的友情，最终因姻亲而发展成儿女亲家，并亲上加亲。张直中的两位姑母，张蔼云和张祥云，分别嫁给王国维之三子王贞明和四子王纪明。这当然是后话了。

而当时，这些书籍流转到王家，还令人惊喜地释放出一个附加值。文化附加值的衍生，是一个奇妙的联动共赢现象。这附加值就是，王乃誉对这类书籍也表现出极大兴趣，如获至宝。"早看《归方评点史记》，静借来。"①同一本书在父子两代人间传阅，继而会有交流，有探讨，这就变成了两个思想在碰撞，其哲理的火花自然缤纷多彩。

这里的"归方"，分别是指明代散文家归有光与清代散文家方苞。而"归方评点史记"是指归有光、方苞两人曾对《史记》都有过圈点、评论、注疏、考据等。清代古文家王拯将归有光和方苞对《史记》研究成果综合在一起，并提出自己对《史记》叙事手法、结构安排、艺术特色、语言表达等的研究心得，从而编撰成《归方评点史记合笔》。

当然，生活并非只有读书这一项内容。书本之外，现实时时处处演绎着比书本故事生动一千倍的情节，或成败得失，或喜怒哀乐，或生离死别。

情绪化大概是历代读书人最大的毛病。一旦遭遇外界刺激，其内心会变成一个放大器，不由自主。时令进入阴雨绵绵的黄梅季节。"五月十四，梅雨潇潇，连宵达昼。"② 大雨导致王家屋漏不止。为了接漏水，王家弄得手忙脚乱，连脚盆脸盆都用上了。如此恶劣天气加剧了王家郁郁寡欢的气氛。明摆着的烦心事是两个儿子：大儿子王国维前途未明，让人左右为难，小儿子王国华到了启蒙读书的时期，而他的学业同样让王乃誉既操劳又操心，心烦意乱："健儿不到馆，中心甚恨；而夜教上新书，更畏读作辍，乃恨责之。"③

现实中遭遇种种难处或不如意，但一时又没办法解决，这是最伤人的境地。苦闷、彷徨与挣扎中，人总归要寻找一个平衡点。王乃誉试图以竟日写字与读书来打消内心的迷惘及不安。

然而，祸不单行，姑母由病重，到病危，直至去世，这一个多月日日夜夜的煎熬，深深刺激着王乃誉。

姑奶奶去世，王国维的悲痛是沉重的，所受的打击是极大的。前文已述，王国维在生母病故之后，几乎靠姑奶奶等祖辈抚育照料，才得以成长。那段时间前后持续有五六年，那是王国维人生早期最为艰难的时光，那也正是其懂事及记事之始。冬去春来，点点滴滴，童年的记忆历历在

---

① 海宁市史志办公室编：《王乃誉日记》，第 361 页，中华书局，2014 年 7 月。

②③ 海宁市史志办公室编：《王乃誉日记》，第 362 页，中华书局，2014 年 7 月。

目，恍如昨日，怎会忘却？亲情的温暖才让人相信这个世界还有美好与温情存在。

治丧期间，王国维一直协助父亲做事情，忙里忙外。到夜晚，则一整夜守灵，寄托对姑奶奶的哀思。

当姑母大殓之时，突发一个不该发生的场景。不知何故，亲属间出现口角，当场争吵起来，弄得沸反盈天。祖辈尸骨未寒，后人却搞出这般闹剧，令在场人无不感到尴尬与寒心。作为至亲的王乃誉受刺激最为剧烈，直接触发他顿觉"人生是一场空"的虚无感，继而想入非非，滋生对虚幻世界有所寄托，并流露出消极遁世的念头。

> （光绪二十年五月）二十……余力近今若是，而洋已用罄，来路乏计设想，中心正在踌躇，结郁莫解，而旁夜内子以余语多刺刺，遂数数诟谇。处此境界，恨不飞翅入山，与猿鸟翱翔于深林邃谷，饿食芝草，无人世事，但能健翮逸足，无为潇洒，真神仙也。①

转眼间到五月下旬，王国维将再次回崇文书院，作冲刺阶段之训练。离家前，王国维与同学亲友等亲切告别，并接受他们美好的祝福。

正可谓"相处时难别亦难"。王乃誉亲自护送，边走边嘱咐，一直陪王国维行至西门外船埠头，直至父子挥手告别。

> （光绪二十年五月）廿二……静儿启行赴杭，并谕各事，下二扇款。静于书得戴子高致写赠为端甫二律诗，字可爱……回，与子云语，送静儿动身之杭照料……②

再次离家备考，王国维的心情是极其复杂的。一方面，随着考试时间临近，其压力自然是与日俱增。而另一方面，暂时离开家庭，摆脱了父亲严厉的管教，内心又像是重重地松了一口气，像一只放飞的风筝。有句俗

---

① 海宁市史志办公室编：《王乃誉日记》，第 365 页，中华书局，2014 年 7 月。
② 海宁市史志办公室编：《王乃誉日记》，第 366 页，中华书局，2014 年 7 月。

语，叫作"眼不见为净"。距离，会制造一个令人感觉清净的环境，至少是鞭长莫及的效果。

但是，风筝即便飞得再高，也是受那根"线"牵制的。父亲王乃誉，依旧掌握着主动权，继续处在牵肠挂肚诲人不倦的状态。

（光绪二十年五月）廿九……夜四更，作书示静儿，得八纸，论文论书法最多，至天明毕。①

试想，"四更"（半夜 1 点到 3 点）即起，这必定不是一时冲动，肯定是前半夜不得安睡，深思熟虑后觉得非常必要，所以才会写八张信纸，才会写到天明。那时，江南已进入夏季，从瓦缝间掉落下来的毛毛虫又很多，王乃誉时不时地被蜇，非常难受。但王乃誉坚持写完。有道是纸短情长，书信，可以抒发缠绵悱恻的儿女之情，更可以表达望子成龙的父母之心。

到杭半个月后，不知因何事，王国维急用一笔钱，让家佣周六自杭州回盐官，向王乃誉索要。听到周六说明情况后，王乃誉二话不说，当即支付，并让周六当天返回杭州，把钱交给王国维。

---

① 海宁市史志办公室编：《王乃誉日记》，第 368 页，中华书局，2014 年 7 月。

第7章 关注时局 家国情怀

古人云，经师易遇，人师难遭。

对于王国维，父亲王乃誉既是一位经师，更是一位人师。他是王国维求学路上的老师，也是其思想成长路上的导师，廓清方向，传经送宝。若论王国维精神导师的话，起到启蒙点化功效的王乃誉可算一个，之后有知遇之恩的罗振玉也算一个。

作为人师的王乃誉，主要功效与功绩表现在王国维思想成熟道路上起到卓有成效的引导及指点方面。其中，对于时局把握，对于家国情怀，对于大是大非等，王乃誉更是言传身教，率先垂范。王氏家族传统、底蕴及风范，让王乃誉有一种与生俱来的使命感，而其相当长时间在外生活及做事的经历，使其思想与人生充满丰富性与深刻性，可谓见多识广，别具慧眼。同时，其眼界开阔，头脑灵活，对开风气之先具有相当的预见性与敏感度。令人欢欣鼓舞的是，这些长处或优点，在儿子王国维身上得到酣畅淋漓的传承与弘扬。每一个成功儿子的背后，几乎都有一个不一般的父亲。

王国维在《先太学君行状》中是如此回忆及评述父亲王乃誉的：

> 君自光绪之初，睹世变日亟，亦喜谈经世之学，顾往往为时人所诟病，闻者辄掩耳去，故独与儿辈言之。今日所行之各新

政，皆藐孤等二十年前膝下所习闻者也。①

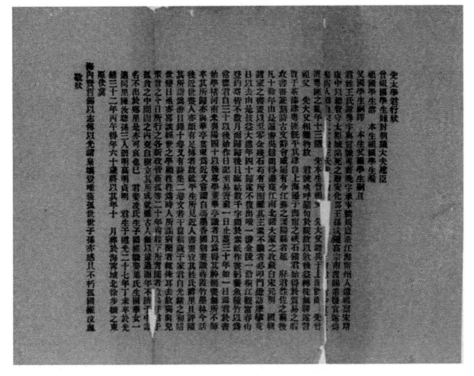

王国维《先太学君行状》

王乃誉是一位有理想抱负、有思想见解的人，只是所处的时代和环境没有给予他尽情发挥的空间与展示能力的机会。他，虽蜗居于一座小城，怀才不遇，但其视野目光以及思想是活跃的、敏感的，也是积极主动的。而对于经世之学等新思潮的关注、交流与看法，那是需要相应眼界、学识和兴趣作支撑作基础，才能构建对话渠道或平台，否则就是对牛弹琴，或是曲高和寡。但不幸或遗憾的是，在盐官古城，王乃誉虽怀有迎合时代发展的思想火苗，却几乎没有找到知音或同志的呼应相应，更不可能有将此火苗点燃成火把的可能。所谓先觉者先行者，一般都是寂寞的孤独的。面对他人对自己思想之不解、误解，以致嘲弄，王乃誉没有灰心丧气，只是淡然处之，不以为然。

———————————

① 海宁市史志办公室编：《王乃誉日记》，第 1～2 页，中华书局，2014 年 7 月。

"夫兰当为王者香。"其个人境遇与他钟爱的兰花颇有几分神似：以香独步天下，遗世独立。

可贵及高明的是，王乃誉将其思想转而向儿辈进行宣传或灌输。因为他相信，年轻一代总是代表进步与文明，代表机会与可能。适时播洒一个希望，假以时日，就有可能生根发芽，开花结果。而历史往往是以结果来呈现来证明的，王乃誉身体力行的努力，日积月累的熏陶，特别是开明新思想火种的引入，在王国维这一代身上得以熊熊燃烧，形成燎原之势，最终赢得了远远超越最初预想的回报。对此，王乃誉功德圆满，可以含笑九泉。

知人论世。

时耶，运耶？这其中，时代的大手笔更是画龙点睛地帮助王乃誉完成赋予儿子王国维的历史使命。

功不唐捐。

王乃誉开化及开明的新思想在《日记》中得到比较充分的流露及表达，这是有案可稽，有迹可循的。譬如，针对列强欺凌，以求富国强兵之策，王乃誉的爱国思想完全超越了普通"商人"或"文人"的局限，同时也超越了一般人对其的想象空间，具有独到的敏锐与果敢，表现出强烈的爱国情怀、经国济世之理想以及求真务实的作风。最为突出的例子是，为捍卫乡里一方水土之安宁，有效抵御西方外敌入侵之可能，他寻思在尖山门户设置炮台，集中火力，作为主动而有效的设防，严阵以待。作为一介书生，能从军事角度思考战略战术问题，实现保家卫国之宗旨，这是难能可贵的。

而对时代新思想，特别是对西方科学思想、先进科技的积极态度，从关注、肯定、接纳，到宣传、探索，充分表明他已经抢占了新思潮在海宁的制高点。当他从《申报》上看到总理街门同文馆课程表和编译书目后，兴奋不已，从中似乎看到了古老国度摆脱困境的希望与光亮。于是，他主动把大部分内容摘抄下来，及时与王国维及其老师陈寿田等进行讨论，热情洋溢地发表自己对西方现代科学、科技等的理解及看法：中国要虚心学习西方先进的科学知识与科技成果；夜郎自大，故步自封，这些做法是万不可取的。

年轻的王国维自然被父亲这一难得高涨的热情所感染，特别是父亲语重心长地告诫，更在其内心澎湃激荡，促使其寻思、琢磨与领悟。人的认识与认知水平需要通过积累总结而量变，更需要通过思考创新而质变而飞跃。

这里尚需特别补充说明一事。王乃誉家订阅《申报》这份来自上海的报纸。这一举动本身就是一个证明：王乃誉不仅对报纸这样的新事物，更对天下事，抱有好奇和兴趣。而这份报纸也为王乃誉及王国维等打开了一扇天窗，让新鲜的思想、新鲜的气象，源源不断地传递过来。一张报纸，就是一座信息乃至思想传播的高地。所以当《时务报》于 1896 年 8 月在上海创刊后，王乃誉家也是第一时间借阅或订阅。王国维后来还与《时务报》有了直接的关联，成为他远赴上海谋职的第一个平台。这当然是后话了。

在一个家庭中，父母亲是否有阅读习惯，以及阅读并关注些什么，怎么阅读，怎么交流等，对家庭所有成员，特别是孩子们，会起到一个极其重要的示范和引领作用。最是书香能致远。所谓书香与墨香，那几乎就是"沉香"的同义词，那是日积月累的结果，那是坚持不懈的结果。

一般而言，《申报》上刊登关于翻译书目之类的广告，王乃誉完全可以置之不理，或是视而不见。"干卿何事？"花费比较大的气力去研究，然后较大篇幅地进行摘录，这不仅是自身感兴趣，更意在对王国维等下一代学业生涯的启迪及引导，教会他们做人及治学的方法：要放眼关注新世界，要热情关注新事物，要有大格局、大境界，切忌因循守旧，切忌成为井底之蛙。

这些，王国维听懂了，心领神会，并在以后的日子里孜孜不息地践行，最终卓有建树，成绩斐然。

在此，我忍不住好奇心而想"大胆假设"一下。当年若没有王乃誉在这方面加以指引并培育的话，王国维青春期思想、态度与视野等成长及成熟，可能会受到极大的制约与局限，王国维的"明天"可能会是另一番情形吧？人生即因缘，内因加外因。此因结此果，变因必变果。如果没有王乃誉如此不懈之举，则必然会使王国维的成长轨迹成为无数种可能。

京师同文馆旧址

我们在此不妨摘录《日记》中相关的一些内容。请各位注意，这可是一百年前的中国。那些先行者的追求、足迹和志向是如何呈现的呢？他们的热忱、热血是如何沸腾的呢？通过这些翻译的书目，可以窥见其苗头、其征兆。任何时代之宏大序章，从来都是以先行者的思想、眼光和步伐而谱就的。

翻译书目①

总理衙门同文馆，历翻译之书汗牛充栋。兹摘其目录列于左方，考西学者其亦知所取法乎。

《万国公法》总教习丁韪良译

《格物入门》总教习丁韪良译

《化学指南》化学教习毕利干译

《法国律例》化学教习毕利干译

……

《富国策教》习汪凤藻译丁韪良鉴定

《俄国史略》副教习桂荣等译待刊　俄文教习夏干鉴定

……

总理衙门同文馆课程表②

首年　识字写字　浅解词句　讲解浅书

二年　讲解浅书　练习句法　翻译条子

三年　讲各国地图　读各国史略　翻译选编

四年　数理启蒙　代数学　翻译公文

---

① 海宁市史志办公室编：《王乃誉日记》，第 348 页，中华书局，2014 年 7 月。

② 海宁市史志办公室编：《王乃誉日记》，第 350 页，中华书局，2014 年 7 月。

五年　讲求格物　几何原本　平三角　弧三角　练习讲书

六年　讲求机器　微分积分　航海测算　练习译书

七年　讲求化学　天文测算　万国公法　练习译书

八年　天文测算　地理　金石　富国策　练习译书

……

在摘录书目之后，《日记》还附录了中西货币考等内容。

还有，王乃誉对方兴未艾的洋务运动也是抱着积极认可并支持的态度。花落春仍在。"中学为体，西学为用"，这一时代风潮，在王乃誉身上得到"小切口"的呈现与体验。譬如，他大胆尝试，亲身实践，从服用中、西药经历比较之后，表现出对西药积极接纳与肯定的态度，这在当时是极为难得的，尤其是在一个比较闭塞的县城之内，以及像王家这样坚守传统的家庭。而更让人惊奇的是，王乃誉还向王国维说起自己想学习外语的念头，并手抄《英字入门》给儿子，鼓动儿子对此予以关注及探究。这或许是王国维最早的英文启蒙教育。王乃誉认为，外语是打开西方世界大门的钥匙，然后才可能登堂入室，任我选择，为我所用。正是这些点点滴滴的教化和引导，启发及培养了王国维对洋务维新等新思想的热情和向往，特别是对求真本质的理解和坚守。而关于外语学习重要性的灌输，更值得高度肯定，它激发王国维求新求知的渴望，对王国维日后学业发展起到极大的促进作用。应该说，日后对日语、英语等外语的熟练掌握，洞悉西方学界相关历史、前沿和动态，灵活运用现代学术方法，才使王国维的学术生涯插上飞翔的翅膀，最终抵达大师的高度，出类拔萃，卓立鸡群。

当然，罗马城不是一日建造而成的。同理，人的思想从形成到发展再到成熟亦非一朝一夕而成。再则，思想之形成与渐至成熟，也并非一马平川，并非水波不兴，往往是有飞跃期，有转折点。这与特定的历史事件或环境有关，与特殊人物的影响及作用有关：或起到催生作用，或起到加速作用，以至波澜起伏，厚积薄发。

就时代大背景而言，最为特定的历史事件，莫过于甲午中日之战。

历史结果告诉我们，历时近 9 个月的甲午中日之战以中国失败而告终，并于 1895 年 4 月 17 日被迫与日本签署丧权辱国的《马关条约》。

在此有必要简单回顾甲午中日之战的经过。因为随着事态的起因与进展，在远离战场千里之外的盐官古城，作为州治之府地，海宁的政治文化中心，聚焦了众多有识之士关注、焦虑的目光，其中就有王家父子，他们从忧心忡忡直至心急如焚，义愤填膺。王国维与几个同学一边读报，一边找来一张旧图，寻找平壤、牙山、大东沟、九连城、威海卫、刘公岛等地名。而王乃誉在《日记》中，更是对战事有专门的记录，且是连续跟踪。若是将空间由盐官移至硖石，类似的情景还发生在蒋百里和张宗祥等年轻人身上。据此，我们完全可以推知及还原，在家庭内，王乃誉与王国维父子之间对此事件经常性地进行讨论交流，并发表对事态发展及结果预测等意见。

"我们中国为何会被日本欺负，打败？"

"我们能为国家做点什么？"

"王家传统在我们手里怎么传承发扬？"

……

其忧国忧民之心，其匹夫有责之情，其悲怆愤懑之叹，始终回荡在王家，呼应着王家先人爱国忠烈之传统。而这也是催促王国维滋生东渡日本留学念头，以发愤求新学与求新思想之缘起。

甲午中日之战的导火线是朝鲜问题。

1894 年，朝鲜爆发东学党起义。日本政治家、外交家陆奥宗光在《蹇蹇录》第一章中扬扬得意地宣称："将来如果有人编写中日两国间当时的外交史，必定会以东学党之乱为开宗明义第一章。"[①] 这表明东学党起义成为传统中日关系改变的枢纽。随后，东学党起义军势如破竹，而朝鲜政府军则节节败退，被迫向清朝政府乞援。因为，那时中朝之间一直保持着传统封建"宗主国与藩属国"之关系。

此时，心怀鬼胎的日本政府觊觎时机，蠢蠢欲动。日本伊藤博文内阁决定挑起事端，引发战争，一方面诱使清朝出兵朝鲜，另一方面于 1894 年 6 月 2 日，以保护日本侨民为由，也出兵朝鲜，而且出兵规模极大，蛮横无理，横冲直撞。到 7 月，日本发动战争的狼子野心昭然若揭。7 月 17

---

① 陆奥宗光：《蹇蹇录》，商务印书馆，1963 年 5 月。

日，日本大本营作出开战决定。20 日，日本编成以伊东佑亨为司令的联合舰队，随时准备寻衅。23 日凌晨，日军突袭汉城王宫，击溃朝鲜守军，占领朝鲜王宫，俘虏了朝鲜国王高总李熙，随后组建了一个亲日的傀儡政府。两天之后的 7 月 25 日，即甲午年六月二十三日，日本不宣而战，突然向驻扎牙山的清军发起突袭。同时在朝鲜丰岛海面袭击增援朝鲜的清军运兵船"济远"和"广乙"。海战中，日本联合舰队"浪速"舰击沉清军借来运兵的英国商轮"高升"号。至此，日本正式引爆甲午中日战争。8 月 1 日（甲午年七月初一），中日双方正式宣战。

当时，安居于小城一隅的王乃誉一家根本不可能及时知晓千里之外中日战火的喧嚣与残酷。王乃誉只能通过《申报》，极有限且滞后地了解一些消息。从日常来看，尽管他依然故我，依旧每天去茶漆店，看书写字会友，依旧关注儿子王国维的学业应考。但对战局，他丝毫没有"事不关己，高高挂起"的漠然，而是以满腔的赤诚关心局势的变迁：处江湖之远，也要尽匹夫一份职责。因为他清楚，中国，是咱们中国人的中国。

"诚既勇兮又以武，终刚强兮不可凌。"血，总是热的；泪，总是咸的。王乃誉、王国维父子一腔爱国之情让后人为之动容。较之于历史教科书，《日记》为我们真切地了解那段历史多提供了一个视角与诸多细节。还有，那来自忠烈之后，读书人家的爱国心声与独到思考。

> （光绪二十年六月）初八……看报，知我国与日本有□，盖高丽内乱，日以窥伺，而我不能坐视其失，况高（丽）为京师之屏蔽，万不能失尺寸，故江海诸处防堵，筑炮台以示先声……①
>
> 十三……到店看报，日事恐不能不战。战则中东相敌。彼国虽小，第不知高国鹿死谁手耳。②

前线零零星星的战事报道，深深吸引着王家父子的视线和心跳。即便时光过去一百多年，而这些文字背后，主人公的心思和神态依旧跃然纸上，振奋人心。

---

① 海宁市史志办公室编：《王乃誉日记》，第 372 页，中华书局，2014 年 7 月。
② 海宁市史志办公室编：《王乃誉日记》，第 374 页，中华书局，2014 年 7 月。

在此，王家父子不是单纯的"看客"心理，而像一位足智多谋的战略家，对全局有高度的认识，态度十分明朗："我不能坐视其失。"从军事层面地理之利害关系分析也是十分到位："况高丽为京师屏蔽，万不能失尺寸。"应该采取的措施也是十分明确："故江海诸处委防堵，筑炮台以示先声。"同时，还像一位眼光犀利的观察家，一位斗志激昂的将士，预测战事不可避免，中国和日本两国势必为敌。我们一定要血战到底！而可贵的是，王乃誉对敌我双方的力量等有比较清醒且客观的认识，没有盲目自大，没有以老大中国自居。

随着战局发展变化，王乃誉在《日记》中的措辞则发生明显改变，特别是对导致战事失利的内因，有一个异乎寻常的阐述，足以显示其政治站位之高，分析时局变化见解之深。

由此，一个老辣师爷形象瞬间复活了，洞见症结，入木三分。有如此深邃独到见解父亲的指点及训练，王国维日后思想深度之超群，似乎就不难理解了。"有此父斯有此子，人道之常也。"

与此同时，王乃誉当然也不会放松对王国维应试之事的关注。

六月初，清廷正式宣布各省乡试主试官名单。王乃誉在《日记》中及时摘录了主试浙江官员的大名：梁仲卫、秦燮杨。

临近考试，王乃誉写信给王国维，再作一些告诫与提示。"……三更起，看曾文正文集。书四纸付静儿。"① 不久，王乃誉向陈寿田老师汇报王国维在杭学业情况，并一起对王国维前途、应考等事宜进行探讨，最终商定出结论性指导意见，写信转达。

江南进入酷暑期，炙热难熬，又逢邻居家丧事，六月二十六，王国维从杭州返回盐官，准备在家休整几天。

而千里之外的黄海，中日之间的海战正在激烈进行之中。

（光绪二十年六月）廿九……七弟述高丽事，竟已开仗失利，袁、叶已殉国。我之不利于战，何待此时见绌？实中朝政体

---

① 海宁市史志办公室编：《王乃誉日记》，第377页，中华书局，2014年7月。

疲积渐致不可收拾。可三叹也。①

这里所言的开仗失利，是指丰岛海战中北洋水师遭受巨大损失之结果。文中的"袁、叶"分别是指袁世凯和叶志超。当时，袁世凯是驻朝大臣，叶志超是直隶提督一品大员。

六月底，王国维由盐官返回杭州崇文书院。

七月初一那天，盐官城内大雨倾盆，雨后天空挂起一道彩虹。到傍晚，大雨依旧不止，这对苦于干旱的农人来说，无疑是一场及时雨。翘首期盼，普天欢喜。"得此甘霖，何止三农之慰望也。"②

望眼欲穿。对急于等待战况"甘霖"降临，属于中国人扬眉吐气的捷报，却始终没有降临到像王乃誉父子这样爱国者的头上。反倒是传来了战事失利重创的坏消息。

> （光绪二十年七月）初二……回店看报，知我朝兵事，损失人船。高丽恐难即此，不觉抚膺而叹息也……看报知失怡和高升轮，载兵千余，近高洋面被日人截劫击沉，人轮俱覆。可愤！日事日棘，将奈何一小邦而猖獗莫制。本国自信轻敌，料事纵发迟疑，致事事吃亏。宜若何转败为功，以洗此耻耳。③

王乃誉于七月初二看到的新闻，是发生于六月二十三日"高升号事件"，其国际影响巨大。

据相关记载，1894 年 7 月 25 日（六月二十三日）清政府雇用英国商船"高升号"从塘沽起航，运送中国士兵前往朝鲜牙山。在丰岛附近海面被埋伏的日本"浪速号"巡洋舰悍然击沉。当时船上有清军官兵 1116 人，除 245 人遇救获生外，其余 871 名江淮子弟全部壮烈殉国。另有 62 名船上工作人员，二副韦尔什、大车戈尔顿等 5 名英国人，以及舵工和船员等 56 名，全部葬身海底。这就是"高升号事件"。

---

① 海宁市史志办公室编：《王乃誉日记》，第 381 页，中华书局，2014 年 7 月。
②③ 海宁市史志办公室编：《王乃誉日记》，第 382 页，中华书局，2014 年 7 月。

清军运兵船"高升号"被日本巡洋舰"浪速号"击沉

对此，王乃誉发出极其严厉的责问："一小邦而猖獗莫制？"究其因，难道仅仅是"自信轻敌"所致？而错失有利战机又是谁之过谁之罪？

"位卑不敢忘国忧。"王国维和王乃誉多么渴望战局转败为胜，雪耻国恨啊！

所谓爱国，从来不是空洞的说教，也不是空穴来风。爱国思想及精神，从来就是体现在对与家国有关事物的具体立场、具体态度和情感等方面。上行下效，一以贯之，王乃誉的爱国思想情怀，对王国维有直接的教育影响作用。

王国维备考终于进入倒计时。七月初五，王乃誉给王国维写信，并附带去五块钱，让王国维改善伙食之用。吃得好，才能精神好。收到家书和零用钱后，王国维及时回信。在书信中，王国维还特意夹带了几篇近作一并寄至家里，让父亲审阅评价，其中包含迎考期间思想情感之真实流露。

收到儿子文稿之后，王乃誉在第一时间审阅，结果是喜忧参半，唏嘘不已。喜的是儿子颇具才气，羽翼渐丰，锋芒已现，于是在《日记》中极为难得地出现了表扬性的文字。忧的是儿子在作文之文理、条理等方面存在严重的问题或不足。"（七月）十三，知静有文寄阅，才气尚佳，而理法少缺，大病也。"① 作为一名科举路上曾经的参与者，王乃誉深知科举行文的套路和要求，所以看问题是鞭辟入里，切中王国维应试作文的弱点。所谓"大病"，极言之危险性，甚至是致命的。若从王国维几次参加重大考试，均以落第的结局来看，王乃誉的批评意见无疑是准确的深刻的。因为我们没有机会看到王国维应试考卷等直接证据，所以我们就姑且承认此结论的最大可能性。而同样是评论，在同日的《日记》中，王乃誉对陈守谦的学业也作了点评："吉卿独留，背诵课文并诗，皆中肯。"这一前一后褒贬的态度非常分明。对待"邻居家"的孩子，王乃誉似乎宽容多了，丝毫没有吝啬夸奖之词。那时，王乃誉正在阅读郭筠仙的《洋务议》等宣传洋务思想的书籍。

当然，爱或是关心，有很多种表现方式。王家父子彼此惦念，互相尽责。

学业上近乎严苛的王乃誉，在物质及钱财方面对儿子王国维则十分关心，体贴入微。譬如他定期给儿子汇款或是托人带钱。一般情况下，肯花钱，既能解决很多问题，还是父爱有加的证明。而另一方面，王国维在杭州，则经常给父亲担任传递员，把父亲所作的扇面等书画作品交付给相应的在杭人士，并按照父亲关照，细心收好每一笔润笔费。

七月十八日，王乃誉给陈吉卿写信，委托其携带考试用具等交付给王国维，同时还附有一封亲笔信。"七月十八，晴。秋阳复，炎酷过伏。下河已涸，水如一线，货驳维艰，田禾上塘失望；郭店已危在岌岌。已祷雨，明日屠禁。晨，致吉卿信，托其带考具，并付静儿三纸。"② 七月下旬，盐官附近的考生陆续赴杭赶考。王乃誉则再次给王国维写信，主要内容是考前嘱托，并让女婿陈达衢带十元钱给在杭备考的儿子。

到七月末，王乃誉还在写信给王国维及其同学陈守谦、叶宜春等。但不知何故，信写成之后却没有立刻寄出。七月三十日，王乃誉收到王国维从杭州寄出的家信，得知儿子准备于八月廿四日回家。午饭后，父亲给儿

---

①　海宁市史志办公室编：《王乃誉日记》，第 388 页，中华书局，2014 年 7 月。

②　海宁市史志办公室编：《王乃誉日记》，第 391 页，中华书局，2014 年 7 月。

子回信。

这年八月，王国维在杭州参加乡试。中秋节那天，王乃誉从《申报》看到了各省乡试试题汇编。

目前我们没有找到王国维参加乡试的相关史料，更无从知晓王国维在应试前后、答题过程中，以及考试结束后自我总体感觉等情况。

据陈鸿祥《独上高楼 王国维传》说："由于当年七八月间爆发了中日甲午之战，他（王国维）未能等到秋试就返回了海宁。"①

这个说法值得商榷。至少是"他未能等到秋试就返回了海宁"的说法是不符合史实的。王国维实际回家的时间是八月廿八日。这在王乃誉《日记》中是有明确记载的。

在王国维回家前的一段时间里，王家父子各自忙碌，可分别简述。

观海宁潮

八月十八，是盐官观潮最著名的佳节。那天，王乃誉兴致勃勃地带着

---

① 陈鸿祥：《独上高楼 王国维传》，第 22 页，团结出版社，2020 年 5 月重印。

小儿王国华到海塘观潮。

八月廿日，王乃誉接到王国维的来信。儿子在信中告诉父亲，准备于廿四日回家。接下来的几天里，王乃誉因感冒发热在家休息。直到廿六日，王乃誉的病情才明显好转，到店看报，得知中日甲午战争事态之新发展，并分析其中利害。

> （光绪二十年八月）廿六……到广店，阅报，度其大势，我兵之在朝鲜未甚得手，即鸭绿江海战亦未见获胜，我军畏首畏尾，诚不知何日能获物，甚慨……①

事实上，王国维并未按原定时间廿四日回家。到家日期是八月廿八日。那天是个阴天，午后开始小雨。"……午后，静儿杭回，冒雨由郭店着屐惫极，面目憔悴无色。"②

当时塘河正在疏浚，船只停运，所以王国维是冒雨从郭店（离盐官城四五公里）走回家的。到家时浑身湿透。也许是疲惫不堪抑或是心事沉重，他的脸色很是难看，毫无年轻人的朝气与血色。看到这一情形，王乃誉心痛不已，连连询问。继母则赶紧让王国维脱下湿衣，并用毛巾为他擦干头发。而王国维并没有正面回复父亲急切的提问，只是以"我吃力了，想睡一下"作答，便径直上楼休息去了。

到晚饭时，王国维几乎没吃什么东西，喝了点汤后又上楼休息了。对此，王乃誉老夫妇既感觉莫名其妙又提心吊胆，这到底是为啥呀？从第二天的《日记》中，我们才得知，王国维发痧（中暑）了，身体甚是不适。

次日一早，王国维勉强起来，告知继母自己要去看医生，接着便趔趔趄趄地出门。看完医生之后，由于身体虚弱，腿酸脚软，他连走路回家的力气都没有了。于是，只得叫一辆人力车坐车才回家。"静儿早出，因病舆回，痧与寒热相夹也。"③ 这里所言的寒热，是因为王国维赶路出汗后突然遭受淋雨，这一"热"一"寒"所致。

---

①　海宁市史志办公室编：《王乃誉日记》，第 401 页，中华书局，2014 年 7 月。

②　海宁市史志办公室编：《王乃誉日记》，第 402 页，中华书局，2014 年 7 月。

③　海宁市史志办公室编：《王乃誉日记》，第 403 页，中华书局，2014 年 7 月。

毕竟是小伙子，阳气十足，经过休整，王国维的身体恢复得较快。九月初一，王国维的病情明显好转，一家人也大大地松一口气。当晚，暑热难眠，又加蚊子干扰，所以，大家索性准备晚睡，纳凉闲聊。

王国维提起水桶，想用清凉的井水为院子地面降点温。哪知刚提一桶，就被继母夺下水桶："我来吧，你还病着呢！"

随即，王国维与父母亲一家人坐在自家后院，摇着扇子，喝茶交流。兄弟两个更是亲热无比，王国华一直黏着王国维，要兄长说说在杭州时的有趣见闻以及好吃的东西。这是比较难得的场景，家人间的温情与关怀在看似随意散淡的话语中真实而细腻地流露。总体而言，王家平时是以严谨甚至严肃的气氛为主，王国维则更是不苟言笑。而此时，却呈现出另一番情形，家人团聚，其乐融融。"……与内子、静儿闲话。"① 这里，王乃誉虽没有说明"闲话"的具体内容，根据比较合理的推测，应该包含王国维参加乡试等情况，以及下一步如何打算。因为这是王乃誉最急于想知晓的信息。

王家恢复到日常状况之中。

此时，王家天井里的桂花盛开，香气四溢，为平淡的日常生活增添了一些情趣及乐趣。王国维的同学借机纷纷前来观赏，年轻人在一起总有说不完的话题，思考学术、讨论疑问、畅想未来。青春总能描摹出最亮丽最生动的画面。如此情景与气场之下，连王乃誉也会放下父辈的端庄及威严，主动介入，和蔼可亲地与年轻人聊上几句。

自九月初起，王家特别是王乃誉就开始等待乡试发榜的消息。因为按照清代科举惯例，乡试成绩一般在九月初五放榜。但是，那年可能是因受战争变乱等因素影响，乡试没有按期放榜。九月初十（10月8日），《申报》在"放榜展期"一栏里明确告知："浙闽放榜定于十一日，现因加闽中额三十名，尚须添校数日，故揭晓之期改在十三日也。"

九月十五日那天，王乃誉在九月十一日的《申报》上终于看到乡试放榜的名单。但《日记》中却只有"看报，见顺天榜"② 等寥寥几个字。

---

① 海宁市史志办公室编：《王乃誉日记》，第403页，中华书局，2014年7月。

② 海宁市史志办公室编：《王乃誉日记》，第409页，中华书局，2014年7月。

这里的"顺天榜",是指"电传顺天乡试题名全录",刊登在《申报》1894 年 10 月 11 日第二版。主要是甲午乡试顺天府以及江西等省中榜者名单。顺天乡试名列榜首的为直隶人王毓兰。其中,浙江籍有蒋尊祎、章汝枚、杨寿增、张文肃、俞安凤、张广荣、金承熙、鲍德名、陈仰德、王耆桂、周廷华等人。① 蒋尊祎是海宁人,与王国维同年。另据《申报》"电传甲午科浙江乡试题名全录"② 及"副榜"③ 公布名单,海宁有两人高中举人,一位叫唐明镜,另一位叫胡元恩。

甲午乡试题

可惜,这些名单中都没有出现王乃誉梦寐以求的名字:王国维。

没有中举,自然是最沮丧的消息了。若从概率或宽慰人心角度而言,这也是极为正常的结果。既然是选拔考试,那总有人考取,也总有人失第。举人的"录取率"真可谓千里挑一。"时至 19 世纪,文科举每科 20 万考生,争夺 1439 名左右的举人名额。而中举后亦仅有三分之一能得到一官半职。"④

这些话只能算是宽心话。若将失败结局砸在某一个特定人的头上时,总会使之遭遇痛苦、难受及委屈。人心都是肉长的,人类面临苦难、失落与打击时,其情感体验总是相似的,大同而小异。此时,王家低落的情绪

① 《申报》,1894 年 10 月 11 日,第 2 版。

② 《申报》,1894 年 10 月 12 日,第 2 版。

③ 《申报》,1894 年 10 月 14 日,第 9 版。

④ 袁伟时:《晚清大变局》,第 423 页,线装书局,2013 年 12 月。

或氛围可想而知。而对于当事人王国维，哪怕是最苦涩的果子，也只有自己独吞了。他像折翼的小鸟，躲进小屋，舔舐伤口，独自疗伤。在学会自由飞翔之前，总是会跌落到"硬绷绷"的现实，总是要付出惨痛的代价。对此种种情况，王乃誉在《日记》中只字未提，或者根本不想提及。

即便是在不顺心之中，王乃誉还是关注中日之战，听闻我方失利消息之后，愤慨不已。因为王乃誉一直认为，作为读书人，首先应该是一个爱国者。

> （光绪二十年九月）十七……日人将近京百余里之县盘踞，而仪州已失，不独无以得高且更危亟。中朝之兵尚可问于闻之。愤恨，拊膺三叹……①

"宁为百夫长，胜作一书生。"这里活脱是一个义愤填膺却又无能为力的书生形象。

可能是积劳成疾，加之郁闷烦躁，也可能是因年长而导致身体机能下降之故。酷暑虽已远去，但王乃誉好像时常处于发痧、全身酸痛之中。病痛时往往会激发人静心思考，用专注或冥想而转移由疾病带来的痛楚。王乃誉也是思前想后。这其中，有其忧国忧民、捍卫乡里之思想体现。王乃誉似乎拥有未雨绸缪的战略思考，决胜千里的军事谋略。他曾假设，若是海宁或盐官遭遇外敌侵犯或战事发生，加强海防应该是主导，是核心。其战略是自强自卫，御敌于外；其战术是训练团练，谋划城防。

围绕这战略战术，他与王国维进行对话，认真听取儿子意见，修改方案，完善细节，并在盐官有所动作及实行。同仇敌忾，与子同袍，王家父子血液中"精忠报国"的基因与激情再度激活燃烧。

> （光绪二十年九月）廿一，晴。早，病似松，仍食粥饭，不过减半……夜，苦思时事，立意浙东西海中若有事，我乡宜首办城团。盖近乱非比粤贼之扰。当时，民心尚正，乡贾谊厚。今则未乱思逞，到处皆是，宜仿楚法，办团卫乡里，先由一总董具禀

---

① 海宁市史志办公室编：《王乃誉日记》，第410页，中华书局，2014年7月。

立公局，一城绅富不准搬迁，晓以外出不如在家之安妥利害……
会集首议胜敌之策，避敌船阵……在百里外塞三门，本绿营兵驻
城门……①

令人担心的是，王乃誉的病情有加重的迹象。但他仍以虚弱的身子坚持记载或是补记日记。但凡阅读到这一段手迹时，每一位读者都会受到视觉冲击，都会感动不已：王乃誉真的不容易，不简单。从《日记》篇幅看，从九月廿三日起至三十日，这七八天时间里，每天都只有短短的一两个句子，有的只是屈指可数的几个字。九月三十日的《日记》中是这样说的："自不动笔者几一旬，不看书不出门者十余日矣，日食半钟（盅）饭两碗粥而已。"②

在王乃誉患病期间，王家上下精心照顾，亲属也纷纷前来探望慰问。照料、照顾，陪伴、安慰，这就是家人。王国维挑起临时家长担子，担当家庭责任，或出面去请医生、去药店抓药，或打理家庭事务等。这些让王国维深深体会到父亲承担家庭重任之不易。经一事长一智。经历，是最好的成长方式。

到了十月初一那天，王乃誉终于可以挂杖下楼走动了。十月初九，王国维因要还书，便提议陪同父亲外出去走走。"静儿言其书归之樊候矣……以为勉步出……入安化祠坐，静儿亦随行……静儿搀扶以行之桑地，大呕……幸子研照顾周到。"③

是年十月初十，是皇太后慈禧六十寿辰。王乃誉一家自行举行欢庆仪式。王乃誉一早创作了一幅寿桃图，并撰写一副对联进行歌功颂德："海分于今皆纳土，城中列处起祥烟。"书画珠联璧合，以赠送皇太后之吉日。

那天，王国维则拣出赵孟頫书之《赤壁赋》进行临摹，并以楷书题

---

① 海宁市史志办公室编：《王乃誉日记》，第 410～411 页，中华书局，2014 年7 月。

② 海宁市史志办公室编：《王乃誉日记》，第 413 页，中华书局，2014 年 7 月。

③ 海宁市史志办公室编：《王乃誉日记》，第 414～415 页，中华书局，2014 年7 月。

跋，赠予姐夫。紧接着，王国维又开始临摹《内景经》。它既是养生著作，又是小楷之精品，为历代书家临摹学习之范本。

临摹习字，那是千日之功。从临摹颜真卿的《多宝塔碑》到赵孟頫的《赤壁赋》，再到《内景经》，这一路走来，王国维深知"不弃功于寸阴"教导之内涵。用手中的笔，一笔一画，用心探寻并体会前人在墨海遨游留下的灵性及心思。此刻，王国维的内心充满欢喜和阳光。

行家，不仅看门道，更在于能把握。行家的意义及价值，在于关键之处对初学者进行指引、指导及匡正，保障入门者一路顺风渐入佳境，避免误入歧途，避免走火入魔。

王乃誉无疑是书画方面的行家里手。

所以面对王国维的勤奋努力，父亲非但没有赞赏或肯定，还提出了严厉批评。这是为啥呢？王乃誉认为，习字贵在专一、认定一种，贵在专心致志与坚持不懈。如此，才可能深入其境，得其真谛。反之，就是自说自话，就是见异思迁，其效果肯定是大打折扣。

> （光绪二十年十月）初十……又《内景经》，伊自临写。余教其不必杂临，但临定一种。起伏用笔间架一定，则字已进境，否则见异思迁也。[1]

王国维承认父亲所言极是。若是联系对儿子求学特别是科举的态度，王乃誉此话中其实还包含丰富的潜台词，其弦外之音是：习字如此，做学问又何尝不是如此呢？

年轻人成长道路会很长，自我奋发固然重要而外界优良资源或环境同样重要。所以，我们必须明白一个道理，王国维成长与成功的背后站着一位非同一般的父亲：王乃誉。父亲，是儿子人生路上最精准的"导航仪"。

颇具滑稽或讽刺的是，在慈禧太后六十大寿普天同庆几天之后，王乃誉从报纸及他人口中得知中日黄海海战一些实情，且是大败的实情。实际上，此事已过去两个月，早不是什么新闻了。但当时清廷采取封锁政策，

---

① 海宁市史志办公室编：《王乃誉日记》，第416页，中华书局，2014年7月。

刻意掩盖失败真相，甚至颠倒黑白，虚假宣传，导致国人蒙在鼓里，还以为"国朝"大获全胜呢。

> （光绪二十年十月）十二……粹甫夜归，云：日人猖獗于顺旅口，连失数县，逼近盛京奉天，则京师实亦筹兵。此虽小丑，而中朝兵将已成弩末，非有智力胜人，更改旧辙，恐难了此倭局也。殊切杞忧。①

> 十八……看报云，旅顺口、金州不守。又云英发兵六艘至舟山保护，而京官及试者络绎有南回者，其势抑亟亟耶……②

天灾人祸，祸不单行。那年夏秋，盐官及周边地区持续干旱，不仅导致农民歉收，生活贫困，也危及城里居民日常生活用水。"今年……秋苦旱，农民桔棉于田半年，今种麦犹车水上种……城人不独食水维艰，即洗濯勺水难求，可谓至苦。"③ 王乃誉不但为眼前的惨景而忧愁而哀叹，更为国家凋敝且岌岌可危的现状及前景而深深忧虑。在《日记》中，王乃誉以比较罕见的长篇幅进行评述，共计两三百字，其中还

江南农人在车水

---

① 海宁市史志办公室编：《王乃誉日记》，第 416～417 页，中华书局，2014 年 7 月。

② 海宁市史志办公室编：《王乃誉日记》，第 418～419 页，中华书局，2014 年 7 月。

③ 海宁市史志办公室编：《王乃誉日记》，第 419～420 页，中华书局，2014 年 7 月。

包含对国情积弊以及社会时风等的分析与认识，可谓切中要害，力透纸背。这些见解平时都与王国维、王国华等有交流与灌输。一个家庭中，父亲关注时世的视野、方法和态度等，会直接影响及决定子女对此的兴趣与认知。

> （光绪二十年十月）二十……国家为救高丽邻国至于日本开战，而彼狡马思逞，既复踞有高丽，又复夺食我旅顺、金州、凤凰城，逼近京师。都士皇皇，几无长策，而海内空耗，人心思乱，官员既不刻志用武取胜为事，而兵民畏缩。据陈孝廉北归云，定拟迁都陕陇，恭邸留守，大臣哭泣相向，城以行李难于搬行。东华门外日有日奸大张告示……殊为杞忧。呜呼，我辈少遭兵乱卅余年，今复遇此难，吾乡现尚无恙，而惴惴焉，无术以赞助家国。第我国近来因循之弊日甚，民既好嗜烟，淫巧偷惰，财日以匮，官不为理，官则不求更张炮火船械，专心致志以驾于各国，粉饰之极，溃莫收，是谁之过？第今以后，即使勉能胜日，或再和议，吾恐起而为难者，岂止一日也哉，甚为危虑。①

国事已至此，而家事也是不顺心不省心。

自杭州应考回来，王国维的去向问题成为家庭主要矛盾。孩子大了，总归要出去做事，承担起必要的义务和责任。王乃誉与老丈人等专门为此进行商议。他们决定从两方面着手：一是四处托人，走关系。譬如，"十一月十六，晴……过访濂溪，出，乞书条托其荐静于吴宣卿，伊今去饮吴酒也。"② 再如，王乃誉给时在杭州省将军署印务处任职的表兄沈秋伊写信，托其出面推荐王国维至省馆。③ 二是有意让王国维参加一些社交活动，加强实际锻炼。譬如，十一月初八，陈汝桢结婚，王国维受王乃誉派遣，参加婚宴。"陈汝桢合卺，静儿去送喜，午膳。"④

---

① 海宁市史志办公室编：《王乃誉日记》，第419页，中华书局，2014年7月。
② 海宁市史志办公室编：《王乃誉日记》，第426页，中华书局，2014年7月。
③ 海宁市史志办公室编：《王乃誉日记》，第427页，中华书局，2014年7月。
④ 海宁市史志办公室编：《王乃誉日记》，第424页，中华书局，2014年7月。

十七八岁的"毛头"小伙子，是一个极其尴尬、极其敏感的生命个体。他们既想独立自主、有自己的想法，但又羽翼未丰，离不开相关支撑与依靠，特别是来自家庭或父母的帮助。所以，彷徨、犹豫、苦闷乃至挣扎等情绪及行为，都是在所难免的。青春，就是眼高手低、志大才疏的近义词。

那年冬至，王乃誉开始安排去外地收租。十一月三十日，那是一个晴天，气温甚是暖和，适宜出门远行。王家准备好外出的行李以及收租的米袋等器具，同时还购买米、肉、菜等生活所需。王乃誉带领王国维及用人周六，连同船夫，一共八人，前往郭店、酆墅庙等地收租。由于租用船只不大，而随同的人员又多，船舱显得格外拥挤。再者，人多这开销自然就大，不说工钱，单是每天有八张嘴巴要吃饭就是很大的负担了。为此，王乃誉感觉压力很大，愁眉苦脸。这小本经营，势必要精打细算。

> （光绪二十年十一月）三十……早食粥，整行李，租具毕，待舟子不至，久之……周六挑米袋等，静儿去同丈，叶丈以待久来……及夜，骏伯、玉堂住谈宅，丈及余、静儿、周六住船，二舟子，共八人食，开销殊大。夜北风大吼、雨阵阵，少寒，人人惧雨雪而雨具不带，为忧。至明雨止，风仍狂……①

当晚，西北风呼呼大作，王国维和王乃誉等几个人挤在船舱，其艰苦窘迫的情形可想而知。此时，生活仿佛被剥去华丽的外表，其真实且寒碜的一面暴露无遗。王国维无疑是在经受考验，接受磨难，是在吃苦。苦难，最让人长记性，强内心。

当然，现实中所谓的"吃苦"，对不同人，其含义或理解可能是迥然不同的。譬如，较之于生活在底层劳动者的凄楚，他们的艰辛艰难程度则是更加惨淡与不堪。立场不同，参照不同，于是，人的认识千差万别。地主和农民（承租户）之间势必会进行一场讨价还价的争斗：一个是为了利益最大化，而另一个则可能是为了糊口活命。所以，租金，主要是米谷等

---

① 　海宁市史志办公室编：《王乃誉日记》，第 430～431 页，中华书局，2014 年 7 月。

收成的收取定额成为焦点。照理说，这定额事先都是有约定的，但每年的收成却是不可知的，有丰年，势必也会有歉收之年。所以，实际情形比较复杂多变。在王国维眼里，这边是父亲，那边是租户，犹如两军对垒。为了租金，双方往往会弄得面红耳赤，争论不休。如此露骨而凄厉的场景王国维还是第一次面临。他目睹父亲与他人协商，直至口干舌燥地争议。此时，他内心充满莫名的惆怅与尴尬。他既好像不完全同意父亲咄咄逼人的观点，但又不认可对方牵强附会的借口。好在最终双方还是达成基本的协议，"……亩八斗五升，以荒歉减五升，以米十二石还租……"① 同时，双方还商议约定至年底前还租的日期等事宜。

等到赶往下一个地点，已是傍晚时分。冬天，天黑得早，下午四点出头，太阳就草草地收起光亮，继而暮色四起。王乃誉一行饥寒交迫，神色凝重。

父爱终究是温暖的，也是周到的。考虑到儿子尚为稚嫩，还不能吃太大且太多的苦。于是，王乃誉决定当晚不再让儿子王国维睡在船舱，而是让其去郾墅镇上入住。镇上，有姐夫家开设的学馆，可以暂时入住。岸上的条件相对于船舱自然好多了。登岸那一刻，王国维好像突然明白了父亲的苦衷和爱怜：父亲，毕竟是爱自己的。从一个懵懂男孩到一个有担当的男人，有时只是一夜之间的事。

> （光绪二十年十二月）朔……抵郾墅庙已初更，同静、周六
> 上岸寻饮……夜卧寒，静住达衢馆中。②

第二天一早，王乃誉等上岸，准备去郾墅庙镇上走走看看。在王乃誉的记忆中，郾墅庙是属于乡下小集镇，其格局或是建筑等没有什么大不了，与盐官城不可同日而语。但是，他惊奇地发现了一座高耸的新建筑，其奢华程度大大超越了他的印象及想象："入朱礼堂家，第宅新起，甚坚，假轩爽，大有富气。不意小小郾镇，有如是巨贾华屋……"③ 在郾墅

---

①② 海宁市史志办公室编：《王乃誉日记》，第 431 页，中华书局，2014 年 7 月。

③ 海宁市史志办公室编：《王乃誉日记》，第 431～432 页，中华书局，2014 年 7 月。

庙办完事之后，王国维他们赶紧前往硖石。在硖石塘桥头，王乃誉决定，和王国维兵分两路，各自行动。王国维和周六等上岸，丈量张氏家租地，然后确定收租额度等。王乃誉则与他人留在船上，为租金多少而商议争论。

等到晌午，王国维与周六等只收到两石米。如此少的一点收获完全出乎王乃誉的预计，他的脸色瞬间变得很难看，失望至极。但又不便直接向王国维发火，于是怪罪他人，不让周六把这米放下。王国维干站在一旁，尴尬至极，内疚至极。

过了腊八就是年。

临近年底，王乃誉自然格外忙碌，格外劳心。从外出收租、茶漆店账目结算，再到家里买鱼买肉、打年糕等事宜，都要过问及操心，有的还要亲自操办。

同时，王乃誉还是四处托人，打探消息，不放过任何一个机会。

王国维照旧代替或帮助父亲做事。有时还会主动地跑到茶漆店，熟悉并掌握店里相关业务技术。譬如，掌握称重的器具与度量衡，熟悉生意往来单据的开具等。

年底，由于受了风寒，再加劳累，王乃誉又病了，一直头痛得厉害。王国维去请医生，拿着方子到药店买药，回家后立刻煎熬，尽快服侍父亲喝下。另外，还到大东门外陈家药店买来治疗头痛的药水等。这一系列环节处理得有条不紊，稳重老成，加之悉心照料，态度和蔼，让王乃誉多少感到安慰与满足。同时也更坚定王乃誉开始放手，让王国维学习做事的念头。"……头痛仍然未已，诸事饬静往理。"①

人在病痛中，更容易悲天悯人，感同身受。十二月十二日，邻居陈平斋病逝。"十二月廿四，忽闻陈赓兄夫人作古，哭子之后不及半月，连逝二人。"② 对于陈家接二连三遭遇不幸，王家深表同情，发自肺腑。王乃誉、王国维父子俩一起聊天时，自然谈起陈家近年来的境遇，话语中多的是感叹与怜悯：这原本好端端的一户人家，居然先后病故了七人，实在太惨了。同情弱小者或是不幸者，慈悲为怀，充分体现人文关怀，这是善

---

①②　海宁市史志办公室编：《王乃誉日记》，第 433 页，中华书局，2014 年 7 月。

行，是美德。而换言之，一家人的运气实在太重要了，一家人的安康实在
太重要了。

王家父子唏嘘不已，喟叹中免不了包含些许暗自庆幸：老天对王家还
算不薄。生活虽也有诸多不尽如人意，但一家人平平安安，这就是最大的
福分。

在传统习俗中，除夕就是家人团聚、辞旧迎新之时。而甲午年除夕那
天，王乃誉依旧在店里忙碌，盘点货物，付账清算。年夜饭依旧在店里与
伙计一起吃。在家中，王国维与母亲及兄弟王国华等一起吃年夜饭，边吃
边等，期盼父亲早点回家，一家人团圆守岁。

子夜后，一家人入睡。可王国维却一直难以入眠。王国维明白，过完
今晚，自己又将长大一岁。家里已经在为王国维谋划婚事。这是王国维的
人生大事，也是王氏家族的大事。对此，王国维有过很多设想，其中有兴
奋和期望，也有淡淡的忧虑和莫名的惶恐。因为未来不可知，不可控。不
管是将要来的那个"人"，也不管是将要遇见的那件"事"，都是扑朔迷
离，深不可测。

自三四更起，迎新的鞭炮声响起，此起彼伏。这更助推了王国维思绪
的浪潮：新一年，自己该如何谋划，人生将会出现何等惊喜？

第 8 章　感知现实　且行且思

清光绪二十一年（1895），旧历乙未年。

这年，王国维 19 岁，弱冠之年。

19 岁，是一个特别的年龄，属于承上启下过渡期，将结束青少年，而开启成人模式。当时，"加冠"的象征意义早已替代了实际礼仪。

一切都还是未知，所以一切充满期待，一切尚需全力以赴。

身处江湖中，心忧天下事。一介书生的王乃誉，依旧保持"伤时感事""心系社稷"的传统，关注时事，思考现实，并认真听取儿子们的看法或意见，有辩论、有探究。

辞旧迎新，不仅是一个时间节点，也是一种视角，一个展望来日的平台。

在《日记》中，每年正月初一，王乃誉都会对家国之事等有感慨或议论。

甲午海战之惨痛虽已过去一段时日，但其后患还在，余悸不明。这犹如一块巨大的阴影笼罩在天空，随时会遮天蔽日，暗无天日。

王乃誉在《日记》中所记载的，从表面看，是其个人思想、思绪和对大局的理解及把握。但是，我们也不妨理解为这是王家父子共同交流探讨后的结晶。因为，字里行间明显透视出老成持重、思想深邃的特征，同时还依稀可见一个年轻气盛小伙子的身影，有破有立、大刀阔斧，那里应该包含王国维的思想锋芒。

"乙未元旦……晨，日光笼树，云气作五色，此必天祚中华、人才华茂、四夷威服、海内升平之祥兆耶。"① 但接着，笔锋一转，马上论及家事国事之"内忧外患"。尤其是直接指向甲午海战以后尚未解决的难题，尚未明朗的结局。

> ……以一国言，往岁窃叹大臣之图谋之未尽善，致令外夷小岛窥伺，致我丧师失地，震动京国。今也，和战未定，环顾诸将窃窃焉，战胜尚无把握。盖和与战，恐一无尽善者。所言乎战，我师器械、胆略，未能良练，陪京祥地（引者按：指沈阳），蹂躏已甚，倘一疏虞，何堪设想？况沿海诸省，处处精华，万一乘隙为彼踞，即全局皆震。杞忧之甚，不能不望于和；而和之局，又难言也。彼挟胜制我，索偿千万，家国空虚，焉能办此，然犹小也；一和之后，各国小视可欺，若踵起而蚕食于边，再战之，已自形其绌；再和之，则力已虚。吾故曰：和战皆非，惟有改弦更张，以战为和，改兵工诸部及冗官，为海洋总统立大臣二，副大臣四，以二西负充之制船械，核军食，耀武于各国，举海外之邦不敢窥伺。即旋应理商政，设商贤臣，专理民之财币不准流出外洋……②

是战，还是和？

如斯左右为难之情形，让人自然联想到文天祥在《指南录·后序》中的句子："时北兵已迫修门外。战、守、迁皆不及施。缙绅、大夫、士萃于左丞相府，莫知计所出。"这最后一句充分暴露出"肉食者"谋政目光之近视与狭隘。

"和战皆非。"

作为"局外人"，又非"当政者"，王乃誉对"战"或"和"之战略，有独到的见解，可谓深思熟虑。同时，他对战术的论述也是完整、全

---

①② 海宁市史志办公室编：《王乃誉日记》，第443页，中华书局，2014年7月。

面而深刻的。棋高一着的是，王乃誉没有被眼前的或局部的现象所蒙蔽，而是透过现象看本质，有其明晰的政治主张，明确指出改变现状最根本的出路在于"改弦更张"。这不仅是一语破的的见地，更是振聋发聩之纲领，极具登高一呼之功效。正因为有千万个王乃誉和王国维们的清醒存在，有他们渴望通过改良而使政治清明，通过学习西方先进科技而使国家富强的土壤或社会基础得以形成，才会酝酿出维新变法这一时代趋势、呼声与实践。

国事家事，事事关心。在为时局操心的同时，王乃誉自然更要为家庭操心。因为这是无法超脱，更是无法推卸的责任所在。

面对家庭难题，王乃誉也必须制定战略战术，拿出解决方案及具体办法来。家庭重任明摆在那里，总得有人来担负、来操持。怎样处理家事，关系到家庭是否稳固、平安，乃至幸福之核心所在。按照传统习俗，一个家庭之事务一般是由父亲即当家人做主。但随着父亲年迈，儿子长大，或是家庭出现比较重大变故时，这当家人的位置往往会移交到下一代人肩上。如此情形，在王乃誉和王国维父子间，应该是有过设想，有过商议的。更直接的是，王乃誉还设想了实施原则及大致方针：父与子，各司其职，明确职责。

但现实并非设想那么简单或事事如愿。譬如，父子分工具体内容应包含哪些，其职责边界又在哪里？实际中这些都成为问题，成为难题。于是，尴尬乃至悖论的情形经常发生。一方面是父亲渐渐衰老，力不从心，无能为力；而另一方面则是儿子尚未完全具备接手的能力及胆魄，望而生畏，缩手缩脚。任何一个过渡期，其外表总是灰暗的、艰涩的。《日记》就是王乃誉的内心独白，所以我们能看到父亲沉重的心思和深切的忧虑。可惜的是，《日记》中没有记载儿子王国维有关态度、答复及行动。这里的空白只能通过我们合情合理的推理、演绎或假设来填补。这可能是见仁见智，但基于人心、人性与常理，总不至于谬以千里吧？

（光绪二十一年正月）初一……至论于我家事，诸长已老，粹夫已病，惰已甚，日惟望余之济。而静不能无馆，而伊不欲得馆，一难也。余意，或余出，以彼在家理家政，教蒙童，自修学行，此乃正策。无如伊志阔远，文亦未必骤进，即有进，而何如不一念身世计，左顾右难，迄无定计。一家十口所望后起之贤，而贤否？今世又在于能得富财之道，则遇贵遇名远矣……①

心里尽管千般为难，十分郁闷，而实际中，王乃誉则继续为王国维的前途而操劳，并四处托人。"正月初八，晴……居颂卿来剪货，托其代静谋馆。"② "正月十二……席散持灯归。归见绿成、杨渭纶在座饮，又入席。杨渭兄极劝静宜植培而无要论……"③

新春佳节，王国维忙于拜年。这"走亲戚"中的"走"字很有意思，亲戚朋友间情感的维系或升华，适当的走动与联系是必不可少的。而这对于不善交际、拙于言语的王国维而言，却是一件为难的事。但是，王国维并没有推辞，一来是尊重父亲意愿，作为家庭代表拜望尊长及亲朋，减轻父亲劳累与负担；二来是锻炼自己、了解社会的好机会。人与人交往，是一门大学问。

王国维除了拜望长辈之外，几乎都在家中读书、思考。读书人最大的满足就是有好书读，有安静思考或发呆的时间。

在这单调寂寞的时光中，唯一带来欢声笑语的，是弟弟王国华来楼上玩时。小弟会在兄长的书桌边坐坐，或静静观看兄长看书写文章，或向兄长请教自己读书时遇见的疑难问题等。此时，王国华 10 岁，已在私塾接受陈寿田老师的启蒙并得到父亲王乃誉的指教。王国维最喜欢弟弟那双滴溜溜转的眼睛，那里充满好奇，充满天真烂漫。兄弟俩感情很好，其中的原因很好理解。其一，弟弟脑子好使，非常聪明，有分寸，懂礼貌，接受能力极强。盐官人称为"见头眼快"，意为很会看人神色，反应极快。其二，兄弟两人相差 9 岁，一个已是"少年老成"，重情义，会礼让。而另一个尚是"幼学之时"的小弟。但凡遇事，兄长自然不会太计较，多一份大度、多一份宽容，自然海阔天空，坐看云起，所以兄弟两人不可能出现大的矛盾或大的冲突，相安无事，感情日笃。

---

① 海宁市史志办公室编：《王乃誉日记》，第 444 页，中华书局，2014 年 7 月。
② 海宁市史志办公室编：《王乃誉日记》，第 447 页，中华书局，2014 年 7 月。
③ 海宁市史志办公室编：《王乃誉日记》，第 448 页，中华书局，2014 年 7 月。

王国维书房

王乃誉一如既往地聚焦时局，哀叹家国之风雨飘零、岌岌可危。陆续地，他得知了有关甲午海战更多的战况，满腔义愤，仰天长啸。

> （光绪二十一年正月）十八……看《申报》，威海战失利，丁帅已阵亡，李相痛哭，北路大震。是执政不先事预防，自为洋务器械已精，及至一旦有事，丧师辱国，生命涂炭，皆所误也……①

王乃誉不仅在家庭中成为儿子们学习的榜样，教诲的示范，还在盐官城内赢得名声与口碑。这既是王乃誉的成功，也是王家的荣耀。父亲的人格光环，是照亮儿子前行的灯塔。父亲的事业标高，是激发儿子攀登的台阶。"……丽浦、仲甫、桂轩论城中三绝人物，独推余。余惭甚……"②

正月廿四日，是叶氏四十岁寿辰。王家举行仪式，为夫人庆生。按照

---

① 海宁市史志办公室编：《王乃誉日记》，第 450 页，中华书局，2014 年 7 月。

② 海宁市史志办公室编：《王乃誉日记》，第 451 页，中华书局，2014 年 7 月。

盐官一带风俗，出嫁姑娘是要给父母做寿的，更要送比较贵重的寿礼。一早，王蕴玉一家前来贺寿，送来长寿面等礼品。"玉女来祝，斋佛，食面。"①

立春之后，王家又开始新一年的园艺。若要姹紫嫣红、春意盎然，那先决条件是，院子里得有花草有树木呀。生活品质往往依赖于一定的坚守与要求。二月初三一早，王乃誉率王国维等在院子里种植兰花。父子一边劳作，一边商议近期事宜。家人合作完成一件事，本身就是一个温暖的场景。而种花，无疑是一种特别的劳作，它更多倾向于一种美好的期待，它似乎预示着王家各个事项都将进入有序的轨道，开始新一年的追求与奋斗。

追求？奋斗？

现实中，这两个词语好像有点大而无当，过于高大上。但它一旦演绎成具体可行的内涵，通过具体人具体事，坚持不懈而成为家风门风时，它的意义和作用是实在的、显性的。就像王家，始终洋溢着一种积极向上、勤奋务实之家风。这当然是王乃誉率先垂范，王国维、王国华等下一代迎头赶上的结果。

那年气候有些反常。春寒料峭，二月初四那天居然还下了一阵春雪。

二月初七日，王国维告别家人，坐船前往长安，准备参加第二天（二月初八日）在仰山书院由州学主持的岁考。

顺利完成考试之次日一早，王国维坐船返回，中午时分回到家中。王国维及时向父亲汇报此次考试情况。

那段时间里，王乃誉的注意力集中在邻居陈家儿子的婚事上。因为王乃誉是这桩婚事的介绍人。王乃誉愿意担任此角色，理由可能有二：其一，王家和陈家是近邻，平日关系较为密切。再说，陈家也太需要"喜事"或"幸运"降临了。能成全他人好事，何乐而不为？其二，儿子王国维也到了谈婚论嫁的年龄。而这是从近距离且全面观察成婚所有准备工作最好的案例了。聪明人，往往是能从他人那里学到合理方法而深受启发的人。

---

① 海宁市史志办公室编：《王乃誉日记》，第452页，中华书局，2014年7月。

旧时，正月是不提亲的。到二月，才会商议婚姻之大事。而所谓的商议，也仅是父母亲或长辈根据媒人（介绍人）的介绍而进行商议并定夺。小伙或女孩作为当事人只有接受权，没有发言权，更没有决定权。这就是"父母之命，媒妁之言"的传统。

在此婚事中，王乃誉与其母舅是代表男女双方的介绍人，也是婚事具体事宜的商议人。"……母舅述庚帖情形，请其今晚迟明至商定。"①

"庚帖"，也称为"年庚帖子"。"庚"，即年庚。它是写有男女双方姓名、籍贯、生辰八字及祖宗三代姓名的红色柬帖。男女双方庚帖互换，以表示向其求婚或订婚。通过实际参与陈家这件婚事之后，让王家，特别是王乃誉完全弄清了举办婚事的所有内容和环节，所以在操办王国维婚事时，变得从容而周全。

钱塘江柴盘头涌潮

王家与千百万普通人家一样，其日常生活也有酸甜苦辣，冷暖自知。而另一方面，王家又不是寻常人家，家族基因和传统使他们的观念之中，拥有一个更大的"家"，即家国的概念。家国的安危、命运和前途，与

① 海宁市史志办公室编：《王乃誉日记》，第451页，中华书局，2014年7月。

"小家"同等重要。当时，王家关注的焦点有二：一是海塘。由于大潮冲击，盐官一带海塘时有坍塌。于是，抢修海塘不仅是官府的责任，也是平民百姓的义务。"钱塘江路如长虹之卧波，绵延百余里，而潮汛冲激，时有坍塌。海宁一路尤甚，故省垣专设塘工局，随时修理……"① 王家参加了地方抢修款的募集活动。王乃誉还带领王国维等到海塘查看现场，提出合理化建议。二是中日之战。所谓一荣俱荣，一损俱损。如斯，千里之外中日战局的动态，更是牵动着王氏父子的视线和神经。

二月十六日那天，王乃誉在外忙碌了一整天，回家时已是上灯时分。简单梳洗完毕后便上楼，发现儿子王国维表情凝重有心事，似乎一直在等父亲回来，有大事相告。

王乃誉一坐下，王国维便告诉父亲有关中日战局近期得知的消息，特别是各处传闻中日海战中有关我方密电被泄密方面的消息。据有关史料证实，日方的确破获了清海军来往密电情报。而这正是导致清海军在战场上惨遭失败之重要原因之一。

先是儿子讲述，父亲倾听。紧接着，便是父亲迫不及待地追问细节和疑惑。当讲到我方舰艇遭遇日军偷袭而致沉没时，王家父子间交流的口气越来越急促，脸上暴起了一道道青筋，直至怒不可遏。王乃誉更是破口大骂日寇为"倭狗"，以泄悲愤，并欲"灭食"之，方才解恨，方才痛快。大有岳将军"壮志饥餐胡虏肉，笑谈渴饮匈奴血"之豪迈气概。"……倭狗猖獗，南大沽，北锦榆，有两路夹攻之谣，京师啞啞，殊可愤懑灭食。"②

从父子交流内容和方式等方面的观察中，我们可以挖掘相当丰富的潜台词，从中也可以透视王家日常生活的情形。一是中日海战之类的国事是王家平日讨论交流的主要话题之一；二是在父亲王乃誉的引领下，年轻的王国维已开始自觉关注时局，并基本学会了解信息和分析问题的方法；三是王家父子充分交流的通道或机制已形成。交流，首先是人格平等，而非居高临下的"训导"；其次是心理自愿，而非心不在焉的"应付"。主动或愿意，在父母子女两代人的有效交流中极其重要且极其宝贵。

---

① 《申报》，1895 年 3 月 9 日，第 2 版。
② 海宁市史志办公室编：《王乃誉日记》，第 460 页，中华书局，2014 年 7 月。

仿佛是上天感应，满腔义愤化为一场春雪。那年，时日已是二月二十，还下了一场大雪，纷纷扬扬，天寒地冻。王家父子待在家，各自看书思考。王乃誉看了《三国志》中董卓、袁绍等人物传记后，触景伤情，感慨颇多。随即与王国维讲述心得体会，主要论及乱世之时出生皇家世族与平民百姓家庭命运之迥异。读史以明鉴，知古而鉴今，才是真正读懂了历史。为了排遣郁闷及无聊，到傍晚，王乃誉步行出西门，去西门桥边赏雪景。

生活中可以有看雪赏景的一时雅致与雅兴，但更多的是要为生计而谋划实干，为生意而往来奔波。王乃誉毕竟上了一定年纪，体力精力渐渐衰退。于是，王国维和姐夫陈达衢一起出手帮忙，协助王乃誉处理生意上的一些事务。有了这左右手后，大大减轻了王乃誉体力和精神方面的压力，让王乃誉感觉可以松一口气了。当然，对于生意经，王国维还只是初露头角，远非父亲这般老谋深算，所以要学习的东西还很多，要接受的教训也很多。

人之成长需要漫长时光，需要经历复杂生活。

王国维人生之路无疑充满无奈与憋屈的"风雨"，时而也有轻松与欢快的"阳光"。

这无奈与憋屈是一望而知的。一是外界干扰，二是自身困扰。

当时，王家还没有完全摆脱生意往来上产生的纠结和矛盾。这像是一个定时炸弹，着实让人心惊肉跳，不寒而栗。而人总免不了自私自利，一旦遇见问题，在寻求内心平衡时，总喜欢归咎于他人。王乃誉也不能免俗，将王国维作为发泄对象："……急呼静起，责之懒又不善处事。恨恨。"①

万幸的是，一位女性在艰难紧张之中起到了缓冲与调和作用。她就是王国维的继母。譬如外人上门来滋事，或是家庭发生口角，特别是王乃誉发怒时，继母会及时出面劝架。她会以女性的立场和姿态，好生劝说，最终得以息事宁人。继母不仅贤惠，还十分聪明，在劝架的同时，她往往会提出解决问题的方法和相应的保护措施。出于母性的本能，她会特别维护及保障王国维、王国华的安全。而随着年龄增长，认知提升，王国维对

---

① 　海宁市史志办公室编：《王乃誉日记》，第 463 页，中华书局，2014 年 7 月。

这位继母的认识也越来越客观公正，对她的情感也越来越真诚深刻。当然，要让一个孩子全身心接纳一位不是生母的"母亲"，势必要像寒冬经历九九八十一天之后，才会迎来融化的春天。

而王国维对于前途和人生之路选择时遇到困惑与迷惘等自身问题，则自不待言。

所谓轻松惬意，眼下莫过于参加邻居家婚事这喜庆之时。

因为王乃誉是这桩婚姻的介绍人，所以婚宴时，王乃誉被邀坐在首席。而王国维，则是作为伴郎参加婚礼。

此情此景，王国维有过一时的遐思或是恍惚：自己也到了可以成亲的年龄段。下一次那个穿着大红马褂成亲的新郎就该是自己了。所以，这次参加婚宴似乎就是彩排一般了。而对于婚姻，王国维实在没什么太大的主见和要求。这可能与他幼年时丧母以及父亲再娶而造成的阴影有关。一般而言，原生家庭中，父母亲在婚姻中的感受态度及情感表现等，往往会成为子女对婚姻最直接认识、感知或仿照的样本与教材。

安逸平静的背后，往往蕴含着玄机或危机。中日战局依旧是王家的关注点。关注，不是一般意义上的看见，而是倾注了思想和情感的一种姿态。

爱国，是一种立场，也是一种态度。

当听闻李鸿章代表清政府出使日本和谈时遭遇枪击等一系列事件后，王乃誉在《日记》中有连续的记载："……警李相出使日本，为贼中枪毙，和事盖不可为……"[1] "看《申报》，知李傅相在贼倭被伤，尚在议和……可见堪虞。"[2] 特别是听闻议和将被迫签订丧权辱国条约等消息后，王家沉浸在无限的悲愤之中，怒发冲冠。"到店看报，倭与傅相议和，电示两国停战二十一日，台湾不在停战之列。要挟六条，一高丽为自主国，二割东三省数地，三偿兵费，四各省设口岸，五利益为倭先得，六……读之不觉怒形于色，发上冲冠……"[3] 更难能可贵的是，在《日记》中，王乃誉

---

[1] 海宁市史志办公室编：《王乃誉日记》，第468页，中华书局，2014年7月。

[2] 海宁市史志办公室编：《王乃誉日记》，第469页，中华书局，2014年7月。

[3] 海宁市史志办公室编：《王乃誉日记》，第470页，中华书局，2014年7月。

并非一味消沉地发泄情绪，而是对时局发展、对国家命运，特别是对改变现状方面作大篇幅的议论和感慨，其中不乏远见卓识。"……此含忍与和，将大改变新政，置械励士，后整军容……惟愿兵将奋不顾身各守海口，若一登岸，环聚攻击，必使登岸之倭十无一类回国，然后从容布置船炮器械，不懈日新，庶乎……"①

令人长叹的是，这些仅仅是王乃誉内心的设想及思绪，无法付诸实践。现实中，他只能按照生活惯性行事，走既定的道路，不可左右，更无法改变什么。不用说对于国家大事，就是对于自己的儿子王国维，他更多的也只能是望洋兴叹，鞭长莫及，只能是将抱怨及不满在《日记》中出口气。"……竟日发病不适，又恨静儿之不能作事……"②

还有，这"出口气"很可能是王乃誉一时之兴起，发点牢骚而已。其心情正如《日记》中所形容天气一般"阴晴不定"。"寒食，阴晴不定。"③ 那天一早，王国维听从父亲的吩咐，在院子里整理花盆，或松土加土，或修剪枝叶，仔细完成每一个环节，弄得满头是汗。不久，弟弟王国华从屋里出来，说是来帮忙，其实是来凑热闹，嘻嘻哈哈地穿梭其间，如一只粉蝶。如此，单调而沉闷的气氛迅速为之改变。春日的阳光十分应景，照射在王家院子，温煦烂漫，通透明朗。兄弟俩的眼神中荡漾出青春的朝气，辉映着茁壮成长的花草，营造出万物生光辉之意境。如此良辰美景，祥和温暖，一扫王乃誉心底之阴影和牢骚，立刻使其由"严父"转换成"慈父"的角色，并引发他的雅兴，所以他提议孩子们跟他一起去城外面走走，赏春抒怀："……地边行走，芳草渐绿，群莺乱飞，落花如雨，春光将残。"④ 父子三人踏青游春的兴致，大有《论语·先进·侍坐》篇里流淌出来的韵味，经典历史画面顿时复活再现："莫春者，春服既成，冠者五六人，童子六七人，浴乎沂，风乎舞雩，咏而归。"

又是一年清明。王家择日去上坟扫墓，祭祀先人。而今年，王国维和父亲是分头行动，各自携带祭品，去祖坟祭扫。返回途中，王国维特意去

---

① 海宁市史志办公室编：《王乃誉日记》，第470~471页，中华书局，2014年7月。

②③④ 海宁市史志办公室编：《王乃誉日记》，第472页，中华书局，2014年7月。

了双仁巷王家祖屋，拜望那里的尊长，一一请安。

盐官一带有"苦清明"的俗语。因为，自清明开始，江南全面进入辛苦忙碌的季节。田间地头都是劳作的农人，耘田、播谷、施肥、锄草，披星戴月，斜风细雨不须归。王家也在为养蚕而做好所有的准备工作，清洗蚕匾、消毒蚕室、准备木炭等。劳作的意义，不仅在于结果与收成，也在于整个过程的丰富内涵。养蚕，要起早摸黑，当然是辛苦劳累的，但一家人忙在一起，互相照应，互相体贴，这才是真实的生活。这里有体力的付出，也有亲情的付出，由此而得的收获才是丰富的、甜美的。

但在这岁月静好、现世安稳的表象下，令王国维和王乃誉万万想象不到的一个大事件即将在千里之外发生，以致整个历史轨迹发生巨大改变，翻天覆地。它所掀起的冲击波，如海啸一般，自然会波及王家，震惊悲怆之余，催生其转变思路，吐故纳新。

这个大事件就是清政府与日方签订丧权辱国的《马关条约》。因为和约是在日本山口县下关市春帆楼进行，故亦称《春帆楼条约》。至此，历时 9 个月的中日甲午战争以清政府的完全失败而告终。

由此，战胜国日本将巨额赔款、割地、通商特权等战利品收入囊中，并凭此跻身帝国主义列强行列。而中华民族则背负巨大屈辱，陷入至暗时刻，被进一步推向贫困苦难的深渊。

维新派领袖人物之一谭嗣同，用一腔血泪凝聚而成的诗句，对时局发出的悲怆之间，至今还在历史的天空回旋，警钟长鸣："世间无物抵春愁，合向苍冥一哭休。四万万人齐下泪，天涯何处是神州。"

《马关条约》签订，引起中国人民强烈反对，群情激昂。

话说两头：一是得知该条约签订消息后的京城，二是千里之外的盐官王家。

先说京城。天降大任，有良知的读书人成为茫茫黑夜中的吹哨人，时代前进之先觉者，社会变革之导火索。一颗颗火苗汇聚，终将引发一场燎原之火。

正在北京准备会试的康有为、梁启超等先在广东籍举人中串联，谋划请愿活动，湖南籍举人闻风而动。4 月 22 日，广东和湖南两省举人联合到都察院上书，其他十余省举人也跟着行动。5 月 1 日，康有为决定联合在京的所有举人，进行一次大规模的上书请愿活动。他约集 19 省举人 1000 余人，在北京宣武门外松筠庵开会，商议联合请愿。到会举人一致推举康有为起草奏书。经过一天两夜的构思，康有为写成一万八千字的《上今上皇帝书》。明确提出"拒绝批准中日和约、迁都抗战、变法图强"这三项主张。梁启超等人抄写后分送各处传闻，签名举人达 1300 多人。5 月 2 日各省举人排成一里多长的队伍，把《上今上皇帝书》递到都察院，史称"公车上书"。公车上书是康梁变法之序曲，也是中国资产阶级改良主义第一次政治运动。

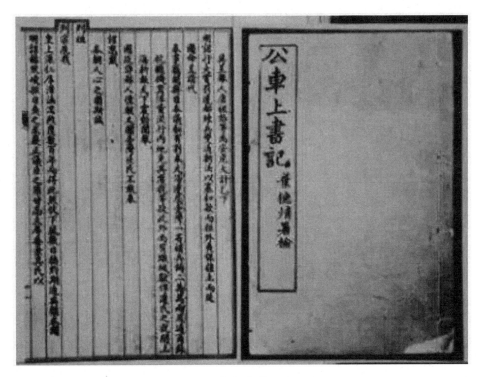

公车上书

值得一提的是，在参加"公车上书"的举人中，有王家女婿陈汝聪的堂弟陈汝康，当时他正在京任职。陈汝康同康有为、梁启超等数十人，加入了维新派的政治团体"强学会"，呼吁国人在民族危机之时维新变法。

再说盐官古城。王家，虽是下层读书人中向往或要求维新变革的其中一员，而事实上，王家对于维新变法等却知之甚少。没有人主动且成功地教育启发这些知识阶层，并有效地发动组织，使之成为参与者、成为生力军，这是"百日维新"失败的主要原因之一。因为任何一场政治变革及革命，一旦缺乏必要的社会基础与力量，势必导致势单力薄，成为空中楼阁，最终难逃偃旗息鼓之败局。

在信息闭塞以及传播速度极其缓慢，传播渠道非常单一的背景下，加之清政府的愚民政策，不择手段地隐瞒事实真相，所以《马关条约》内容不可能在第一时间为大众所知晓。当时的民众对此一无所知，麻木不仁，就像鲁迅先生所言，大家是被关在一间铁屋子里熟睡死睡。其严重后果像是一个暗藏的毒瘤，贪婪而缓慢地吞噬民族肌体，直至其千疮百孔、奄奄一息。

即便是当时最大传媒载体的报纸，譬如《申报》等，其作用也是非常有限：一是覆盖面或受众面非常小，除了京沪等大城市，一个县城有人订阅报纸已经是稀罕之事了。譬如像王家。二是报纸刊登相关消息少之又少。信息不畅通，不公开，极容易滋生道听途说，容易把"旧闻"当作"新闻"而津津乐道，直至以讹传讹。

当时，王家正忙于春蚕大眠，直至上山等诸多环节，每天忙得疲惫不堪，晕头转向。但是，王家因为拥有《申报》等获得信息的渠道，就像一间屋子拥有了一扇窗户，外面新鲜的气息总归会吹进来，或多或少、或迟或早。只有充分掌握了解相关资讯，才有进行思考分析的可能及基础。从报纸相关报道中，王家渐渐知晓更多的事实及情况，并引发他们的思考。

"这是十足的强盗行为，我们坚决不同意这城下之盟。"

"欺人太甚，这倭狗竟然如此贪婪恶毒。"

"我们中国怎么会沦落到如此田地？"

"我们该怎么办？"

而最惨的悲剧，莫过于眼睁睁看见，却又是计无所出、束手待毙的境遇。

结果虽不可能改变，前途与道路也还是一片迷惘，但在摸索之中，有一点却是明确的：时机变了。就像立春之后，残冬虽竭力维护寒冬的余孽及余悸，但土壤与气候已悄然改变，春天已势不可当。同理，面对如此国运时局，切肤之痛，王家父子的思想会不随之变化吗？面对法、德、俄等列强趁火打劫，蠢蠢欲动，王家父子选择的道路会不随之调整吗？

> （光绪二十一年四月）十七……中日和议……读之令人发指眦裂。而又得十四沪电，谓法、德、俄三国不服中国利益为日独占，俄已兵舰抵烟，似有兵戈从事意，台湾为法保护，吾恐一正人君子而为群盗所辱……①

那年春夏之交，王国维将赴省城杭州参加岁试，一同前往的还有同学绿成等。

外出，自然需要食宿等费用。而岁试也是要收取费用的，考费是"三元"。

四月二十二日，王国维告别家人前往杭州。

夏早日初长，南风草木香。过了立夏，作为江南最秀美的城市杭州，荷花已是"娉娉袅袅"，或亭亭玉立，或枝繁叶茂。

完成考试后，王国维与友人同学去了西湖。这是难得的轻松休闲时分。翠柳轻扬，碧波荡漾，人流如织，王国维内心非常怡悦，以赋诗作词的形式，形象记录。

然而，这开心却是短暂的。年轻学子聚在一起，话题自然会涉及时局，特别是中日战局。虽然绝大多数人对此知之甚少，或是漠不关心，但其中肯定有知晓者、有清醒者。因为在家时与父亲对战局及时势有过专门的交流和讨论，所以王国维阐述的观点比较清晰。主要是两方面看法：一是对战事失利及带来后果的深重忧虑；二是期望国家能够通过维新改良而走上富强的道路。当然，这些想法还是朦胧的、零碎的，甚至是幼稚肤浅的，但也是十分珍贵的。正因为有王国维之辈新旧交替时代读书人对未来、对维新萌生本能的渴望与向往，才能助推时代之风起云涌。唯有唤醒

---

① 海宁市史志办公室编：《王乃誉日记》，第 491 页，中华书局，2014 年 7 月。

有唤醒能力的人，家国大事之变革才有中流砥柱。

因为还有学业上以及父亲交办事务要处理完成，所以王国维决定在杭多待一些时日。他给父亲写信，说准备到月底与绿成一起返回盐官。"五月初五端午……访桐兄，说杭事。绿成岁试得第四，上三名皆廪，可顶补，久语。接静儿信，谓月底与绿成俱还。"①

几天后，王国维又去了一趟崇文书院。行走在熟悉的校园，一草一木都唤起王国维的记忆，更促使其遐思畅想：之后的路该怎么走？

王国维离家才半个月，王乃誉就开始惦记了。父亲对儿子的牵挂有时比母亲还要绵长，就像当年触龙对赵太后之所言："甚于妇人。"五月初八一早，王乃誉给王国维写信，聊及家事，并提示儿子早日回家。"娓娓数十百言，所谓皆家事乎。"②

五月十二日傍晚时分，王乃誉偕王国华去盐官城西门外吊桥上垂钓。金黄色的夕阳落下万道光芒，静静地照射在王氏父子脸上。若是王国维在家，肯定也会跟随父亲一起前往的。

不知何故，绿成没有按照约定等到月底，而是于五月十三日那天提前返回盐官。他顺便带回来王国维为其父所采购的笔墨纸砚等书画用品。可能是因为只见其物而不见其人，触发父亲思念之情，王乃誉借故表示对这些东西很不满意。

五月二十八日，王国维坐船离开杭州，途经长安返回盐官。兄长回来，最为开心的是小弟王国华。因为兄长每次从杭州回家都会买来一些特色糕点等，作为小礼品赠送给家人的。同时，这些日子里他学业上遇到的难题及疑问，可以当面向兄长请教了。

眼看是六月，江南渐入酷暑。当晚，王国维对父亲作必要交流及汇报。不知是暑热还是谈话后兴奋的缘故，那晚王国维和王乃誉两人都没有睡好。王乃誉更是"三更不寐，至明殊苦"③。

生活固然有太多不尽如人意之事，但经常也会有惊喜之时。如此，有

---

① 海宁市史志办公室编：《王乃誉日记》，第499页，中华书局，2014年7月。

② 海宁市史志办公室编：《王乃誉日记》，第503页，中华书局，2014年7月。

③ 海宁市史志办公室编：《王乃誉日记》，第512页，中华书局，2014年7月。

起有伏，有悲有喜，生活才是原汁原味的真实。此时最大的惊喜则是王蕴玉将生产，这让王乃誉这位准外公，王国维这位准舅舅倍感期待与温暖。

"我要做舅舅啦！"

王国维心里当然是美滋滋的。于是，他全权代表娘家，带上小毛衫（没有修边幅的小衣服）、小夹袄、小棉被以及红糖、枣子等物品，去城东姐姐、姐夫家看望问候。这在盐官民俗中称为"催生"。这本来就是一件令人愉悦的喜事。再者，王国维最喜欢去的地方就是姐姐家。所以，一听到父亲这一指令，王国维立马动身前往，一路欣喜不已。

事实也是非常应景。当夜，姐姐顺利产下一个男孩。王国维喜不自胜，赶紧向家里禀报，母子平安。添男丁，这是天大的喜事，也是大事。虽然这孩子不姓王，身份是外孙或外甥，但他也是王家血脉之延伸，骨肉相连。王家上下能不喜欢不满足吗？

这孩子取名可大。作为大舅，王国维的辈分升格，其家庭责任也多了一份。后来的历史充分证明了这一点。譬如，大外甥可大去美国留学时，王国维曾资助其 400 大洋。再譬如，等到小外甥远威上沪江大学时，王国维也是出钱出力，全力以赴。

看到粉嫩嫩的婴儿，王国维一时间不知所措，既想去亲吻他一下，又唯恐毛手毛脚弄痛了他。怜爱之心情不自禁地滋生，眼角也不觉湿润起来。这是姐姐的骨肉，也像是自己亲生骨肉一般。他萌生出做父亲的感觉，朦胧而强烈。"父亲？"一想到此，王国维仿佛触电一般，身子不禁颤动起来。这应该是一次启蒙，让王国维真切地预演做父亲的体验。这更像是播下一颗爱的种子。在他自己成家有孩子之后，十分疼爱子女，用最初的柔情和真诚，真正践行一个慈父兼严父的心理历程。

黄梅季节到了，时阴时雨，潮湿闷热，王国维时常冒雨赶往姐姐家，看望小外甥，看望姐姐。王国维特别喜欢在姐姐家的那种情景，那种氛围，它甚至是一种享受了。但至于到底是什么东西真正触动了心底最为柔软的地方，王国维自己也说不清、道不明。恍惚之间，时空交错，如梦如幻，从姐姐身上，王国维依稀看到了先母的影子，还仿佛看到了未来妻子的模样。这美好的"虚幻"让王国维感到格外温暖与满足，又感觉十分新奇和激动。人，往往是通过眼下，通过具象来想象或描摹未来的。突然间，王国维感到莫名的心跳：妻子？对呀，不久的将来，自己也会娶妻生子。这将会是怎样的一幅情景呀？王国维沉浸在美好的遐思中，期待之情犹如风帆一般张扬。

闰五月二十八日，外甥满月。王国维和父母亲一起前往祝贺，吃"满月酒"。他代表全家，给小外甥一个红包。

吃过午饭，王国维感觉身体不适，像是发痧，所以一个人提前回家休息。

这也许是受了湿热天气侵扰，又或许是奔波劳累所致。因为前一阵子，王乃誉身体一直欠佳，王国维既要照顾父亲，又要代替他处理事务，时而还要往姐姐家跑。

这次，王国维真的病倒了。

王国维自幼体质虽不是太好，但也不至于经常染病，因为毕竟到了生命力最为旺盛的青春期。在《日记》中，经常会看到王乃誉对自己身体不适的记载，而较少看到王国维得病的相关文字，除了去年从杭州赶回盐官而发痧那次。而这次像是例外，《日记》中不但有明确记录，而且是连续记载。这是父亲关爱忧虑之表现，也可能是王国维病情确实比较严重吧？事实就是如此。自姐姐家喝满月酒回来之后，王国维一直出现发热症状，且两三天未进食，一直处于昏昏沉沉状态之中。嗜睡，神志迷糊，这大多是发热所致。这可不是一个好现象。王乃誉眉头紧锁，开始着急起来，不敢有所怠慢。王氏祖上多有行医者，一代名医王孟英就是王家之代表、之骄傲。王乃誉也是懂中医的，知晓病的轻重及安危。旧时读书人对传统中医一般都有一定的研究或造诣。虽然王乃誉会给自己看病，开方子抓药，但面对自己孩子时，他却不敢轻举妄动了。为谨慎与安全起见，王乃誉特意叫来弟弟王粹甫，两人一起研究病情，商量对策，最终决定给王国维用药。"静安病，不食饮，身热腹结，与粹商开一方，未退。"① 这可能是王国维病得太厉害，也可能是王乃誉所开方子不一定对头，反正吃药的结果是，王国维的病情没有得到根本性扭转，特别是发烧病症未见有效控制。这让王乃誉更加焦急，更加不安。王国维的继母也十分忧虑，眼睛

---

① 海宁市史志办公室编：《王乃誉日记》，第524页，中华书局，2014年7月。

通红，一边埋怨王乃誉，一边催促他赶紧想办法："孩子一直高热，会烧坏脑子的。"

到六月初一，王国维的病情似乎有越来越严重起来的势头。这不是一般意义上的发痧了，可能是发疹了，盐官人俗称"出兔子（瘖子）"。这是有相当危险性的症状了。"……发疹，且身热三日不退不纳，神困，反侧不安。"①看见如此情形，王乃誉再不敢自作主张，马上决定请擅长医道的长者田继舅上门问诊。可惜那人正巧外出，所以只能另想办法。随即，请来林朗山郎中。林郎中给王国维把脉，"视脉亦恐是疟"，察看病情后开出一服方子，其中有"羚羊、连翘"②等退热功效的中药材。但是，喝药以后，王国维的病情还是没有遏制及好转，到第二天还有加剧的症状。一时间，王家陷入更大的紧张、忙乱及焦灼中，继母甚至哭哭啼啼地祈求大慈大悲的观世音菩萨保佑了。事已至此，这是人命关天的大事了，刻不容缓，寻求有效的对策才是正确的战术。王乃誉毕竟是见过世面的明白人，他决定另请他人，并与之进行病情分析与用药方案讨论。因为这用药犹如用兵，讲究知己知彼，讲究对症下药。当天入夜，终于请来田继舅，他也为王国维开了药方。王乃誉很细心也很冷静，他把田继舅开的药方与林姓医生的方子进行了仔细对比，发现前者增加了"犀羚、车前"等药材，其余几乎相同。

拿到方子后，小弟王国华对父亲说：我跑得快，我去药店抓药吧。继母则赶紧生火，等待小儿子把药抓来。紧接着是煎药，然后亲自给王国维喂食。

人在病痛之中的感知往往会特别且敏感。王国维虽然长时间处于迷糊之中，但时而还是非常清醒的。此时，他完全明白是继母一边用左臂托着自己，一边一口接一口地在给自己喂药。这是一幅在极端情形下产生的画面。王国维无力地半躺在继母的怀里，像一个无助的婴儿，这直接触发他思绪与情感的开关。而此时，所有的言语都是多余的，也是不能准确表达的，唯有眼角的泪水，那滚烫的泪水，才是最真实的表白与答案。

母亲。

---

①②　海宁市史志办公室编：《王乃誉日记》，第 525 页，中华书局，2014 年 7 月。

那缺失的，久违的母爱！

从最初对继母敬畏和排斥，随着时间推移，逐渐转为接纳、认可，继而是感恩的心态，成为王国维从青年时期开始的另一场人生修行及修炼。它，不仅仅包含对一个特定对象态度的转变，而是由此及彼成为一种方法论：客观、理性、全面、深刻。这些都是人格品质，也是学术品质。做人，做学问，其本质是一样的、相通的。以此，逐渐成就一个"渐入佳境""独上高楼"的王国维。

当晚，王乃誉几乎又是一夜未眠。"四更猛雨如注。"①这焦灼的忧虑，与蒋捷笔下"听雨"时散淡的心理是不可同日而语的。

"阿弥陀佛，南无阿弥陀佛，大慈大悲观世音菩萨保佑儿子王国维一切苦厄病痛从此远离。"

到次日，王国维的病情好像有得到控制的迹象。王乃誉不敢松懈，继续延请林医生上门诊治。不久，田继舅也前来，他告诉王乃誉，王国维病情最危险的时间虽已基本过去，但有效恢复还需等待一些时日。"病只退小半。"②如此境地，让王家人一直处于提心吊胆、风声鹤唳之中。到六月初三一早，王国维能喝一点儿菊花茶了，但其神志依旧不佳，时而迷糊，时而烦躁。

为了照料王国维，王乃誉可谓呕心沥血，忘餐废寝，直至心力交瘁。一方面，他一直在思考并逐一回顾王国维的用药情况及相关症状，另一方面，他每天夜里要起来好几次，去王国维床边察看情况。弟弟王国华也似乎在一夜之间懂事不少，主动提出为兄长值夜守护，陪伴身边。爱的意义，在于心甘情愿地付出。

令王家人稍许宽慰的是，到初三日夜晚，王国维的体温有所下降，额头不再那么焦热了。但其神志依旧显得疲倦而恍惚。

时令已进入大暑，天气越来越炎热，王家老小是像热锅上的蚂蚁，一刻都不好过。为了让王国维有一个凉快且舒适的地方，王乃誉决定把王国维从西楼搬移至楼下居住。楼下不仅阴凉一些，进出也方便不少。

经过近十天的折磨与煎熬，到六月初六那一早，王国维病情才有比较

---

①② 海宁市史志办公室编：《王乃誉日记》，第 525 页，中华书局，2014 年 7 月。

明显的好转，特别是发热症状基本消除，"静病热退"。这让王家人得以松一口气，一直紧锁的眉头渐渐舒展开来。紧接着，王国维胃口也有明显好转，能喝点粥了。能主动进食，得到营养补充，这才是实质性的好消息。根据《日记》记载，王国维整整九天时间几乎没有进食了。"静儿病少轻减，日三炊粥，每盏许，大慰……"① 在此，王乃誉用了"大慰"这个词来形容当时的心情，足以想象他和一家人当时的喜悦之情。在对待王国维的情感或态度上，如此描述及口气在以前的日记中极为少见。

俗语道，病来如山倒，病去如抽丝。由于王国维病得不轻，且持续时间又比较长，各方面消耗很大，真是元气大伤。这直接导致他身体恢复得很缓慢，不时还出现咯痰等情况。而令王乃誉及家人越发胆战心惊的是，其间邻居家一位 17 岁的孩子因病而早殇。悲剧的气氛是很容易传染的，这噩耗更是直接刺激了王家老小脆弱的神经。

亲情和人性，在最需关怀和安慰的时候到来，这就是亲人。由众多亲人或挚友营造出的气场足以让个人消除惶恐和不安，至少是减轻压力，滋生踏实和依靠的感觉。在王国维患病及康复期间，王家亲友纷纷以不同形式表示慰问与关切："遇调梅问静病状……陈氏送吉卿致静书至。"② "接二婶信，因记念静病也。"③ "桐君来访，并看静病。"④ "又见湘丈、褚植卿问静病各事。"⑤ 对此，王乃誉总是亲自接待，或第一时间向王国维传达此类牵挂、问候和祝福。而同学兼表亲的绿成等则更是隔三岔五地前来看望。年轻人自有年轻人的气场，身强力壮、朝气蓬勃，自然会带来更加强力的生气与活力。这些，都为王国维尽早战胜病魔增添了勇气和信心。

时令进入挥汗如雨的日子。令王国维特别感动的是，恩师陈寿田冒着酷暑，亲自前往王家看望自己，并细心劝慰。

---

① 海宁市史志办公室编：《王乃誉日记》，第 527 页，中华书局，2014 年 7 月。
② 海宁市史志办公室编：《王乃誉日记》，第 528 页，中华书局，2014 年 7 月。
③ 海宁市史志办公室编：《王乃誉日记》，第 529 页，中华书局，2014 年 7 月。
④ 海宁市史志办公室编：《王乃誉日记》，第 528 页，中华书局，2014 年 7 月。
⑤ 海宁市史志办公室编：《王乃誉日记》，第 532 页，中华书局，2014 年 7 月。

较之往昔，王乃誉的日常作息发生了明显改变。除了因必要事务需要处理而外出之外，几乎一直待在家中，主要是为了照看及陪伴王国维。其心境更是随王国维的病情而跌宕起伏，一惊一乍，或忧或喜，充分体现一位父亲护犊之心切，一家人之情深义重。自王国维发病以来的大半月中，《日记》中几乎每天均有篇幅长短不一的记载，甚至将吃喝拉撒也一一记录。这已成为头等需要关注之事，因为它是身体状况最直观的显现。文字背后就是活生生的人物活动与情感世界，活生生的生活现实。基于此，只要稍加想象，这些真实的场景就恍如眼前，感人肺腑。即使时光过去一百多年，它依旧保持原生态的质感，那些温暖与亲情依旧打动人心，催人泪下。"静儿病少瘥，午食饭盏许。"① "静病仍无大松，日食如旧，不解。"② "静三次大便，然又加病，忧之。"③ "静儿又发寒热。"④

这一年的夏季王家真的是祸不单行。一方面，王国维久病未愈，王国维的继母和兄弟王国华等也先后有发热等不适出现，弄得全家人，特别是王乃誉焦头烂额，身心疲惫。"健儿身热不甚退，殊堪忧虑"。⑤另一方面，由于久旱未雨，地里的庄稼几乎枯死大半，甚至连盐官古城通往郭店的下塘河也近乎干涸。

国事、时局，家事、收成，这些不幸接踵而至，雪上加霜，大有让王乃誉彻底绝望的势头。打倒或摧毁一个男人的往往是"组合拳"。

到七月初，王国维发病已逾一月。但他还是不能起床，只能卧床养病。他被病魔折磨后的模样，与所有大病之人一样，譬如眼光灰暗、脸色蜡黄，譬如瘦骨嶙峋、手无缚鸡之力，等等。在七月初三那天的《日记》中，有一个细节记载，为我们提供了足够的联想空间。由于一个多月没有理发及洗头，王国维的头发已很长、很乱。这让王国维的病相显得更加难看。见此，王乃誉心痛不已，实在看不下去了，于是叫帮佣周六替王国维梳理一下头发。但一时却不能梳理通畅。"周六为静梳头，以发多，必三

---

① 海宁市史志办公室编：《王乃誉日记》，第 528 页，中华书局，2014 年 7 月。

②③ 海宁市史志办公室编：《王乃誉日记》，第 529 页，中华书局，2014 年 7 月。

④ 海宁市史志办公室编：《王乃誉日记》，第 531 页，中华书局，2014 年 7 月。

⑤ 海宁市史志办公室编：《王乃誉日记》，第 536 页，中华书局，2014 年 7 月。

四日可通。"① 又过了两天后，王国维身体又好转不少，家人决定为之修剪头发。他勉强起来，无力地倚靠在中堂的椅子上，周六开始为他修剪，继母在一旁搀扶并帮忙。"周六为静剪发，勉起中堂。"②

户外的阳光肆无忌惮地照射到堂前，非常刺眼，非常炎热。继母轻轻地撩起王国维的长袖，只见王国维手臂只剩下一张皮和一根骨头，仿佛半点肉都没有了。见此，继母一边流泪，一边安慰。

经过理发及整理之后，王国维的气色好像改变不少，眼神中也流露出一丝光亮。

春收之后，王家要派人外出收租。这是一个体力活，又是劳心事。前些年因为有王国维做辅助及帮手，这大大减轻了王乃誉的压力和工作量。而今年的情况是明摆着的，王国维因患病，非但不能帮忙，反而是"帮倒忙"了。如此，收租之事，只能由王乃誉独自负责了。而此时，王乃誉已年近半百，身体又一直不佳，面对这副重担子又是烂摊子，他能不感觉体力不支，能不感到心灰意冷吗？

到七月底，王国维的病情终于出现根本性扭转。随之，体力日渐恢复，譬如可以比较正常地进食，可以下地行走，可以去户外晒太阳等。同时，王国维也慢慢恢复自信心，瘦削的脸颊露出一丝久违的微笑，这让王家老小宽慰不少，放心不少。当然，王国维的身体离完全康复尚需时日，养病是一个心急不来的过程。

又是一年中秋。那天，王乃誉一整天在店里招待客人，互赠书画等。傍晚时分起，王国维和继母、兄弟在家，焚香拜月，祈福安康。同时，等待父亲归来。

父亲终于在起更时分回家。月圆，人圆，一家人团聚。

这一两个月来日日夜夜的煎熬和折腾，让王家深深感知：一家人健康平安是何等重要，何等福气。

王国维分别向父亲和继母深深地一鞠躬，感谢他们的用心与付出。王乃誉也动了情，伸出双臂，抱了抱王国维瘦削的双肩。这可能是王国维自

---

① 海宁市史志办公室编：《王乃誉日记》，第 536 页，中华书局，2014 年 7 月。
② 海宁市史志办公室编：《王乃誉日记》，第 537 页，中华书局，2014 年 7 月。

记事起至今，父亲第一次拥抱自己。

父子之情，双方都需要表达。

过完中秋，马上是八月十八。在盐官古城，这是一个盛大的传统节日，看潮、会客、购物，热闹非凡。"八月十八潮，壮观天下无。"那天一早，王家来了几位亲朋，难得热闹一番。中饭后，王国维主动提出，陪同亲友一起去海塘观潮。

"我已经好久没出去走动了，"王国维带着自信的微笑，向王乃誉示意，"慢慢走没问题的。"

其后，王国维逐渐扩大活动范围，时而外出，或借书或访友等。譬如，他从沈冕夫那里借来《万国公报》阅读。王乃誉也看到了这份报纸。对于其中传教等内容，王乃誉保持独立看法，且颇有微词。"看《万国公报》，静从冕夫借来，惜其中尚有劝入教之文耳。"① 紧接着，王国维还借来晚清著名外交家薛福成撰写的《出使四国日记》一书。这是近代思想家从自身文化传统和思维方式的角度对异域文化进行理解与评判的结果，它从多个局部和侧面反映了传统观念在西方思潮冲击下的反映和变化。这书对像王国维这样的年轻人影响当然很大。"静借得薛福辰使出英、法、比、奥四国日记，阅之颇有时务可采，识今时之要书也。"②

到九月底，王国维身体康复，元气渐满。但这一波刚平息，另一波则无端掀起，猝不及防：王家茶漆店附近房屋遭遇火灾，王家父子赶紧奔赴现场，实施救援。万幸的是，由于救火及时，茶漆店几乎没有遭受损失，基本是虚惊一场。

> （光绪二十一年九月）廿九……食未半，闻呜呜及人沸声，亟出视，乃知北有火警，即招静与喜婵，随后，急迫不及纳履，狂奔至北。北寺前，知为大街。由园到店，已搬动手，饬静守账包……③

① 海宁市史志办公室编：《王乃誉日记》，第 554 页，中华书局，2014 年 7 月。
② 海宁市史志办公室编：《王乃誉日记》，第 557 页，中华书局，2014 年 7 月。
③ 海宁市史志办公室编：《王乃誉日记》，第 566 页，中华书局，2014 年 7 月。

　　这突如其来的坏事很快被平息。其中外因也起到很大作用。因为邻居陈家在"一婚"之后还有"一娶"之喜事。王国维和父亲以及兄弟王国华应邀参加婚宴。

　　随着王家回归往昔生活节奏，一个原先被暂时掩盖的实际问题又慢慢聚焦起来，继而变为焦点：王国维的出路问题。

　　作为深受儒家圣贤教诲的王乃誉，满脑子装的当然是传统观念：书生士人之追求，必是"劳心者""人上人"，继而成就官宦门庭、光宗耀祖。其基本途径是"教育为基，科举作梯，由士入仕，企及'三立'（即立德、立功、立言），扬名于世"。当自己的人生理想未能如愿时，就把希望寄于长子王国维。而当王国维未能如愿科举及第、需重作人生规划时，便会以社会地位高低贵贱依次作考量及选择。

　　作为长子的王国维，读书固然重要，但自食其力，并担负家庭责任也重要。王国维和父亲经过商量以后，决定先去尝试塾师这一职位。因为自孔子创办私学之后，作为秀才或"士"阶层的私塾先生，一直让乡里街坊所尊敬。为此，塾师之业，就是王乃誉在无奈中退而求其次的主要选项。当然，这选择也是基于实事求是原则的。一来，王国维的身体不够强壮，特别近来还大病一场，所以想从事有较大体力要求的岗位比较困难。二来，王国维已取得秀才资格，担任塾师是合情合理的选择。还有，塾师地点可以选择在城内，离家不远，出行食宿或是兼顾家人等都会显得便捷不少。

　　而谋取塾师，王家明显具备优势。除王国维具有相当实力之外，王乃誉有比较广泛的人脉圈子及良好口碑。如此，选择一个比较合适或中意之人家，王家父子是有主动权的。

　　随之，王乃誉开始托人，想方设法。王乃誉首先想到的是同城的沈裕增（字楚斋）家。"遇王子培，托其荐静馆于沈。"[1]

　　为了增加就业概率，王乃誉还请人向陈家推荐。

　　这些举动，均表明王乃誉的心迹是迫切的，态度是诚恳的。

　　但聪明的读者可能意识到一个潜在的问题：当事人王国维的态度如

_____

[1]　海宁市史志办公室编：《王乃誉日记》，第 568 页，中华书局，2014 年 7 月。

何？他是怎么想的？他做好准备了吗？这才是关键，才是主要矛盾。

几天之后，王乃誉遇见王子培，他自然会向对方问起所托之事的动态或结果。对方的回复也很坦率，没有半点应付或敷衍的味道：正在沟通之中，会尽量争取圆满。

> （光绪二十一年十月）初三……王子培入，言托其所荐沈楚
> 斋留馆尚未实允，请其再询，力荐……①

到初七那天，王子培终于给王家带来一个明确的回复，是一个好消息。"子培复云，沈楚斋馆事已为静说定，修金卅六千，回议未决。"②答复中对职位薪金这最重要的内容之一都作了明确，可见对方是充满诚意的。对此，王乃誉颇为满意。因为这是对王家，特别是对王国维的认可。在此同时，王乃誉也不会放过任何可能的机会。譬如，他积极争取，主动谋划，希望王国维的前途能得到王欣甫"欣叔"的帮助及提携。"十月十三……草致王子培馆事复，又上欣叔书稿，未竟。"③"十五……早作书致欣叔，陈述静状，嘱荐洋务天算等学学生，计三纸，加三纸。"④

对于塾师一职，王国维却没有表现出特别高兴的表情或态度，城府显得有点深，既不是喜形于色，也不是无动于衷。说穿了，王国维内心是复杂的、尴尬的。虽说下层读书人大多会走塾师这条路，会由凌云壮志而屈就于柴米油盐的现实，其本质就是学会"认命"。而王国维对接下来的路该怎么走还非常模糊，非常惶恐。或者说，更多的是心有不甘及不愿。王国维是个鲜活的矛盾综合体，一方面，他既心高气傲、自视甚高，另一方面，又木讷寡言、自卑惶恐。这是性格使然，其实也是命运使然。

但这些心思，王国维都暗藏在心底，没有坦诚地与家人特别是与父亲讲清楚说明白。而这，恰恰是导致事态发展成出人意料之根源。

好在此时还只是口头约定。若想正式到岗履职，尚需面谈明确，时间

---

① 海宁市史志办公室编：《王乃誉日记》，第569~570页，中华书局，2014年7月。

② 海宁市史志办公室编：《王乃誉日记》，第571页，中华书局，2014年7月。

③④ 海宁市史志办公室编：《王乃誉日记》，第573页，中华书局，2014年7月。

也要等到过年之后。如此，眼下这段时间可以作为缓冲，可以调整心态。而从另一个角度来说，也不排除心动机会降临的可能性。因为任何时间段里都可能出现变数，出现机遇。时间总喜欢给期待带来的惊喜或好运作背书，留空间。这不，绿成从杭州回来，而吉卿将赴沪上发展，王国维和他们作了见面和交流。他们劝王国维作高起点打算，从有利于展示才华、实现抱负的道路上发展。

"无为在歧路，儿女共沾巾。"王国维感慨系之。转眼之间，志同道合的好友同学，或为学业，或为生计，将各奔东西，谋取前程。"醉别西楼醒不记，春梦秋云，聚散真容易。"

谁知道明天将会装扮成何等模样前来敲响你命运之大门。

入冬，王家又开始一年一度的种花准备。院子有花，厅堂有客，几案有书，这是所有读书人梦想生活的必要元素。十月初九那天，天气晴朗，气温和暖。午后，王乃誉去集市买来杜鹃、虎刺、瑞香等花种，另外还有几盆水仙。

王国维见此，赶紧从屋里出来，撸起袖子，和父亲一起在院子里劳作。父子俩先挑选合适花盆，整理泥土并拌上肥料，然后把新购的花树一一种植稳妥，浇水后精心摆放，使之错落有致，疏密有度。

大功告成，父子相视一笑。

接下来要做的事就是慢慢等待了。等待枝繁叶茂，等待万紫千红。学会等待，就是学会人生，学会诗情画意。

当然，王家并非营造一个世外桃源，王乃誉、王国维父子也非"两耳不闻窗外事"的遁世隐逸之士，不能真正做到"不以物喜，不以己悲"的超脱与悠闲。作为寻常人家，王家始终生活在平淡的烟火气息之中，讲究油盐酱醋，同时也生活在家国情怀的思想情感之中，充满喜怒哀乐。譬如，通过报纸及传闻，王乃誉更多地了解了中日之战以及《马关条约》等实情，其内心自然又是一番愤愤不平。若从时效而言，这些消息其实都是滞后了。这主要是因为清政府千方百计封锁事实真相而致。

真相，来之不易，获得真相难，揭示真相更难。但是真相就是真相，不容掩盖与粉饰。"万马齐喑究可哀"，愚民政策是统治者黔驴技穷之下下策。

（光绪二十一年十月）初十……余见报，有厦门计台逃回溃勇二万余人之说，揆之众理必已沦陷，而诸处甚传以为大胜，竟夺船而至大坂，倭人讳败，故尔特恐，未必有奇捷。果是，转机在，中国之大幸已。[①]

中日甲午战争以清政府惨败而告终。自以为是泱泱大国竟然被蕞尔岛国打败，这对老大帝国以及国人的刺激与震动远远大于近代以来任何一次战争。"日本以寥寥数舰之舟师，区区数万人之众，一战而剪我最亲之藩属，再战而陪都（引者按：指沈阳）动摇，三战而夺我最坚之海口（引者按：旅顺和大连），四战而威海至海军大替矣。"[②] 挨打，促使或迫使有识之士痛苦思考：中国为何会惨败，出路在哪？得出的基本结论是，中国必须向日本学习，走维新强国之路。梁启超说："甲午丧师，举国震动，年少气盛之士，疾首扼腕言'维新'……"[③] 风起云涌的时代思潮波澜壮阔，这"年少气盛之士"中，应该包括王国维父子。只不过，当时他们还处于朦胧之中，尚属潜在力量。

王国维拟赴沈家任塾师之事的诸多环节包括细节，通过王子培这位中间人在进一步的协商及协调之中。

十月十六日那天，王乃誉一早去市场买肉买菜。那天，王家先在家举行祭祀先人仪式。然后，王国维和王国华兄弟俩跟随父亲王乃誉一同坐船前往徐步桥外王家祖坟祭祀。时令已是初冬，途中突然遭遇小雨，寒风萧瑟，所以气氛显得格外凝重。忙着赶路的父子一路上几乎没说什么话。到墓地后，王国维撑伞挡雨，王国华帮父亲端出祭品，然后是父子几个轮流跪拜。好在不久雨也停了，祭祀活动进行得还算顺利。

每到秋冬，墓地的松柏等都需要修剪修整。王乃誉是个做事细致缜密

---

① 海宁市史志办公室编：《王乃誉日记》，第571～572页，中华书局，2014年7月。

② 严复：《原强》，见《中国现代学术经典 严复卷》，第542页，河北教育出版社，1996年。

③ 梁启超：《变法通议》，见《饮冰室合集》文集1，第10页，中华书局，1989年。

的人，在来坟地祭祀前，就提前请人，一同前往，负责修剪树木。祭祀完毕后，王国维兄弟俩一起帮忙，把修剪下来的树枝等进行捆扎并搬运。

当王家父子回到盐官西城门下时，发现有人设摊在卖古玩。这自然引起王乃誉的兴趣。王乃誉带着王国维兄弟俩走上前，大致浏览了一下。所谓"内行看门道"，因为东西不是很多，所以王乃誉似乎只要扫描一下就可以知晓个大概了。这些东西大概都没入王乃誉的法眼，他只对其中一枚古钱币有点兴趣。那古钱上铸有四个文字，但不是汉字。对此，王乃誉与王国维商量了几句，父子俩都不敢确认，猜测为蒙古文。未知，总会衍生出好奇或兴趣。最终，王乃誉决定买下这枚古钱。"……上岸，于城下见一古钱，绿色，殊佳，而四字不能详识。以四十文市之归。大约系蒙古钱也。"① 应该说，王乃誉一生喜爱古玩，经他手的东西少说也有成百上千件。这看似不经意的一次邂逅，对王乃誉几乎没什么影响，无非是多了一件藏品。而对王国维来说，却可能是一次对文字学产生探究兴趣，以及孜孜矻矻的缘起。回家后，王国维对这枚铜钱进行了仔细研究，并翻阅相关古籍。一枚钱币，就是一个流浪的灵魂。试想，一枚来自遥远北方的蒙文钱币，经过多少人之手流转，最终花落王家。这就是造化，这就是因缘。

类似"淘宝"或"捡漏"的例子也发生在王国维身上。据家人追述："……王国维中年以后，有一次去琉璃厂购买旧书，发现一本书里夹着一张纸条，看后顿时惊喜万分。买书回家，如获至宝。据姑母东明回忆，那一天先祖父一改往日悲郁心情，整日沉浸在欢愉之中，家中子女见他欢喜，也跟着高兴。"②

一枚蒙古钱币，其本身的价值也许非常有限，而其附加值却是意味深长，它到底会演绎或携带多少故事或传奇，谁也无法预测。令人浮想联翩的是，日后，王国维成了一位著名的文字学家与历史学家。其中，他对蒙古历史也有专门的研究，并取得卓越成果。在其生命的最后两年多时间

① 海宁市史志办公室编：《王乃誉日记》，第 574 页，中华书局，2014 年 7 月。
② 王令之：《王国维早年读书志趣及家学影响》。吴泽主编、袁英光选编：《王国维学术研究论集 3》，第 487 页，华东师范大学出版社，1990 年 2 月。

里，集中精力从事蒙元史研究。特别是对成书于 13 世纪中叶的《蒙古秘史》等有专门研究，然后有力作《蒙古史料校注四种》出版，即《蒙鞑备录》《黑鞑事略》《长春真人〈西游记〉校注》《圣武亲征录校注》四篇合为一书。这其中的情愫，是否包含着那枚古钱的缘起作用？当初的一个念想、一个好奇，终究会被唤醒，开花结果。如此说来，历史，也会有"因果"，有"轮回"？

在随后的日子里，几乎一直是阴雨天。时近冬至，盐官有俗语云"落冬至，晴过年"，意思是说，冬至多雨，过新年时天气会是晴朗的。寒雨连绵，势必增加出行难度，而年前势必有很多事务需要处理，拖延不得，所以王乃誉只得风里来雨里去，在外奔波，直到月底才回家。

父亲不在家，王家的气氛明显变得宽松一些。当然，王国维与王国华都很懂事、很自觉，各自用功。一般情况下，兄弟俩一个在楼上，一个在楼下，好像互不干扰，但也有互相鼓励、切磋探讨的机会。

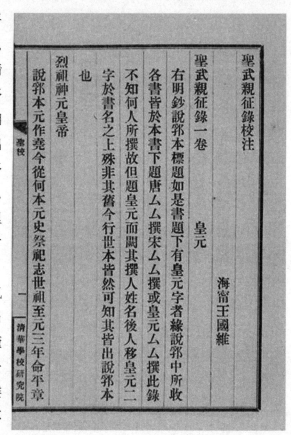

王国维《圣武亲征录校注》

王国维坚持每天练字，书写条幅等。同时，还专心致志地学画，以家中珍藏画卷为模仿、揣摩对象入手。向古人学习，向名家学习，这是极有效的学习方法。细细观察，慢慢领悟，渐渐积累，好东西看得多，才会开眼界、识品位、懂窍门，直到了然于心的境界。但光看还不行，必须思考与实践并重，学中做，做中学。唯有对好东西揣摩得多、临摹得多，继而走上创作之路，才不至于造成眼高手低的毛病。如此，不仅锻炼了王国维对传统书画作品的审美能力和鉴别能力，还培养了他创作表达能力。所谓驽马十驾之功，是日积月累的结果，是坚持不懈的结果。按照现代成功学的说法，叫作"一万小时定律"。

同时，随着年岁增长，心智进步，小弟王国华的学业也得到很大进步。这里自然有作为兄长的一份功劳，王国维既是勤奋好学的榜样，又是答疑、解惑以及传道的先生。作为"先生"，其最大的好处在于可以随时随地向他请教，而且不用看他的脸色，不用怕他发火。事实就是如此，王国维每次都是不厌其烦地解答，旁征博引，滔滔不绝。

当然，硬要弄一个助推及成就王国华成长之"功劳榜"的话，王乃誉肯定是首功者。因为这是做父亲的责任，也是他的期待。"夜，为健讲《论语》。伊能还讲。若不间断，则此子才可就也。"①《日记》中出现如此意思及语气，这在当初教育王国维时是没有出现过的。其因有二：一是长幼之序关系。王国维是长子。长子自有长子之特殊责任、特殊期望。二是教育经验累积所系。因为有教育长子王国维的经验或教训之后，王乃誉的教育方法有了相应的改进、修正及提升。

"阴极之至，阳气始生。"冬至日到了。天气虽已放晴，但颇觉寒意。那天，王乃誉感觉身体不适，直到午后才出家门。行至西门桥边，看见有人在城墙角挖墙砖，好奇而走近一看，发现墙下是一层一层堆砌的汉砖。王乃誉取了其中一块，发现砖体上有"太平二年八月二日造"② 等字样。这里的"太平"，应该是指太平兴国（976 年 12 月—984 年 11 月），它是宋朝第二位皇帝宋太宗赵光义的年号。这引起王乃誉的兴趣，在征得他人同意的前提下，他取回两块砖。经过洗刷，王乃誉让王国维兄弟两个一起来鉴赏这两块砖。兄弟两个分工合作，一个用尺子量，一个记录数据。砖头材质很是细致，手感厚重。不知为何说到了这块砖的实用价值，兄弟俩的看法出现了明显分歧。王国维说，这砖稍加改造可以当作砚台之用。而王国华说，这就是一块磨刀石嘛。父亲听了哈哈大笑。

---

① 海宁市史志办公室编：《王乃誉日记》，第 583 页，中华书局，2014 年 7 月。
② 海宁市史志办公室编：《王乃誉日记》，第 585 页，中华书局，2014 年 7 月。

若从盐官古城兴衰历史来看，这一线索为我们考察了解北宋年间盐官古城墙修建史实等提供了史实依据。

年关将近，王家又开始忙碌起来，收租、对账等事务都需要一件一件点对点地去操办。此时，王国维基本能独当一面了。遵从父亲关照，王国维领着具体任务，开始单独执行，奔波忙碌。行走在古城的大街小巷，王国维一边设想收租时可能会遇见的情形，一边谋划该如何回答的话语。

“履行契约，理当如此，这没有什么可为难的，”王国维暗自为自己加油鼓劲，“挺起腰板，理直气壮一点”。

成长是过程，也是结果。所有的稚嫩都是在生活的磨砺中才变成厚实与坚强的。每天收租或收款回家，王国维都会如实地向父亲进行交代，不管是满载而归还是空手而归。面对事实，父子俩不再情绪化表达：王乃誉不再一味责备苛求，而王国维也不再一味回避退缩。双方渐渐学会了理解和宽容。他们会进行有效沟通，合理分析，于是家庭气氛越来越和谐与宽松。这其中，王乃誉感觉力不从心也是主要原因之一。到了一定年龄阶段，学会放手，是做父亲最需学会及运用的人生智慧。

当时，王国维经常会以王家“大少爷”这“新生代”身份抛头露面，参加人情世故方面的社交往来。其中出席最多场合是参加婚丧嫁娶。“……静安赴章月樵贺嫁喜，送张月槠嫁女礼，蔡礼耕子娶礼，濮琴师子娶礼……”[①] 年轻一代逐渐替代年长一辈而登上社交舞台，在盐官一带的语境中，将其称为“场面上人”。

面对王国维闪亮登场，最感欣慰的人是王乃誉。一是表明王家后继有人，二是着实减轻了父亲的负担。当然，王乃誉的内心多少掠过一丝酸楚：老之将至，日薄西山。

经过前期磨合及运作，王国维、陈达衢和王乃誉三人已经构成富有创造性的“黄金三角”。主要工作是替人写字，诸如写条幅、对联，包括挽联等。王国维负责文字谋划工作，父亲和姐夫分别进行书法创作。

有时，王国维也会“手痒痒”，主动向父亲提出请求，让自己写几幅

---

① 海宁市史志办公室编：《王乃誉日记》，第 591 页，中华书局，2014 年 7 月。

试一下。一来是看看作品水平是否可行，二来是能得到父亲和姐夫的批评指点。

作为信誉与质量之保障，王乃誉对每件作品都是严格把关，逐一审核。读书人当然是珍惜自己名声的，犹如鸟儿爱惜羽毛一般。因为，这书法作品，虽是一门艺术，但评判标准或作者水准等却比较模糊，见仁见智。私下练笔，自我欣赏、自我陶醉是一回事；若要进入公众视野，成为公共作品，那又是另一回事了。此时，免不了要接受他人或公众的评头品足，甚至讥讽、轻视或彻底否定。所以，是否"拿得出手"，有自知之明，会是一场严峻的考量，它既是心理的，又是实力的。

腊月初一，半夜下起零星小雨，一直延续到早上。王家正式开启了一年一度的收租"大戏"。说是"戏"，意在说明其间有情节的波澜起伏，有人物间的斗智斗勇。王国维父子一行租船出门，沿着下塘河，一路前往郭店、鄠墅庙等地。

> （光绪二十一年十二月）初一，腊月之朔，阴，及夜小雨。晨理行装、斗袋，静偕玉堂、周六放舟收租，于店一立，即行。[①]

经过一天的奔波与磨嘴皮子，王国维和王乃誉步履蹒跚地回到船上时，天色渐近黄昏。王国维与周六一起赶紧生火做饭。其实就是将冷饭冷菜热一下，然后草草吃下，算是完成任务。出门在外，哪里能跟温暖舒适的家可比，王国维也没有什么抱怨。到了晚上，气温直线下降。起先的小雨，慢慢变成了雪花。王国维赶紧帮助父亲铺好被子，让他先睡。可是，心事重重的王乃誉怎么也不能入睡。"……下舟行已天暗矣。天色不辨水道，过北树桥泊焉。夜闻水獭声甚厉。"[②]

北树桥，今写成博儒桥。

家家有本难念的经。

说是来收租，王家父子却四处碰壁，被弄得灰头土脸，闷闷不乐。那模样若是借用孔老夫子的自嘲就是如丧家之犬。

"这哪里是收租，其实是在讨饭呀……"王乃誉有感而发，唉声叹气。在一旁的王国维则不敢作声，唯恐流露一丝唏嘘会加重父亲的忧愁，或引发父亲的牢骚。

这一路下来，王国维目睹了乡村的凋敝和萧条。因为深受外来经济入侵以及苛捐杂税盘剥，江南农村传统的自然经济受到严重打击，民不聊生，农民生活日趋贫困。雪上加霜的是，今年夏天因大旱，秋收造成大幅减产。"今夏天时亢旱，禾稻俱枯，虽七月间迭沛甘霖，而各属之受灾者仍复不少……"① 残酷的现实让年轻的王国维陷入苦闷与思索之中。

当面对下层劳动者实际苦难境遇时，王家还是会将心比心，讲究仁义及善意的，会体恤，更会妥协。譬如，当听到租户陈述因自然灾害导致歉收，家中实在困难，故而以减轻或减缓收租定额请求时，王家表现出极大的诚意与度量，最终的结果是尽量让双方认可。"……其妻与其妻母陈苦状，乃量米二石二升，少欠五斗，约明蚕罢归还……放舟至王关昌家，其妻仅仅出四元，只抵米一石（余），而取租应四石，所差巨……"②

再譬如：

> （光绪二十三年十一月）廿四，雪霏微，渐密。有一壮年陈姓（云在城外），乡下非烟客，而寒喋瑟缩，乞怜棉衣。内子乃捡破夹袄赠之。余谕小辈见此等触目惊心，有财时不可狂用胡乱而顾己，外施及贫人乃为（真有）益事。中心殊为天下不平，而尤后人忧之。③

对于他人困难或不幸，讲究人情味，赋予同情心，这些仁义道德在王国维之后的人生道路中得到充分传承与体现。它，不仅局限于对家人的关照和爱护，还表现在对同事、对学生、对邻里等力所能及的关心和帮助之中。

---

① 《申报》，1895 年 10 月 16 日，第 2 版。
② 海宁市史志办公室编：《王乃誉日记》，第 594 页，中华书局，2014 年 7 月。
③ 海宁市史志办公室编：《王乃誉日记》，第 793 页，中华书局，2014 年 7 月。

总而言之，王国维是个善良而实在的人。

十二月初三，王乃誉和王国维终于回到家。当晚，一家人聚在一起，吃了一顿比较难得的团圆饭，王乃誉还喝了几杯酒。

回家的感觉真好。那天晚饭后，王乃誉和王国维、王国华父子三人围坐在客厅聊天。虽说外出忙碌几天，身心疲乏，但趁着酒兴，王乃誉主动提出给孩子们讲点关于算学方面的学问。昏黄的油灯下，王国维和王国华兄弟两人一起聆听父亲关于《算经》的教导。见此状，继母主动提出，给爷儿三个沏一壶茶，抵御寒气，以助雅兴。

"你这是红袖添香呀！"王乃誉打趣道。

父子互动的氛围很好，如此情况一直持续到半夜。有道是"雪夜读书滋味长"，而《菜根谭》中说"读书于雨雪之夜，使人神清"，这大概是人的日常生物钟与环境等产生化合所致。屋外弥漫着寒气，可屋内气氛颇为融洽，父子三人聚精会神，时而叙述讲解，时而发问讨论。如此投机、平和且温馨的情形，构成王家日常生活的另一面。"夜，教静、健算经至久。"[1]

所谓《算经》，是古代关于算学方面书籍的统称。历史上有《算经十书》之说，它们曾是隋唐时国子监算学教科书。这十部算书是：《周髀算经》《九章算术》《海岛算经》《五曹算经》《孙子算经》《夏侯阳算经》《张丘建算经》《五经算术》《缉古算经》《缀术》。

王乃誉之所以给儿子们讲述《算经》，我猜想，这既是在传承优秀传统文化，训练孩子们的理解和思维能力，更是在传授运算方法和原理，教会孩子们实际运算方法，掌握运算技巧，提高运算能力，使之在以后的生意及生活方面得到熟练运用。学以致用才是王道，才是目的。有担当的父亲，他的心思总是具有前瞻性，时时处处会从孩子发展的角度去思考，去谋划，去实施。

自这晚起，除了难得因身体不适而中断之外，王乃誉几乎每个夜晚都坚持给两个儿子讲述《算经》。这样做的原因明显有二：其一，《算经》的内容非常丰富，且有难度，要讲述清楚，哪怕是概述，也需要一些时日、

---

[1]　海宁市史志办公室编：《王乃誉日记》，第 595 页，中华书局，2014 年 7 月。

一些精力。循序渐进，弄清原理，使之融会贯通，避免一知半解及不求甚解，才是对先贤的尊重，对科学的尊重。其二，也许更为重要，意在表明王乃誉治学态度乃至人生态度，从中体现敬畏、专注与严谨之精神。做学问最忌虎头蛇尾、不求甚解或半途而废、不了了之。这些说法在接下来一段时间的《日记》中得到充分印证。譬如，同月初四日"夜教二子算"①、初五日"教健算不辍"②、初七日"夜教算"③、初十日"夜教二儿算"④、十二日"夜教算，讲解《论语》"⑤、十三日"夜教算"⑥。这里虽都只是简短的几个字，但其内涵却是丰富的、厚重的。它的背后是父子三人活动场景，那里有故事，有温度，有教益。

先问耕耘，再看结果。不管是做学问，还是经营农事，其本质含义是相似的。

冬季临近，桑地需要培土施肥，桑树需要修剪或是移栽，以便来年桑枝桑叶长势良好，以保障春蚕丰收。同时，也需要对院子里的桂树、蜡梅树等一并进行整理。

王家桑园只有几分地，桑树总量也不多，工时不用很多，而培土施肥、修剪桑枝等也不算特别重的活，所以王家是不另请帮工的，主要由家佣周六负责，加上自己人帮助，一起完成。这自然减少了一份支出一份开销。说起帮忙，王国维是个小伙子了，这些活儿他不仅要参加，还要拿些主意等。譬如，种植几棵桑树，怎么种等具体问题都需要明确。实际劳作最会培养人锻炼人，让人体会生活的本真，让人理解男儿的担当。王国维不想成为"四体不勤，五谷不分"的酸腐书生。而勤奋实干首先就要脚踏实地劳动。

腊月十五日那晚，大雪纷飞，寒风呼啸。到明早一看，地面已是两三寸厚的积雪。瑞雪，预示着年关程序开启，王家茶漆店以及其他生意都进

---

① 海宁市史志办公室编：《王乃誉日记》，第595页，中华书局，2014年7月。
② 海宁市史志办公室编：《王乃誉日记》，第595页，中华书局，2014年7月。
③ 海宁市史志办公室编：《王乃誉日记》，第596页，中华书局，2014年7月。
④ 海宁市史志办公室编：《王乃誉日记》，第597页，中华书局，2014年7月。
⑤ 海宁市史志办公室编：《王乃誉日记》，第598页，中华书局，2014年7月。
⑥ 海宁市史志办公室编：《王乃誉日记》，第600页，中华书局，2014年7月。

入年底囤货、销售与结算阶段。一方面要大量进货，另一方面则要盘点库存，还要把平日里的赊账等进行清算，或上门催讨等。除此之外，王家的租房和地租等款项也要派人上门收取。

王国维是个会"看三四"的懂事孩子，他主动向父亲提议去店里帮忙做事。在一旁的小弟王国华也来凑热闹，嚷着也要跟去。王乃誉爽快地答应了。

到了店里，王国维赶紧进入角色，或帮助货物整理，或帮助钱款收付。虽然他的动手能力不是强项，但态度明显是诚恳的。王乃誉继续担任"总司令"角色，指挥工作，同时，有意识地观察或考察王国维的处事能力，特别是经商能力。从事任何行业，或多或少会讲究缘分及天赋。俗语道："只要一出手，便知有没有。"如此临场"考试"，其结果立马知晓。天下所有父亲的期望和儿子的实际表现之间总是有落差的。在王乃誉眼里，儿子毕竟还年轻稚嫩，遇事处理方法不够沉着老到，根本没有到达父亲期望值不说，甚至连做事的气势、动作的协调等方面也令其失望，总给人毛手毛脚、手足无措的感觉。所以，责备的话语不时出现。对此，王国维似乎早已习惯了，从不顶撞，也无怨气。

江南民间有在腊月二十三日晚举行"祭灶""送灶"的传统习俗，称为"小年"。那晚，家家户户都会烧一锅糯米饭，一般还会加入赤豆、红枣之类。其中，第一碗肯定是作为祭灶时的祭品。米饭上还会撒上红糖或冰糖以及葡萄干等，意在让灶神吃得甜甜蜜蜜，以便让其去太上老君那里汇报情况时，多说说这家人的好话，多说些吉祥的话。上天言好事，下界保平安。那晚，王家进行祭灶仪式。王乃誉因牙痛发热身体不适，所以只是象征性地站立一会儿就走开了。按照继母吩咐，王国维和王国华兄弟俩神情端庄地对着灶司菩萨鞠躬致谢。

祭神如神在。王国维的愿望很简单，就是祈求一家人平安健康。这一家人就是：父亲、母亲和兄弟。

母亲？是的，母亲。

自从王国维大病时得到继母精心照料与看护而康复之后，王国维由童年时期郁结的那些疙瘩已渐渐消除，天朗气清，内心完全接纳这位"母亲"了。这是人性的胜利，亲情的胜利。所以，下文不再以"继母"

称呼了。

母亲最后一个祭拜。她口中念念有词，似乎有很多美好的愿望祈求实现。临近终了，她眼睛闪出一丝光亮，一副热切期盼又心满意足的模样。为了灵验，许愿，一般是不告诉他人的。所以，站在一旁的王国维自然不会知道母亲在念叨些什么。其实，母亲最终的许愿与他有关，或者说就是为他许的愿：来年，王家要娶一房新媳妇，是给王国维娶亲！每一个母亲待到儿子一定年龄时，都有迫切成为"婆婆"的念想。因为只有做了婆婆之后，才可能成为祖母，才能抱孙子，香火相传，功德圆满。天地之大德曰生。女性之母爱，是一个家族乃至整个人类生生不息延续的根本动力，可谓齐家之本。

十二月廿五日，王家收到王欣甫从南京寄来的信件。信中带来一个好消息，王国维有可能前往南京发展。"接到欣叔金陵信，谓所托静荐，既水三制造局仆留意，而陆师学生可荐，其意浓至可感。既云萧县交……开岁一复文一定，静之去就耳。见吉卿有致静信并书跋……出城，路见楚白，知欣信乃其带回交者，匆匆一面。"①

临近年底这段时间，王乃誉身体又不太好了，所以心情自然也不太好。所以，很多事情是由王国维出面去完成，主要是对账及收账。江湖险恶，人心叵测，为了收账，王国维接触到形形色色的人，进一步使其认识社会、认识人心、认识自己。而王国维在外的种种经历或遭遇，是王乃誉完全可以预见并深刻感知的。磨砺，自然是不好受的，甚至是痛苦，是煎熬。但，这又有什么办法呢？

王国维在外所遭遇的诸多细节可以省略，乃至隐瞒。但好几次几乎是空手而归的"结果"却是回避不了的，只得如实告诉父亲。对此，王乃誉该生谁的气呢？是对不讲信誉的债户，还是对那"不是这块料"的儿子呢？抑或兼而有之吧。

"是巳刻，着静往山增取到十五元，至富佃，不见，寻王老坤亦不面。可恨。"②

---

① 海宁市史志办公室编：《王乃誉日记》，第 601 页，中华书局，2014 年 7 月。

② 海宁市史志办公室编：《王乃誉日记》，第 602 页，中华书局，2014 年 7 月。

忙碌却无趣的日子里，因为收到同学兼好友吉卿从上海的来信，让王国维暂时解脱或是逃避现实，并滋生烟花般瞬间的灿烂和憧憬。赚钱固然重要，而年轻人更看重对未来的畅想，对美好事物的渴望。

而当家人就没有那样自如，那样潇洒超脱，或者逃脱的机会了。年底，让各种矛盾与纠葛激化或是放大，没有一点回旋的余地。年关，是一个难关。可怜的王乃誉再一次陷入苦闷之中，尤其为亲情所困。《日记》里的王乃誉如困兽一般，凄厉呼号，痛苦挣扎而不能自拔。

这实在是一副凄惨且无助的场景。时过境迁，我不敢猜想，王国维日后是否看见父亲《日记》里留下的这些文字。若是看见，睹物思人，昨日重现，那是怎样的心情，怎样的感觉呀？

也许，千言万语只汇聚成一句话：太难为您了，父亲！

（光绪二十一年十二月）廿八……变臣之账，其夫人仅还二元，其不情之甚；顺龄之账许十元……年事录而十九不如意，我租我欠十不还九，诸人之欺之妄。思而若静若余乞讨，人视之不见，茫渺，故以致此。粹夫等但教食饮取用，累亦何堪。夜归。夜三更蹶然起，振怒，竟尔不寐，肝气大作，喑哑叱咤，无药可医，静念平生，何以舍却？①

太阳照常升起。新的一天，即是除夕，旧年的最后一日。寒风中，王乃誉仍然是东奔西走，而账目应收情况仍然是不遂人愿。如此这般，一直延续到半夜三更。万念俱灰之中，好在有王国维出手相助。此时，儿子不仅是业务帮手，更是心理安慰与寄托，多少给人踏实的依靠感和"有望头"。因为，这困难总是暂时的，有儿子在，希望就在。"挈静张同兴市纸簿，并市饼糖。汪祥昌、珍三二处讨账，一问而归，寒风暂冰，到家复饮而卧。"②

在辛劳、郁闷与失落的纠缠之中，一年的最后一天就如此度过。度日

① 海宁市史志办公室编：《王乃誉日记》，第 602～603 页，中华书局，2014 年 7 月。
② 海宁市史志办公室编：《王乃誉日记》，第 603 页，中华书局，2014 年 7 月。

如年，用在此时此景，是最为确切的。

这可是除夕之夜呀。

它，完全没有我们想象中王家似乎该有的欢喜气氛，共同守岁的场景：譬如一家人团圆，满桌子的美味佳肴，觥筹交错，或是吟诗作赋、妙语连珠，一片温馨祥和。

没有，完全没有。连一点儿边都没沾上。

骨感乃至冷峻的现实中，王国维的弱冠之年就这样潦草收场落幕。

第 9 章　初出茅庐　新婚成家

清光绪二十二年（1896），岁次丙申。王国维 20 岁了。

有道是新年新气象。只是在一夜之间，王乃誉笔下的文字完全摆脱了昨夜那种凝重、凄楚与怨愤的基调，负面情绪奇迹般地一扫而空。"元旦，朗晴，数年未见此景象。"① 天气晴朗带来心情晴朗，相得益彰。君子忧道不忧贫，读书人讲究并看重的是规矩，是传统。王乃誉喜欢给孩子们树立榜样。有范式，有腔调，这不仅是行为，更是生活乃至做人的境界和准则。那天，王乃誉"早起，具衣冠，斋佛"②，紧接着是拜谒祖先。其后，带着小儿子王国华出门，前后入关帝庙与城隍庙。

从去年开始，王国维代表王家单个儿去走亲戚、拜访尊长了。今年则几乎是熟门熟路、顺理成章了。"静儿出贺年。"③ 如此说来，一个好的开头很要紧。

新的一年，王国维面临的最大任务就是成家立业。成家与立业，这是两件事，也是所有成年男子都要面临的两副担子。

船到桥头自然直。此时，王国维的心思没有陷入胡思乱想之境地，而是集中在一本书上，全神贯注。要了解或看清一个人的思想进步与变化的

①②　海宁市史志办公室编：《王乃誉日记》，第 605 页，中华书局，2014 年 7 月。

③　海宁市史志办公室编：《王乃誉日记》，第 606 页，中华书局，2014 年 7 月。

轨迹，最为捷径的视角或方法，就是考察他的阅读书目。知晓一个人主动
阅读什么书籍，再聚焦他的思想，几乎就是找到了打开他心路历程的一把
钥匙。若要对青年时期王国维思想变迁有所了解及理解，特别是对其思想
关键点及转折点有所把握，我们可以从他关注与阅读的书籍中得到清晰而
明确的路径。

此时，王国维在读一本叫作《盛世危言》的书。

《盛世危言》

顾名思义，这是一本大书，一本关乎时代、家国、前途的大书。这
"盛世"与"危言"构成一个矛盾体，一个警示语。这一主题延续了《易
经》主张"物极必反、居安思危"之理念。对君子而言，"终日乾乾，夕
惕若厉，无咎"；对朝政而言，"其兴也勃焉，其亡也忽焉"。

《盛世危言》，是中国近代思想家郑观应的重要著作，于清光绪二十年
（1894）正式出版。它是中国近代思想发展史中一部较早思考从传统社会
向现代社会转变的著作，主张全面系统地向西方学习，直言不讳地指出了
中国社会生活许多方面落后于西方的事实，并提出了从政治、经济、教
育、舆论、司法等方面对中国社会进行改造的具体方案。

这里，有一个疑问值得高度重视并认真分析：即王国维为何"会"又
为何"要"阅读此书。这几乎可视为王国维思想成长路上一个重要的指示

牌与里程碑，也是我们探源并梳理王国维思想发育史的一个重要切入口。每个人的思想发展或变化都是有迹可循的。

实事求是而言，王家尤其是王国维一直偏居江南小城一隅，主动或被动地获取时代气息、政治动态的渠道，以及人脉网络、对外交往途径等都十分有限，毫无天时、地利、人和诸多方面的优势或便捷。其最大的信息来源，大概就是《申报》，以及零星的一些书籍。

而此时，若有一本极有分量的书籍，犹如一位有主见有思想的朋友，大驾光临，侃侃而谈，显得至关重要，弥足珍贵。它无疑是一道阳光，又像是一场及时雨。譬如，这本《盛世危言》之于王国维。此书出版一年稍多时间，从千里之外的京城，流转到一座小城，放在一位 20 岁年轻读书人的案头。这很奇妙，也很重要。因为，即便是同一本书，在不同年龄段读到，所产生的效应及结果可能是完全不同的。一本书就是一簇思想火苗，在这位年轻人身上不知道将会燃烧成一场何等模样的大火。

试想，中日甲午战争的炮声还在耳边回响，《马关条约》给中华民族带来的屈辱与愤怒正在发酵，不少有识之士正在苦苦寻找一条改变命运、振兴中华的道路，此书的发行，无疑是夺人之先声，不管其提出的全新观点与路径是否切实可行，但在当时也是十分难得的。这对爱国青年王国维而言，必然犹如干柴遇到烈火。

一本书，或一张报纸，其背后站着的是一个时代巨人，展示的是一个崭新世界之梦想。如饥似渴的阅读中，王国维的眼神充满期待和憧憬。

凭借这些远非丰富及完整的碎片化的密码，王国维还是比较敏感地捕捉到了时代微弱的脉动，闻见了维新变革依稀的空气。人的思想一旦驱动或是聚焦，纷繁的世界就会变得清晰起来、明朗起来。由此及彼，朦胧之中，王国维已渐渐感觉到，不管是时代使命、学业探究还是人生之路，自己将与父亲这代人之间会有根本性的不同。虽然，一个崭新时代的前奏或是序曲往往是漫长的，但它终归已经开启，势不可当。对此，王国维信心满满，毫不怀疑。当然，作为新生一代，时代趋势会起到怎样的作用？与上一代有何种差别或不同？将来到底会怎样，特别是个人命运之路将通往何方？面对这一连串疑问，王国维只能隐隐约约地猜测或感知，没有去细想，也没有能力去深思及描绘。

同时，这里还存在一个小疑问。这本书，是通过何人以及何种途径来到王国维手中的？是王国维从同学或朋友那里借来的，抑或是托人购买来的？譬如，请远在上海的同学所购。但有一点却是明确的，即此书不是来源于父亲王乃誉。因为在《日记》中有如此记载："见静案有《盛世危言》一部。"① 这里只是平和的叙述，没有大惊小怪的惊叹，更没有气急败坏的责备。

这个细节，我们似曾相识。当初王国维尝试批驳俞樾《群经平议》一书的文稿，王乃誉就是在儿子的书桌上看见的。这里，透露出一个非常重要的信息：王乃誉一直高度关注儿子学业乃至思想的动态，譬如他在读些什么，在写些什么，在想些什么。而这次，父亲不再是一无是处的否定以及居高临下的指责。这个转变应该说是巨大的，耐人寻味。大而言之，源于王乃誉思想与价值观的与时俱进。人，是会变的。

因为，若是从功利角度，即科举考试及学业精进角度而言，阅读《盛世危言》此等闲书，几乎是毫无用处，甚至还带有离经叛道的味道。所以，从道统角度来说，王乃誉理该否定、反对及指责。

但王乃誉不是一个鼠目寸光、顽固不化的腐儒。"山雨欲来风满楼。"在目睹社会现状，特别是甲午海战中国以失败告终这些事实之后，王乃誉逐渐明白一个道理：国家欲求强，其根本出路在于求变，变则通。这是大势所趋，又是人心所向。但是，积重难返，废弃老路，寻求新路，谈何容易？

希望，在于年轻一代。而王国维就是年轻人中的一员。如此，对儿子的期望中也应该明确包含对时代对国家的期望。

（光绪二十二年正月）初六……见静案有《盛世危言》一部。观之，为香山郑陶斋所著。忧外人之侮，改用制度，慨乎言之特。我国积习甚深，无从下手，乃至今诸大老受创之后，尚坐

---

① 　海宁市史志办公室编：《王乃誉日记》，第607页，中华书局，2014年7月。

镇雍容，毫无实强，恐日见凌侮，是大可忧，乃日不下咽者
也。①

　　初九……五更，看《盛世危言》。②

　　这里非常明确地表明，王乃誉也开始阅读此书，而且应该是父亲主动
向儿子提出阅读要求，并得到儿子首肯后的结果。

　　对前途忧虑，对家国忧虑，古老帝国将谁主沉浮，前途在哪儿，出路
在哪儿？这是王家父子共同关注、共同思考的问题。这让他们的思想有了
交集，观点有了共鸣。

　　随之，围绕《盛世危言》一书主要内容，譬如"欲攘外，亟须自强；
欲自强，必先致富；欲致富，必首在振工商；欲振工商，必先讲求学校"
等观点，王国维与父亲展开了讨论和探究，尤其是对"振工商"和"振学
校"两者关系感兴趣，有看法。

　　父子俩同时阅读一本书，这是一道奇妙的思想景观。由于两代人年岁
而决定认知差异，最终会导致认识、观点与思想方面的不同。譬如，王国
维认为，首要之举是培养"新人"。具体途径是引入新学，改变私塾和科
举，建立新式学校进行启蒙。这一教育思想苗头在他后来致汪康年的一封
信函中得到进一步的明确："维谓就教育一事，一切皆后着，今日造就明
白粗浅之事理者为第一要着耳。"而父亲则更侧重于加强"工商业"发展，
只有让国家迅速富起来，然后再可能强起来。

　　君子和而不同。在共同理想下，认识差异，观点差异，这不是问题。
思想是一面最明亮的镜子，它应该藏在一个名叫"交流"的盒子里。一旦
交流的盒子打开，立马会照射出各自观点之间的异与同，继而散发出奇异
的光泽。思想也罢，文化也罢，差异，才是魅力所在、活力所在，更是进
步的动力所在。

　　当然，交流是有前提，是有基础的，譬如讲究尊重，讲究平等，等
等。此时，王家父子之间比较正常交流的通道和机制已完整构建。这主要

---

①　海宁市史志办公室编：《王乃誉日记》，第 607 页，中华书局，2014 年 7 月。
②　海宁市史志办公室编：《王乃誉日记》，第 609 页，中华书局，2014 年 7 月。

源于王乃誉对儿子王国维态度和立场等的改变。而直观的原因是，王国维20岁，属于"大人"了。成人世界，自然有成人约定俗成的相处法则，包括待人接物，交流交往方面。譬如，对于赴南京谋职一事，王家父子经过商议，达成基本共识，即在对方尚未完全明确的前提下，王国维暂时在家担任塾师一职，视实际情况发展而再作决定。随即，王乃誉给王欣甫写信。"正月人日（初七），夜饭后写致欣叔信，托子佛带往，为静事也。"①

新年，盐官古城自然洋溢着欢乐喜庆的气氛与情调。这其中有雅的营造，也有俗的载体。雅俗共赏才是过年。猜灯、赏灯，大概属于比较"雅"的去处，而同时又是大众看热闹"大俗"之场所，盐官城里叫作"轧闹猛"。人来人往，摩肩接踵，千年古城在欢声笑语中释放出传统醇厚的芳香，展示出现世精彩的生动。这些人群之中，每年都少不了王家的参与。正月初九那晚，王家父子及家人亲朋等几乎是倾巢出动，去灯会现场助兴。"夜出，静、健、宝生、玉堂，同之天后宫南，猜灯谜，久之。"②

有人猜灯谜，自然需要先有人制作灯谜。正月十五日，谓之闹元宵。闹，是一个动词，需要场景，需要气氛，更需要高潮。其中一个传统项目就是猜灯谜。作为文化人，作为乡绅之一，王家有为地方为民众服务的职责。其中之一是，王乃誉和王国维父子，分别为元宵节准备灯谜。"晨为作谜语十余，静作廿余。"③乡贤，从来都是干实事干好事的人。

过了正月半，该开工的开工，该开学的开学，恢复到平日该有的忙碌与节奏中。

外出谋职，穿着打扮得体大方很要紧，盐官人谓之"行头"。王家是诗礼人家，对此自然很是看重，便替王国维精心准备了几套衣服。譬如，买来七尺蓝呢，请裁缝做成外套，同时买来其他布料，制作御寒的棉衣褂子等，几天后全部完工。母亲急切地叫王国维一一试穿，并连连夸赞："人靠衣装，你看看，我们静儿多精神，完全像个先生了。"

---

① ② 海宁市史志办公室编：《王乃誉日记》，第608页，中华书局，2014年7月。

③ 海宁市史志办公室编：《王乃誉日记》，第611页，中华书局，2014年7月。

在前期协调及磋商完备的基础上，正月十九日，王国维跨出成人之后最重要的第一步：担任私塾老师。这是谋生开始，也是正式走上社会之开始。每个人只要踏上社会，其经济自由程度对于个人能力发挥、成绩取得等有着非常重要的意义和作用。这里可借用新文化运动领袖人物陈独秀的一句名言来佐证："以独立之生计，成独立之人格。"①

前一晚，王家举行一个不算仪式的仪式。因为一家人都非常看重这件事。虽说不是远行，但毕竟是走出家门，独自去外面闯荡了，就像羽翼渐丰的鸟儿要独自飞翔了，不管风里雨里，也不管烈日严寒。王乃誉没多说什么，只是关照了几句"注意事项"，诸如尊重东家，有礼有节之类。倒是母亲，好像有点反常，絮絮叨叨地说得更多一些，诸如"遇事忍耐一点，宁可吃亏一点，不要太计较"，等等。其实，父母亲意思只有一个：好端端地走好这第一步。因为，谋取这份工作也不容易。更重要的是，这几乎是测试并决定王国维前程的试金石。而王乃誉则看得更远，大儿子事业顺利与否，对小儿子也会产生影响。因为，站在王国华的立场，兄长的今天，就是他的明天。家庭成员是一个整体，亲情会串联起一条利益链。所谓"一荣俱荣，一损俱损"，就是这个道理。

而作为当事人，王国维内心既是惴惴不安，又有点不可名状的感觉。

这是自己想要走的路吗？

自己做好准备了吗？

王国维出门那天是个风雨天，天气格外凄冷。风雨飘零，这可不是一个吉兆，它似乎预示着王国维的人生之路会是风雨兼程。

（光绪二十二年正月）十九，雨。是日各官开印，各师开馆。

静儿定是日到馆，沈楚斋海防守备所请也……②

王国维在家人的目送中，渐渐消失在风雨之中。

王国维坐馆沈家后的具体情况乃至细节等，不光王家人急于想知晓，就连我们读者也会好奇，替他捏一把汗，更祝福他好运。譬如，王国维与

---

① 陈独秀：《东西民族根本思想之差异》，《青年杂志》第 1 卷第 4 号。

② 海宁市史志办公室编：《王乃誉日记》，第 612 页，中华书局，2014 年 7 月。

东家是怎么见面的？他们谈了一些什么？而最关键的是，王国维任教的学生，是一个孩子吗？他（他们）是怎样的态度？彼此感觉是否喜欢、能否接受？如此等等。这些太微妙了。人与人之间的第一次见面太重要了。一般情况下，双方在见面的刹那，就已经决定或是基本决定了对于对方的立场和态度：是喜欢，还是不喜欢，抑或无所谓。而这，对接下来的继续交往起到决定性意义。其中，师生关系及相处，也是人生中最重要的一环。因为师生会朝夕相处，且相处的时间不短，大多是数年之久。

但可惜，《日记》中对此没有任何片言只语。于是，我们作两方面猜测：一是王国维自身因素。他回家时可能没说什么。或者说，没啥好说的。二是王乃誉的态度和看法。儿子去教一两个小孩会有什么问题，有什么值得记录的？

做父母亲的，为子女总有操不完的心。两天之后，王乃誉又托中间人王子培，恳请东家沈楚斋同意王国维住馆。同时，有一个名叫三桃的学生要求附馆，即参加私塾一起学习。

正月二十九日，王国维正式在沈家住馆。所谓住馆，就是食宿于东家的私塾。

由此，王国维在沈家开始私塾教授工作，正儿八经地担当起"小老师"角色。

人的第一份职业往往带有宿命般意义。当然，人生最大的魅力在于不可限量，无法预测。令王国维做梦都没想到的是，自己的大半生将与教师有关，或与教育有关：从最初的私塾老师，到师范学校老师，担任《教育世界》主编，翻译《教育学》《教育学教科书》、撰写《孔子之美育主义》《尼采之教育观》《教育偶感二则》等，再到学部任职，担任大学教授导师，甚至是九五之尊帝皇的"老师"。

一个刚满20岁的小青年自我也还在成长之中，而"老师"就意味着是楷模，是表率。所以，这副担子不轻哪，其重要性和挑战性是明摆着的。做一行，学一行。王国维抱定两个基本原则：一是"不误人子弟"，教授内容力求准确，工作态度认真负责。二是继续加强学业进修。认真进行系统化检点，查漏补缺，并拓展延伸。不能因为忙于私塾而妨碍甚至荒废了学业的精进。缺憾的是，王国维在沈家具体的教授情形因没有相关文字记载，导致我们无法清晰地知晓。而担任塾师，王国维的知识储备层面肯定是没有问题的，甚至是胸有成竹的。当然，他因没有接受过像后世才有的"师范教育"等专业训练，所以，其教授方式方法只能按照自己的理解来进行来实施。其中影响与借鉴最大的是自己接受塾师时的记忆及感悟。取法乎上，王国维的老师可是陈寿田哪！"依葫芦画瓢就不会有大错"，王国维暗自思量着，一一回忆起陈老师昔日授课之情形和方法。有趣的是，当年的孩童今日已变成了老师。每天的功课无非是习字、描红、讲读、背诵等，课程在这般周而复始中完成。

青少年时期充满矛盾与纠结。一方面，由于成长时间和空间之所需，都渴望摆脱父母亲的监管及絮叨，力争自由自在地发展。而另一方面，踏上社会，接触外界，就会遇见意想不到的困顿或层出不穷的问题。从积极层面而言，这些都是不可避免，是锻炼、磨炼，是促使其思考、觉悟、进步的必经之路。当然，这里有一个因人而异的"度"，过犹不及，一旦突破这个度，就会转向反面，变成消极。

首次离开家庭而独立工作及生活的王国维，其面临的问题及挑战肯定是繁复的，但一切都要独自面对，独自解决。

幸运的是，王国维有一个优势是非常明显的：他没有离开盐官城，离家只有一二十分钟的路程。若即若离，这从心理上给予他比较可靠的依赖和慰藉。由于同在一座城，所以一些必要的行动显得比较方便。譬如，遇到要事急事需要回家办理，向东家告假，速去速回即可。或是遇到海宁州举行的相关考试等，王国维可以非常便捷地与同学取得联系，相约结伴而行。譬如，二月初六日晚，王国维和绿成等坐船连夜赶往硖石，参加初八日在硖石双山书院举行的一次招聘考试，是双山厘局委员会举行的一场特试。一考完，他们马上返回盐官。到达盐官城之后，王国维第一时间返回沈家，回到工作岗位。这些举动意在表明对沈家的尊重和礼节，对职业规矩和操守的坚守。认真、负责、勤勉，所谓名门之后的风范，往往体现在这些细节、这些讲究上。"早，静儿硖考双山厘局委员特试。硖归，与朗生，陈达衢五人同伴。转家一，即到馆。"[①] 大约七八天后，绿成带来

---

① 　海宁市史志办公室编：《王乃誉日记》，第 621 页，中华书局，2014 年 7 月。

考试成绩。可惜，王国维没考好。

王国维努力适应塾师这份工作。既来之，则安之。在现实与心灵落差之间，王国维苦苦寻觅着那个平衡点。实话实说，只教授两三个孩子，其工作负担显然是不会很重的。教学之余，特别是夜晚，他依旧保持认真读书的习惯，偶尔还会做些诗赋，抒情感怀，有感而发。虽说是在同一座城，但毕竟是离开了家庭，离开了父母亲及可爱的小弟，所以思念之情，苦闷之心，在所难免。而回家，总得有个理由，有个说法。好在沈家也是善解人意，在一个即将到来的合情合理的大理由下，提前给王国维放假，让其回家"省亲"。

这个大理由就是清明节近在眼前。

"燕子来时新社，梨花落后清明。"二月二十日一早，王国维急匆匆地赶回家。而这年清明节是二月二十二日。所以，王乃誉感觉有点意外，认为放假早了一点。

那晚，一家人在一起吃饭，似乎又回到了往日的情形。但此时王国维，已非昨日的王国维。对生活，对明天，他有了新的认识，新的领悟。

春天来到，院子外竹园的春笋开始破土而出，洋溢出一副生机蓬勃的模样。寒食节那天，王家开始整理桑园，"市桑秧廿七株"①，补种桑苗等，王国维全程参加劳作，弄得满头大汗。

人，是矛盾的综合体，所谓"此事古难全"。此时，围城原理在王国维身上得到十分贴切的体现。外出谋生，自然会想家。而一旦回到家，又免不了与父亲滋生新的矛盾或冲突。这不，清明节那晚，王乃誉又一次给王国维和王国华教授《算经》。父子三人共同研讨，这本来是让人欢喜的场景。但不知何故，可能是对某个学术问题有不同的看法，王国维和父亲不仅产生了意见分歧，继而引起争论，各执其词，其程度可能还比较激烈，最终导致王乃誉恼羞成怒，斥责王国维。现场的情形及争论的程度已不得而知，而《日记》中记载的话语却明显地带有"出格"的味道，愤怒中的忧虑，忧虑中的愤怒。

---

① 海宁市史志办公室编：《王乃誉日记》，第 627 页，中华书局，2014 年 7 月。

（光绪二十二年二月）廿二……夜教算。静儿倔强不理顺，因大加责惩。可恶！恶之将恐此人狂妄不羁、一味是自之忧。①

面对《日记》记载所言，我们不免要为王国维抱不平。但是，做儿子的在父亲面前又能怎么办呢？人与人之间，包括家人亲朋，免不了会有矛盾或纠纷，解决问题的方法可能有千千万万种，但就事论事可能是最好的方法与途径，要尽量避免情绪化语言。若是那样的话，问题就会变质，矛盾就会转移，非但不利于解决矛盾及问题，反而会影响人与人之间的关系和情感。

清明时节雨纷纷。

大概是由于雇用船只需要等待所致，因为清明节是雇船的高峰期。那年的清明节，王家等到三月初六那日才去上坟。此时，清明节已经过去一些时日了。那天还是个雨天，春雨绵绵，下了一整天，给相关活动造成诸多不便。王乃誉带领王国华先出门，王国维随后跟上，父子几个一起去徐步桥外王家祖坟祭祀扫墓，途中还顺道拜望同族尊长。

（光绪二十二年三月）初六，雨竟日。昨雇得周六侄小舟。晨，周六等至，余起，即拎祭品等付之，巳初，挈健出，转店，下舟，静安亦至，即开至徐步桥，先至老屋报吉，茶话……余等乃上祖父坟，松柏大茂，惜不补，太少。以雨，足泥湿甚，草草将事毕……②

过完清明节，王国维又回到沈家住馆。王家则又开始新一年的春蚕饲养。而今年家里又少了王国维这个主要帮手，无形中增加了家人，特别是母亲的养蚕工作负担。

日往月来，涛声依旧，在平民百姓的眼里，天下几乎是一成不变的，历来如此。但从《日记》中所记载的内容中，我们还是发现或是看到了

①　海宁市史志办公室编：《王乃誉日记》，第 627～628 页，中华书局，2014 年 7 月。
②　海宁市史志办公室编：《王乃誉日记》，第 632 页，中华书局，2014 年 7 月。

"外面世界"变化的一些迹象。而能捕捉到或注意到这些信息，这些眉目，足以说明王乃誉眼光之敏感及敏锐。"看见"，就其本质而言，它其实是一个取舍过程。人都是有感知盲区的，视而不见是常态。"能看见"什么，很多时候是源于"会看见"及"想看见"什么。那么，此时，王乃誉到底"看见"了什么呢？他"看见"了远离盐官古城之外面世界修筑铁路公路、开采矿业、开办邮局、架设电话线等与自己毫不相干的事。这些都是新生事物，前所未有，也是王乃誉感兴趣的事物，心驰神往。"回店看报，有开铁路，开邮信局……"①

三月十一日那晚，下了一夜的雨，并响起春雷。次日一早，王国维冒雨回家，说是要休息几日。虽说私塾老师有权决定教学时间和安排，但这里明显存在两个问题，一是结束清明节放假回到沈家住馆才几天时间，二是王国维的神态神情明显有些异样。王乃誉心里明显"咯噔"了一下，但没有急于点破，也没有多问什么。而就在当夜，王乃誉给族人王欣甫等写信，请对方想方设法帮助或推荐王国维谋取合适前程。当时，王欣甫正在南京上元担任知县。

说是回来休息，王国维当然不会真的闲着。其主要是和姐夫陈达衢一起，陪同王乃誉看画、论诗、观摩尺牍，并完成作画、题跋等，忙得不亦乐乎。

几天后，王国维又回到沈家住馆。课余，王国维坚持刻苦操练书画技巧，思考、揣摩、领会、顿悟。

三月二十八日一大早，王国维兴冲冲回家。这次，他不是空手而归的。"……黎明后，欲眠而不得寐。静来，交二扇……"② 一个"交"字，其潜台词是丰富的。其一表明，这是王乃誉专门布置给王国维的"作业"。说是作业，其实也是测试。行家看门道，作业就是水平能力最直接的呈现。其二表明，遵照父亲指令，王国维是有思考、有谋划、有动作的。这次呈送给父亲，即"考官"的，是两张扇面。那么，练习或创作的草图远不止这两幅吧？保质保量严格训练，才有进步的可能。这里包括眼界进

① 海宁市史志办公室编：《王乃誉日记》，第 633 页，中华书局，2014 年 7 月。
② 海宁市史志办公室编：《王乃誉日记》，第 642 页，中华书局，2014 年 7 月。

步、技巧进步、水平进步等。如此说来，王乃誉这位严师的良苦用心基本达到目的了。

"今年桑叶价格高得离谱了，"王乃誉告诉王国维说，"这一两元一担桑叶，若是买叶喂食，哪里还有钱赚呀？"

王国维回家之时，正值家中春蚕大眠。大眠之后春蚕进入第五龄，此时是春蚕迅速生长期，食量很大，也是蚕农最辛苦的时期。由于气温比往年来得低一些，所以王家春蚕成熟的时间推迟了几日。忙碌，就迫切需要一家人同心勠力，各司其职。王国维懂得体恤劳累的母亲，所以一到家便主动参与其中，采叶、喂蚕、清理蚕室蚕匾等，忙里忙外，一刻也不停歇。连王乃誉也不例外，主动参与其中，做个"相帮"。由此观之，"遍身罗绮者，不是养蚕人"诗句中包含的丰富情感及态度，作为"养蚕人"的王国维肯定有更深刻的理解和感悟。

一个家庭，大家起早摸黑，一时的忙碌或辛苦，其实是无所谓的。最重要的是一家人的平安健康。盐官人喜欢用"顺境"两字来概括。

王国维的体质一直比较羸弱，当地称为"身子寡"。眼看春蚕陆续"上山"，最为忙碌的日子即将过去，王国维向父亲说明自己想去余杭看病，同时赴杭参加科试的打算。上次那场大病虽已基本康复，但王国维时有干咳的症状却一直没有断根。年纪轻轻的，老是咳嗽，不仅让人听着难受，更需要引起重视。干咳，肯定与肺部或气管等是否健康有关。在青霉素等抗生素发明前，肺病，譬如肺结核等，都是会要人性命的大病，马虎不得。当时，余杭有知名的肺病专科医生，为祖传中医。

（光绪二十二年四月）初四……静来，谓咳病未已，将往余杭看病，住杭调理，过考。[1]

这是一个合情合理的请求。王乃誉自然是同意，他赶紧叫周六准备船只，并令其一同护送前往。

四月初五一早，王国维与同学褚植卿等一起，坐船前往杭州。一带两

---

[1] 海宁市史志办公室编：《王乃誉日记》，第 645 页，中华书局，2014 年 7 月。

便，既去就医，又去应试。身体与前途，这两件都是大事、要事，都不可怠慢。

到达杭州后，王国维及时给家里写信，报个平安。四月初九日，王乃誉便收到王国维的平安信。既然王国维此去目的之一是看病，所以，王乃誉，包括我们读者，都急于知晓王国维就医情况及结果。譬如，王国维去了哪家医院就诊、医生是怎么诊断的、开了什么方子、药费多少，诸如此类。但在这封家信中对此却没有提及任何信息。这让王乃誉隐隐担心，并颇为不悦。

王国维离开盐官前往杭州几天之后，王家的春蚕终于迎来收获季。对于王家养蚕一事，本书中已涉及多处。但王家养育春蚕的规模或者说数量等一直是一个比较模糊的概念。养蚕，是一笔收入，但更是一个持续两个多月的辛勤劳作。今年王家春蚕收成情况，在《日记》中终于得到一个非常明确的答案：120斤！一户人家收获一百多斤蚕茧，在当时是比较少见的。收获大，其付出自然也大。

> （光绪二十二年四月）十一，早阴……家人自黎明起采茧得一百廿斤。①
>
> 十二，阴晴雨未定。酬谢蚕花……早售茧六十斤与同泰。②
>
> 十三，晴。督缫丝。③

四月十四日，王乃誉又接到王国维的来函。此信中，王国维才明确告知父亲，自己还未去余杭就医，并稍作解释说明。王乃誉对这一情况很不高兴，认为儿子是在强词夺理，说的"皆非正理"。④

临近梅雨季，天气时雨时晴，异常燥热、异常气闷，而这也恰似王乃誉此时的心境。作为回复，王乃誉立即手谕一份，明确责令儿子赶紧就医，以便接下来能全力以赴投入应试之中，身体最要紧。"（四月十六日）付静谕一纸又加一条。"⑤在接下来的两天里，王乃誉又连写了几份手谕。

---

① 海宁市史志办公室编：《王乃誉日记》，第648页，中华书局，2014年7月。

②③④ 海宁市史志办公室编：《王乃誉日记》，第649页，中华书局，2014年7月。

⑤ 海宁市史志办公室编：《王乃誉日记》，第650页，中华书局，2014年7月。

"（四月十七日）加付静谕一纸，"① "（四月十八日）作付静谕一纸"②。如此接二连三之频率，无非是强调，是督促。

开考前几日，王国维托人给父亲传递一封家书。四月十九日，王国维在省城杭州参加岁试。王乃誉也如期收到王国维的信函，大致知晓儿子在杭的一些情形。而就在同一天，王乃誉收到王欣甫的来信。"欣叔"表示愿意推荐王国维入南京储才学堂学习。这让王乃誉如获至宝，开心不已。

考完以后，王国维专程赴余杭看病。这是对自己一个交代，也是对家人一个交代。医生诊断结果说问题不大，但告诫他平时要注意休息，加强营养。肺部问题，当时称为"富贵病"，需要静养，好吃好睡。

四月廿五日午后，王国维返回盐官。家人当然急于知晓此行的结果，即就医和考试的情况。此时，王国维原原本本地向父母亲通报上述两个事项。

接下来该怎么办？王家有一要事需面对面商议：是否去南京。"午，静儿杭归，知往余杭看病，询其情形。议赴秣到馆事，不定。"③ 这里的"秣"，即秣陵，即今之南京。秦代改"金陵"为"秣陵"。王乃誉在给王欣甫的一封信中，曾明确请求对方的帮助或提携：

> ……惟大儿年已及冠，而文字尚有可观，当此中外政事改目，而渠于中外之政略能涉猎，思得一谋生地，以奖其成立。叔族□□□□善奖成后进，况子姓或有□□自能不惜齿芳□云陆师学堂得成亦妙，否或为出洋留学生。此儿学事务实，无□习外好之弊。现成在乡，无可表见，□无所遇，而为童子师，是非吾叔则望之殷。务求玉成一地，是在叔之汲引之恩也……④

① 海宁市史志办公室编：《王乃誉日记》，第 650 页，中华书局，2014 年 7 月。
② 海宁市史志办公室编：《王乃誉日记》，第 651 页，中华书局，2014 年 7 月。
③ 海宁市史志办公室编：《王乃誉日记》，第 653 页，中华书局，2014 年 7 月。
④ 王令之：《王国维早年读书志趣及家学影响》。吴泽主编、袁英光选编：《王国维学术研究论集 3》，第 481～482 页，华东师范大学出版社，1990 年 2 月。

而王欣甫的来信也建议王国维可去南京发展，谋取职位。因为，作为最早通商口岸之一的南京，地方大，机会多，前途广。

> 1864 年以金陵制造局创立为标志，南京成为洋务运动的重镇，开启了中国近代军事工业。军事工业又带动南京民用工商业、重化工制造业等实业的发展，使南京由过去承袭封建体制单一政治军事行政型城市开始向近代工业化、商业化城市转型发展，向集政治、工业、商业、消费、学校、科研近现代多元型城市过渡，从根本上推动了南京及全中国的社会转型。①

当时，南京成为众多时代有志青年向往之地，或求学，或求职，寻找人生之路。譬如，有一个名叫周樟寿的年轻人，竭力说服母亲，让其到南京求学。到达南京后不久，这位年轻人把自己的名字改为周树人。

只身远赴遥远而陌生的南京读书，这可是一件人事。王家父子一致认为，需要好好思考，从长计议。随后的日子里，王家父子调动所有关系，对赴南京之事再次进行综合评估及思考。"五月初四，阴晴不定……之多福巷访顺龄弟，晤出（楚白不值），谓初十外起行秫，托其带信致欣叔，并说文甫、静事。"②

梅雨季到了。江南几乎是整日整夜地下雨。到处是潮乎乎，湿答答，那种黏糊糊的气息使人极不舒畅。青春期的苦闷亦如这梅雨天一般难受难熬：好像有一丝朦胧的念想，但又是迷糊一片，难以明了，难以把握。剪不断，理还乱。在前程尚未明确之前，王国维只能继续到沈家住馆。试想，一介小书生，除了应付谋生之首要条件外，还能有多大的舞台能使其大有作为？平淡无奇的日子就是生活常态，就是宿命。而这平淡之中，若能把迷惘驱散，为平凡赋能，把精力聚焦，边思考边奋斗，才能向智者靠拢，向成功靠拢。

黎民百姓自有常人的烟火气息，喜怒哀乐中历经春夏秋冬。王家父子虽是平民，但还是读书人，所以他们一直是盐官古城民间文化活动的积极

---

① 《江苏地方志》，2019 年，第 5 期。
② 海宁市史志办公室编：《王乃誉日记》，第 656 页，中华书局，2014 年 7 月。

参与者或组织者。譬如，积极参与庙会及一年中难得的戏剧演出活动等。看戏，看重的当然是演艺演技，而盐官人喜欢将此活动称为"看戏文"。这意味着除唱腔之外，对唱词、念白等文字也是有讲究有要求的。演戏，往往具有过年一般喜庆与热闹的效应。它不仅是雅俗共赏的载体，还是因果报应的浓缩，具有娱乐与教化功能。面对一出戏，不管是看"门道"的内行，还是看"热闹"的外行，看戏赏文，各得其所，以求皆大欢喜。

五月十二日，天空终于露出久违的太阳，温煦祥和。王家院子外的栀子花也开放了，王乃誉的心情顿时明朗起来、舒展起来。好事成双，在盐官古城小东门外教场武帝庙正巧有戏文演出。王国维和父亲王乃誉及叔叔王粹甫等作为忠实观众而前往，这既是捧场助兴，又是娱乐散心。"（五月十二日）……同出，小东门教场武帝庙观剧……应静、夫等与顾楚三人坐看台。看演三出，不甚佳。"①

从"不甚佳"三个字的评价中，可以看出王乃誉对看戏文是有"要求"及"标准"的。

盐官邑庙（城隍庙）

---

①　海宁市史志办公室编：《王乃誉日记》，第 659 页，中华书局，2014 年 7 月。

王乃誉很爱看戏文,《日记》中有相关记载。譬如,"看影戏演《一枝梅》"①,"观《闹皇庄》一出。"②"午后,挈健儿、喜婢随之州署观剧。"③"挈健之州署看剧。"④"健儿坚欲看剧……夜膳后,查健功课完,挈健并喜婢持灯至州署观剧。"⑤"健儿牵裾欲之邑庙观剧……乃挈之出,邑庙楼上坐,演《扈家庄》《六月雪》。"⑥"闻邑庙有名班演剧,健欲往观,许其课毕出塾去。余于未后走邑庙,看二出。"⑦"入邑庙观剧小武班,一驻足,不甚入目。"⑧如此等等,而昆曲《游园》、京剧《捉放曹》、提影戏《大闹天宫》等,更是王乃誉的最爱。

在接下来的几天里,王乃誉还到城内邑庙看了几场戏。这充分说明,他是一位热心且痴迷的观众。

而王国维到底看了哪些戏文,看戏时的心情,以及看戏文后的总体评价等令人好奇。可惜,历史是个沉默者,更是个健忘者,对此没有留下只言片语。当然,空白也是一种答案。而令人难以想象与惊叹的是,或是当事人所意料不到的是:十几年之后,眼前这位"看戏人",对宋元时期戏曲发展的历史产生了浓厚兴趣,写出了一部名垂青史的学术专著《宋元戏曲考》。因此,王国维被梁启超誉为"曲学之祖",即"曲学将来能成为专门之学,则静安当为不祧之祖矣"⑨。当然,不能断定,这些看戏经历与《宋元戏曲考》这本专著的写作一定有直接的因果关系。但一般而言,青少年时期看戏的兴趣、经历及感知,多少会在王国维情感世界以及文艺观最初形成期起到奠基礼的作用,或培养热情,或辅助入门,至少是个"引子"吧。如此说来,盐官,是王国维戏曲爱好与研究的发祥地是不为过的。

可能是因为家庭与学术等事务繁忙及压力所致,王国维在成名成家之

---

①② 海宁市史志办公室编:《王乃誉日记》,第 388 页,中华书局,2014 年 7 月。

③ 海宁市史志办公室编:《王乃誉日记》,第 489 页,中华书局,2014 年 7 月。

④⑤ 海宁市史志办公室编:《王乃誉日记》,第 641 页,中华书局,2014 年 7 月。

⑥ 海宁市史志办公室编:《王乃誉日记》,第 647 页,中华书局,2014 年 7 月。

⑦ 海宁市史志办公室编:《王乃誉日记》,第 790～791 页,中华书局,2014 年 7 月。

⑧ 海宁市史志办公室编:《王乃誉日记》,第 1135 页,中华书局,2014 年 7 月。

⑨ 梁启超:《梁启超论清学史二种》,第 520 页,复旦大学出版社,1985 年 9 月。

后，大概极少甚至不再看戏了。这不是说没有机会，更多的可能是没时间，或没那个雅兴了。对此，王国维长女王东明有专门的回忆："父亲一生中，可能没有娱乐这两个字。他对中国戏曲曾有过很深的研究，却从来没有见他去看过戏。"① 所以，这是从女儿眼中以及记忆中得出的结论。

那天看完戏文，王乃誉兴犹未尽，于是邀人去饮酒，暂时放飞心情。男人的心思和情绪很多时候可以在酒盅里得到稀释或解脱。在此，可以插叙几句话：自律，无疑是王乃誉人生的主旋律主基调，但其性格中也明显存在"豪放"甚至是"恣意"的一面。譬如，除了喝酒，还吸烟，甚至有吸食烟土、玩牌九赌点小钱等行为。王国维则似乎比父亲更加懂得"自律"，除了难得会抽几根烟之外，好像没有其他不良嗜好，也鲜见似父亲"豪放""豪气"的一面。当然，这与父亲严格要求是密不可分的："……是以亟为吾子弟补救，人必自立，资财必向外，以学力而得食顾家。万勿可濡染恶习，嗜及赌、嫖、烟、酒也。凛切切之。"②

喝完酒，心情恢复平静，王乃誉回到店中，与人商议颇久，主要话题依旧是托人有机会时帮助提携一下王国维。

一出梅就是六月，进入炎夏时节。

六月初五日那天，王国维回家。此时，他正在读温州人陈虬所著《治平三议》。睁眼看世界，与《盛世危言》相似，这也是一本近代知识分子觉醒之后主张维新与改良的著作。本书撰写的背景是中法战争。关于这场战争的胜败问题，教科书给出的结论是"中国不败而败，法国不胜而胜"。对此，陈虬决心"留心撰述，冀成一家之言"。他提出效仿西方议院制度、改革科举制度、效仿西学、重视新式工矿企业发展、鼓励机器发明创造、变革军事制度等一系列较为完整的改革措施。该书一出，影响颇大，特别是受到湖广总督张之洞等人的赞赏与推崇。

王国维将此书带回家，顺手将书放在堂屋的条桌上就外出会友去了，直到傍晚才回来。其间，王乃誉先回到家，看见了这本书，自然会好奇会

① 王东明：《王国维家事》，第 36 页，安徽人民出版社，2012 年。
② 海宁市史志办公室编：《王乃誉日记》，第 1135 页，中华书局，2014 年 7 月。

翻阅。而从《日记》的记录来看，他绝非随意翻阅一下就搁下了，而是明显被吸引住了，产生了仔细研读的强力兴趣。"……案有静来《治平议》，读之，瓯陈虬著，颇有可采……"①

从《日记》中有明确记载的事实来看，此时，王国维主动而积极地阅读了郑观应的《盛世危言》、陈虬的《治平通议》、汪凤藻译的《富国策》等主张改革改良的书籍，以及介绍西方科技文化、社会制度等方面的书籍。譬如，魏源的《海国图志》，接受"师夷长技以制夷"思想。另外，还阅读了郭筠仙的《洋务议》、薛福成的《出使英法意比四国日记》、林乐知等译的《四裔编年表》、傅兰雅的《格致汇编》、徐继畬的《瀛环志略》等著作。

更令人惊喜的是，王国维所读的书籍，还带动或影响了王乃誉的阅读需求，革命性地拓展了父亲的阅读面。

至此，很容易得出一个结论：王国维的思想明显具有向往改革而激进的一面。而王乃誉也多有响应及赞许。

在当时，"为何维新"不仅成为一种政治呼声，更成为一种时代思潮，一种社会力量。当然，对于"维什么新"，以及"如何维新"等本质问题，则是见仁见智，众说纷纭。显然，维新思潮会涉及政治政体、经济文化和教育伦理等诸多上层建筑领域的东西。而王家父子不是政治家或思想家，他们所理解、想象及渴望的维新思想，不可能是系统、周密且深刻的政见政论。对于如何富民强国这一根本问题，他们的着眼点比较直观、具体而现实，主要是集中于改革教育、改革人才选拔体制方面的见解。他们对郑观应在《盛世危言》中所提观点颇有同感："按古今中外各国，立教养之规，奏富强之效，原本首在学校。今日本师泰西教养之善，培养人才，居然国势振兴，我国胡可不亟力行之？一语为之断言：不修学校，则人才不出；不废帖括，则学校虽立，亦徒有虚名而无实效也。"②

学习西方，废除科举，是从源头上解决选拔人才的问题。王家父子从"人"的成长、培养与造就方面入手，从而进行正本清源的维新与改革。

---

① 海宁市史志办公室编：《王乃誉日记》，第 666 页，中华书局，2014 年 7 月。
② 夏东元等编：《郑观应集》（上册），第 261 页，上海人民出版社，1982 年 9 月。

这应该说还是具备了战略眼光。大而言之，唯有"新"的人，才会造就"新"的社会，"新"的气象。

王家父子之所以会对此有思考，有主张，源于他们自身的经历及感知，源于他们的家世背景与社会阶层，从而阐述对传统科举制度、人才选拔机制以及私塾教育体制等维新改革的心声。因为有切身体会，息息相关，直至切肤之痛，所以有意无意地迎合或是呼应了改革科举制度这一历史思潮。尽管中国的科举制度被西方文官制度所借鉴，但至近代这种取士（仕）制度已是完全僵化，且不能自拔，成了现代思潮的对立面。

> （光绪二十二年六月）望日……夜二三次看陈虬所著《经世议》。余谓中国不议更张则已，若欲驾东西洋而自立，非由皇上至合朝悉心竭力，去旧、维新，先以学校，必取六经及文字经，择世书要订书，此外，词曲及诗、医、卜、小说、淫词与大学堂中之神台；唐诗、《三字经》《幼学》等种，一并拉杂毁去，愚为厉禁。然后学生文字齐一书，亦一条鞭；然后谙技艺、商务、兵战，一一整理。始至于一家一人，不为无益婧懒及废学，均有罪，罪及家长、里长。此外，不独酒烟，重税十倍，且查实罪应充边为奴。如是，即不用西法，庶漏卮可灭，民力可用。且夫今之俗至不齐。一人焉，衣饰直十金可御暖而光鲜，即或平民一朝有千金之入，此人若一置心于衣饰，则骤致之千金尤不敷也。何者为民上者？无法律以衡律故焉！况乎衣饰而外，家人焉、友朋焉、亲戚焉，俱可耗其财，又加房屋器用，盈耳悦目，即一朝有百万之入亦可罄。否或呆木，否或上上智，见异不与心迁者，曾几人哉？故吾必以童养始，始之以学校，始学校以整齐，天下为亟亟也。①

结合读书心得，除了对教育方面见解，王乃誉对书中关于社会革新等的阐述也抱肯定与赞同的态度，认为陈虬对社会制度层面变革重要性的认

---

① 海宁市史志办公室编：《王乃誉日记》，第 671～672 页，中华书局，2014 年 7 月。

识和定位是正确的、合理的。"看陈虬《治平议》,乃革中朝更制一切风俗法度之本。得百数语在上册……"① 读书与思考,让渐趋老年的王乃誉之生活更加充实且醇厚,并促使他重新认识儿子王国维,重新定位其前途,思考其"应该"走的路,一条"合适"的路。

也许是酷暑难熬,以致半夜三更醒后,王乃誉干脆起床,继续阅读此书,专心致志。待到抬头向外张望时,但见窗外月色迷人,充满诗情画意。抬头有明月,低头有好书,这是读书人的乐趣。"夜三起,看书,月光照窗,清澈。"② 从骨子与灵性而言,王乃誉和王国维父子都具有诗人潜质及诗性作为。

进入酷暑,炎热难挨。王国维的身子又吃不消了。因为中暑(发痧),他只得向沈家请病假。回家休息两天后才明显好转。

六月廿四日一早,王国维和王国华两兄弟整理打扫庭院。正巧,老师陈寿田前来。看见老师到来,王国维自然很高兴,赶紧跑出院门,深深一鞠躬,热情招呼并迎接老师。"陈老师好,有些时日未曾见您老了。"听到外面声响,王乃誉也赶紧从里屋出来,与陈老师招呼。待到客厅坐下后,王乃誉父子与陈老师亲切交流。王国维主动向老师汇报自己学业与住馆情况。陈老师对王国维学业,尤其是应考准备等作了特别关注、关照,并一再鼓励。王国维面带微笑,谦逊地连连点头答应。

大暑如约而至,一年中最为炎热的时节到了。一个细节大大出乎一般人的意料:一百多年前,王家居然有温度仪(寒暑表)了!"六月廿八,晴,大暑,寒暑表至九十五度,喘息不遑。"③ 这里的 95 度应该是华氏度(℉),相当于 35 摄氏度(℃)。这个温度仪是个漂洋过海而来的舶来品必定无疑。根据王家有饲养春蚕的传统,这个温度仪主要用于养蚕时监测蚕室温度。这举措完全是符合科学原理的。因为春蚕在每个龄段生长发育都是有相应温度与湿度的要求。而及时监测室温变化,最科学最有效的方式就是通过温度仪而获悉。至于这个温度仪是何时,并通过何种途径来到王家的就不得而知,也不那么重要了。重要的是,这举动充分证明了王家

---

① ② 海宁市史志办公室编:《王乃誉日记》,第 675 页,中华书局,2014 年 7 月。

③ 海宁市史志办公室编:《王乃誉日记》,第 679 页,中华书局,2014 年 7 月。

对科学，对新事物、新思想等"新鲜"玩意儿之好奇与接纳的精神及态度。

"独立之精神，自由之思想。"其起源应该是科学精神、求是精神。

如此说来，王家绝非寻常人家。

此时，与天气一般热烈灿烂的，大概是王家人的心情和气氛，两者几乎可以媲美。如此景象在王家似乎好久没有再现了，上次是女儿王蕴玉出嫁时，而这次是为儿子婚事做准备，王乃誉内心愉悦并默默盘算着。这其中，请媒人，是首等大事。媒人，盐官人称为"媒红大人"，以示尊重。王家请的媒人是"三内嫂"。

六月廿六日，王家举行仪式，请来尊长与媒人等商议，主要是明确聘礼等具体问题。俗称"出帖""拿帖"或"对帖子"。

> （光绪二十二年六月）廿六……再后，三内嫂至，已将午矣。
> 午膳后，将帖。帖端整二盘，一金玉如意匣，一陈帖也。盘角花果齐备。乃请，三内嫂乘轿至……①

七月初一，好像又是平淡无奇生活中的一天。但还是有些特别呈现。就表象而言，那晚的天气一反常态，六月刚过，但气温格外凉爽，夜凉如水。而对于时局，对于王家，则几乎更是"特别"的一天。

那天，由黄遵宪、汪康年、梁启超等人创办的《时务报》在上海创刊。这是维新运动时期著名的报纸，是维新派最重要的、影响最大的机关报。从名字看，它是一张报纸，其实更像是一本旬刊。

《时务报》，这张宣传鼓吹维新改良思想的报纸，其历史价值和意义等有目共睹，已载入史册，在此不再赘述。

为何要提及这张报纸？或干脆直接问：距离盐官古城一两百公里之外的上海滩诞生的这张报纸，与王家与王国维有干系吗？

有。

---

① 　海宁市史志办公室编：《王乃誉日记》，第 678 页，中华书局，2014 年 7 月。

它，不仅有眼前的，直接的关系，更有意义及作用非凡的深远关系。一张充满感召力的时代报刊，其思想内容犹如一座富矿。随着时间推移，会让读者挖掘出越来越多的进步或先进思想矿产，然后经过读者冶炼与提取，最终结晶或制造出新思想及新认知。

王家几乎在第一时间接触到这张报纸的。

简而言之，《时务报》对王家的影响与作用起码表现在两大方面。一是源源不断地给王家带来主张维新与改良的思想及动态，那些来自"外面"的呼声与精彩，犹如一股股清新的微风吹皱一池春水，引起王家父子思想变化之涟漪。逐步与时代节奏靠拢，直至合拍，那是一个富有使命感的召唤。二是直接导致王国维在不久的将来作出一个决定。一年后的1898年初，王国维离开盐官古城奔赴上海，前往《时务报》谋职，真正开启其曲折但辉煌的求索之路。若从这两个层面推测或假设，没有《时务报》创刊或是王家没看到这张报纸的话，王国维的人生之路和事业成就将会是另一番情形吧？

当然，各位看官不必着急，也不必猜测，时间它虽从来不开口发声，但会告诉你所有的答案。所谓"天机不可泄露"就是这个道理。

王家恰好是在七月初一那天收到有关《时务报》创刊方面信息的。《日记》中有如此记载："见陆闰生之致静书，附《时务报》条规。其人外有才，实生疏少学。"[1] 同邑陆闰生比王国维年长一岁，少年成名，学业上曾得到名家张謇的指点。癸巳年（1893）科试海宁州第一名。王国维和陆闰生交往甚密，并对其怀有兄长般的敬意，学业上更是有切磋与探讨。而王乃誉却持有不同的看法及意见。因为王乃誉不喜欢为人处世锋芒毕露、过于自信张扬的人，即有"近时浮冒气"之人。

当时，就打算去南京求学等事，王陆两人也一直在沟通与商议之中。而当王国维到上海谋职之后，王陆两人依旧保持紧密联络。"接静禀，附达衢信，少详。康梁欲赴英日，恐碍邦交。称赞闰生不已。又，陆闰生顾余后地，或将分剖之说……"[2]

---

① 海宁市史志办公室编：《王乃誉日记》，第680页，中华书局，2014年7月。

② 海宁市史志办公室编：《王乃誉日记》，第1042页，中华书局，2014年7月。

在此，可插叙几句。陆闰生即陆宗舆，近代史上也是个"名人"。1898 年留学日本。1913 年至 1916 年担任驻日公使。1919 年 5 月 13 日，各界人士在海宁硖石镇召开万人大会，一致决议开除卖国贼陆宗舆的乡籍，通电全国，并在盐官邑庙前、镇海塔下和陆家门口 3 处竖立石碑，上刻"卖国贼陆宗舆"，每日观者不绝。

王家不仅看到了《时务报》条规等。所谓"条规"，即条例、规则，同时还知晓了《时务报》编辑阵容：梁启超、黄遵宪、汪康年等。他们都是近代史上熠熠生辉的人物，叱咤风云，举足轻重。此时，王国维以及他的父亲，不会也不敢想象：有朝一日，王国维的名字将会与这些如雷贯耳的名字平起平坐，乃至超越领先。

卖国贼陆宗舆残碑

此外，这里似乎还蕴含诸多额外信息。它至少解开了王国维何以能及时地了解并阅读到那些宣传维新思想书籍及报纸之谜的部分答案。譬如，这次关于《时务报》相关信息的来源。通过朋友圈，让王国维思想触须得到几何级的伸展，并实现与社会思潮及先进思想保持同频共振。在科技与资讯如此发达的今天，地球上任何一个角落发生的事件或新闻，都有可能在第一时间被了解被掌握，这已不再是什么稀奇的事，甚至是理所当然的事。而在一百多年前的中国，这种情况则是叹为观止的事情了。试想，在远离上海大都市的一座小城，几乎在第一时间就能接收到类似《时务报》等传播先进或维新思潮的书刊，这不仅是时空层面上联系紧密度的体现，更是捕捉新思潮新思想敏感度的体现。王国维思想意识，包括维新改良思想的形成及渐趋成熟，绝非一朝一夕之事。其中，《时务报》应该起到事半功倍的功效。高品质的媒体才能培养并造就高品质的读者。

而眼下，故事还在城外，王国维依旧在沈家住馆。时而回家，看望家人，或帮助家务，或进行书画创作。夏秋时节蚊子极多，嘤嘤嗡嗡地乱飞，给专心画扇面儿或是写字造成相当大的干扰。但王国维不为所动，沉浸在忘我的创作中。就在一刹那，他甚至还感觉，连蚊子也是家里的来得亲切，来得熟悉。想到此，年轻的王国维露出了天真烂漫的微笑。

为了王国维前程，王乃誉一直是牵肠挂肚，想法子、寻路子。路是越走越明的，王乃誉内心基本打定主意，即对王国维和王国华两人的禀赋及人生定位有了比较明确的思考及打算：一个走求学"通达"之路，一个走经商之路。

> （光绪二十二年七月）初二……大儿馆于同城沈都戎许教授。以其性讷钝，好谈时务，嗜古籍而不喜于帖括。现荐成于金陵储才馆学生，以期通达中西要务以自立，然究莫莫必其成焉，否也。次儿十龄，近处就傅，"四书"将竟，迟数年使之游于商，不会再事于制艺，致蹈诗书误我之讥也。[1]
>
> 十三……入店看报，因抄报储才馆情形。[2]
>
> 十五……致欣甫叔询储才章程。[3]
>
> 十六，早晴，巳午大阵雨……改致秣陵书……商及储才静事……北入永和寄秣信……到店……看报，知天津商才堂……取六十人，入考先试一文一策，分等下。[4]

但这些还仅限于规划之中，仅是一张张"蓝图"而已。现实中王乃誉依旧处于怅然若失的状态之中。放心不下，这是一种明显缺乏安全感的心理状态：你说"没事"吧，总好像有事会发生。你说"有事"吧，又好像是杞人忧天。因为在父亲眼里，王国维两兄弟似乎都不是省油的灯。"两儿散漫懒惰，殊忧，而言之不理，若有病然殊非作人之道。将来焉望其勤而业成有为。"[5] 果然，王国维回家时，向父亲说起馆中那位"三桃"

---

① 海宁市史志办公室编：《王乃誉日记》，第 680 页，中华书局，2014 年 7 月。

② 海宁市史志办公室编：《王乃誉日记》，第 686 页，中华书局，2014 年 7 月。

③ 海宁市史志办公室编：《王乃誉日记》，第 687 页，中华书局，2014 年 7 月。

④ 海宁市史志办公室编：《王乃誉日记》，第 687~688 页，中华书局，2014 年 7 月。

⑤ 海宁市史志办公室编：《王乃誉日记》，第 688 页，中华书局，2014 年 7 月。

学生引起的事端，并表示想辞去塾师一职。王乃誉听后，当然不开心。

> （光绪二十二年七月）廿三，晴……及夜，静述馆事及辞三桃事。大慧竟不知谋衣食，昔事情至于如败，他日焉望成家筹谋？即恐后日至秫馆师一教诸徒，或有不逞者，畏事畏用功，或师有偏，半途弃，率然而归，事在意耳。①

而更让王乃誉操心的是王国维的婚事。娶媳妇，这不是儿子个人之事，而是王家的头等大事。

操办婚事既花钱，又费力，方方面面都要考虑周到，要杜绝什么纰漏或不妥出现，因为王家是体面人家。于是，从结婚日子选定到聘礼多少，从宴席规模到邀请亲朋人数，从菜肴单子到食材购买等，都是应该明确的，马虎不得。还有，这结婚后的日子怎么安排？这大小事宜，都是难题，都要王乃誉亲自过问或亲自出马处理。压力山大时，好在有老妻和老泰山可以商量，可以听听他们的建议。

> （光绪二十二年七月）廿六，夜雨，晴。与内子议及静姻事，迄无措手。既无大宗款可提用，而计非三百余（事事俭陋）不可，一难；婚后房内一无蓄，将何为继，二难；此学成或艰且十年，不成更无厚望，偌大一家钱短而人加，三难……②
>
> （光绪二十二年八月）初一……丈来议各事，涉静事。余以乏用不能允，况现尚不能敷，倘去大项处加费，无乃使更重，年壮者于资不理会，甚恨，甚喟！将后不独难继，恐渐入中落。余加老衰，已难再出觅资，后虑正长也。③
>
> 初四，早，内子议及姻事，即致信叶丈，请其择日……又与内子议用度及婚后各节……④

① 海宁市史志办公室编：《王乃誉日记》，第690页，中华书局，2014年7月。
② 海宁市史志办公室编：《王乃誉日记》，第691～692页，中华书局，2014年7月。
③ 海宁市史志办公室编：《王乃誉日记》，第693页，中华书局，2014年7月。
④ 海宁市史志办公室编：《王乃誉日记》，第694页，中华书局，2014年7月。

喜庆的气氛需要酝酿，需要营造。仿佛有灵性一般，王家院子里的秋海棠盛开了，粉红色的花瓣散发出一阵阵清雅的芳香，弥漫四周，给王家增添了吉庆的情调。

不久，落英缤纷，残红满地。打扫庭院，保持整洁，本该是王国维和王国华兄弟两人分内之事。但年轻人免不了有些懒散，不太在意，兄弟俩都没有按时到岗并完成任务。最终，王乃誉实在看不过去，只好自己动手，但心里却是颇为不满，于是借题发挥，大发议论，直至上升到古训"一屋不扫，何以扫天下"之高度。

> （光绪二十二年八月）初八，晴。早，刷尘扫地，屡饬二儿每早作此，竟如风过耳，可恨！此辈不知稼穑之艰，懒惰成性，即此小事尚不能如命，不独将后无望成业，即如今日决不可得。思之愤恨，几废寝食。①

在家发了一通牢骚之后，王乃誉外出。后在内兄叶桐家一坐，与其聊天，正巧绿成也在家。两位父亲相见，颇有共同语言。当谈起关于"挣钱"和"处世"等话题时，这边是余怒未消，那边是有感而发。对于将来，两位父亲都有点悲观，都觉得自己的儿子阅历不足，前途渺茫。"余与桐闻绿与静同，然则伊等之无阅历，名为高，实则懒；名为有学不苟且，实则无作为耳。绿有悖然意……"② 在一旁的绿成听见两位父亲如此评价自家孩子，自然很不开心。若是王国维在场，也会很难受很失望吧？

于此，我们也许会责怪王乃誉其心胸不够豁达，其心态如此求全责备，容易小题大做，特别是对于一些细节或小事太在意、太纠缠。但接下来发生的事，足以证明父亲的忧患意识及患得患失预感是客观存在的，并非无中生有，庸人自扰。

这不，王国维从沈家辞职了。

"父亲，我不干了。"

今天，我们已无法确切知晓王国维走进家门时的情形，是垂头丧气，

---

①② 海宁市史志办公室编：《王乃誉日记》，第 696 页，中华书局，2014 年 7 月。

还是若无其事？见到父亲后，是怎样开口表达的。其基本意思大致就是如此吧？

面对这突如其来的告白，王乃誉是该训斥、责备甚至辱骂，抑或是沉默无语？因为按照规矩，王国维比较合理的做法是，预先征求一下父亲的意见，至少是通报或暗示一下吧？

而作为王国维，对这份工作或许早已是忍无可忍了。而直接的导火线则是出在那个名叫"三桃"的孩子身上。这孩子不好好学习，从小就染上恶习，竟然将自己的衣服抵作赌债，影响到学堂。这自然引发东家沈家的不满与批评。而作为老师，王国维似乎脱不了干系。此事则更坚定了王国维辞职的决心。

早知今日，何必当初。没有选择权而被迫接受的任何决定，对于当事人都可能是一次"误会"，乃至"伤害"。

那一天是八月初十日。

那天，王乃誉正忙着与诸亲"议静姻事"，为操办王国维婚事而发出"为儿孙做牛马"的感叹时，却突然遭遇了王国维决意辞馆而归的事实。在听闻儿子简要解释后，王乃誉虽然很是诧异、恼怒及失望，但还是忍着性子，对王国维所作决定，所犯错误，有分析也有指责，特别强调这一走了之将带来一连串极其尴尬与为难的境地：沈家及介绍人等会怎么看待此事，王家对沈家该作何解释？还有，你王国维辞职后准备干什么，怎么不为家里着想一下？

为父母者可真难啊！正如《红楼梦》中《好了歌》所言：世人都晓神仙好，只有儿孙忘不了！痴心父母古来多，孝顺儿孙谁见了？

可怜的王乃誉夫妇，同样可怜的王国维。

（光绪二十二年八月）初十……静归，云馆中大不洽。沈东出言，谓诸徒无状，且当衣作债，责之于三桃，连累及师，此大谬也。师仅主教读，他无非所闻，即有同学不协，亦应各责子弟。静中无主，以为责三桃乃伊所附，遂将辞去。不知正礼，一也。不顾家贫而教辞之，前修已少，后望无着，二也。既不以馆为重，且欲他出以就别项，意或之秣，则谁为援手？况出行旅资、住下、火食而不图谋先见，及此真是无筹计、无识见、无才用。余大恨，谴责之，胸中磊磊若是，安望成家，吾复何望？及夜不安，教健书后走与赓三语。①

对于赴南京发展，王国维基本打定主意，并充满向往。从年初开始托人把王国维介绍到南京起，王家一直在犹豫之中，迟迟没有决断。其主要原因是王国维已在沈家住馆。从七月初二日以及此后的《日记》中，我们明确看到，王乃誉和王国维父子两人对此事是有过进一步的通气及商议，并达成基本一致的意见，即到年底之后，再作最终决定。

去"金陵储才学馆"学习，其主要目的是"通达中西要务"，即在继续传统文化深造的同时，比较系统地向西方学习，接受借鉴西方思想与文化科技。而后者都属于"洋务""维新"内容。

人生中每一个重要选择及重要决定，其背后都可以找到个人思想与价值观的影子，乃至时代的影子。王家父子有如此打算，意在表明王国维愿意尝试走一条"新路"，至少是不再单走传统老路，即科举及私塾之路。

但现实之路并非说走就走那么简单，那么容易。

"谁为援手？"

看似简短的四个字背后却是一筹莫展，束手无策。其中最致命的制约，是经济问题。远赴南京求学，单就学费加生活费等开销就不是一笔小钱。王家承受得起吗？谁来帮助你王国维？

"这些问题，你想过吗？"父亲内心十分难过十分复杂。

当时，王国维不但有去南京发展，甚至还产生过去留学日本的念头。为此，他与同学有过多次讨论。向日本学习，曾是一代年轻人痛苦而坚毅的抉择，意在忍辱负重，奋发图强。但最终，还不是因为钱的问题而不了了之，而忍痛割爱？其自述有云："甲午之役，始知世尚有所谓新学者。家贫不能以资供游学，居恒怏怏，亦不能专力于是矣。"② 贫穷，是妨碍人生进步，最为难缠的病毒。

---

① 海宁市史志办公室编：《王乃誉日记》，第 697 页，中华书局，2014 年 7 月。
② 王国维：《静庵文集·自序》。

　　王国维辞去塾师一职，赋闲在家。如此，家里不仅少了一份收入，还增加了衣食等必要开支。王乃誉的眉头自然紧锁，加之感冒，难受至极，所以心情一直低沉，牢骚满腹。

　　　　（光绪二十二年八月）廿六，阴，微阳，细雨。起迟，无聊，而家人所事不洽，诸物四散，无收束，如破窑，可恨……镇日伤风，涕洟满身，周身不适，而拮据日甚，坐以穷苦……①

　　　　廿七，晴……用度不小，两儿无一悬及艰况，即使之不理，即勉去，又不能办，真属不肖，可恨！故时时加闷，几欲逃入空门……与静略等，恐一失馆，其长不之顾，鲜不为饿莩……暮，条致月樵取顾租，静去，迄不得……静两足冻冷不自知。②

　　"拮据日甚，坐以穷苦。"这是一位父亲深深的自责与哀叹，也是对"谁为援手"之问的痛苦自嘲。

　　显然，王乃誉不单是忧虑王家的生计问题，更多是在忧虑王国维的前程问题。而这两者也是互为因果，其一是眼前问题，其二是长远利益。

　　明显的是，王国维辞去私塾一职，绝非单纯的能力问题，而是其志向、兴趣和心情问题，是现实与理想之间矛盾冲突所致。既然"使我不得开心颜"，那我就"仰天长啸出门去"。

　　就心理学角度而言，儿子进入青春期后，父子关系往往会处在一种比较奇特的状态。时而是对立、矛盾、分歧，时而又是结盟、联手及战友。王家亦是如此。这其中，保持思想交流渠道畅通有效是关键，一定要避免"关闭""隔绝"的冷战状态。王家父子在这方面做得比较好，这有效避免了家庭矛盾的进一步激化或升级。其中思想交流的"窗口"或"载体"之一就是《时务报》。思想因有"聚焦"有"碰撞"，交流才会真正触及灵魂深处。

　　王国维最早看到《时务报》的时间已无法确定。但有一个时间点却是确凿无疑的。九月初五及初七日，王乃誉分别从王国维手里拿到了第一、

---

①　海宁市史志办公室编：《王乃誉日记》，第 703 页，中华书局，2014 年 7 月。
②　海宁市史志办公室编：《王乃誉日记》，第 704 页，中华书局，2014 年 7 月。

第三期与第四期《时务报》。先是如获至宝，紧接着便是忧心忡忡。此时，王家父子的个人脉动与时代节奏和旋律进一步应节合拍。

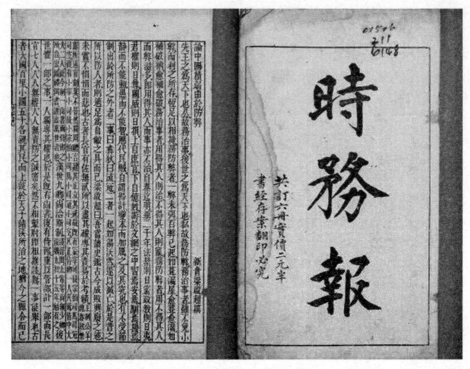

时务报

（光绪二十二年九月）初五……静持《时务报》第一、第三册。上海新设，七月初一开设；总理为汪穰卿，钱塘人进士，执笔新会梁启超。所陈通变议，颇洽时政，诚此时之要务。惟变，谈何容易？杞忧之。况耤薪疾首，而大人君子未必听，苟安一旦，必至万不可为，大事已去，乃思一死，此所以习俗固佶，大愚不灵已。①

初七……静携来《时务报》四册。汪穰卿《时务论》三通。文虽不及梁（启超）而理则是。《盛世元音》序，梁启超撰，吴兴沈学原序。云能半日可通音学、外国语言文字，因思此事何至

---

① 海宁市史志办公室编：《王乃誉日记》，第 707 页，中华书局，2014 年 7 月。

*易也……夜再三读。*①

在第一期《时务报》上，梁启超发表了《论报馆有益于国事》一文，申明"去塞求通"的办报宗旨，主张所载内容在于"广译五洲近事""详录各省新政""博搜交涉要案""旁载政治、学艺要书"。汪康年任《时务报》总经理。他先后发表了《中国自强策》《论中国参用民权之利益》《论今日中国当以知惧知耻为本》等政论文，一时影响颇大。

一张报纸或一本刊物的意义与价值，重点肯定体现在两个层面。一是报纸（刊物）内容，二是读者理解。这里的读者专指王国维父子。王国维既是阅读者，还是传递者。是他让《时务报》进入王乃誉的阅读视野。这之后，才可能有王家父子间的对话与交流，才可能有思想情感的变化与发展。

这里，有两个方面可以探讨或明确。第一是王家拿到报纸的时间，第二是他们的思想和感慨等。在此，非常鲜明地形成一"实"一"虚"与一"明"一"暗"之态势。

所谓"实"和"明"的一面是指王乃誉。他最早拿到报纸的时间，有《日记》记载，非常明确，是九月初五，紧接着是初七日。其大致阅读后的思想或心情，也是有明确指向的。《日记》中用了"杞忧之""夜再三读"等来概述。这是极为精练但非常传神的笔法。这充分说明，王乃誉对此极为感兴趣，所读文字极具启发性，极有吸引力。

而所谓"虚"和"暗"的一面是指王国维。就时间节点而言，王国维拿到报纸的日子肯定是在九月初五之前。而确切的日子，特别是王国维阅读《时务报》之后的思想与情绪等，因我们没有确凿的文字可依据，所以无法聚焦，无法明确。我们只能通过其父的表现，来映衬，来折射，来推理。故而显得"虚"和"暗"。

当然，王国维把报纸主动推荐给父亲的事实本身就说明或证明了一切。对新思想的认可接受，对新思潮的向往渴求，呼应并助长了王国维青春热血之沸腾。《时务报》可谓恰逢其时，应运而生，极大地满足了尤其

---

①　海宁市史志办公室编：《王乃誉日记》，第708页，中华书局，2014年7月。

是指引了像王国维一般年轻人求索的心理和方向。而站在王乃誉角度而言，也是欣慰无比：其一，表明儿子是有思想、有向往的青年，绝非浑浑噩噩之辈；其二，在儿子眼里，父亲是值得信赖的、向往维新与改良思想的"同盟军"，是值得分享、交流与探讨的对象。

进入九月底，婚期越来越近了，王家上下是满面春风，各项准备紧锣密鼓。

这第一项工作就是准备新郎新娘衣着。"……剪喜用新妇红绉袄料，帐顶，印洋标一尺……新妇袄裤里洋一尺五寸，静一尺……"[①] 婚衣，不单是一件或一套，而是需要准备春夏秋冬四季的服装，所以，需要购买不同材质的面料。在随后的日子里，王家陆续购买所需衣料。紧接着，便是请裁缝登门，成衣做工。在传统语境中，这些活儿都是靠手工一针一线制作完成的，所以会持续一段时间。裁缝师傅一到王家，便张罗起来，忙碌起来。有道是慢工出细活。准备婚衣是喜事又是新鲜事，所以每天都会有人来串门，或看布料、看衣服样式，或看师傅手艺等。有人络绎登门来"白相"那是件好事。人来了，人气就聚起来了。王家喜庆的氛围渐渐浓郁起来，热闹起来。

婚事筹备工作可谓千头万绪，纷繁复杂，王乃誉既是谋划者与拍板者，同时还是实干者，事无巨细。"只要开心，只要身体吃得消，多做点无所谓的"，王乃誉对劝慰他注意休息的妻子说。而相比之下，当事人王国维越发显得"稚嫩"与"懵懂"。当然，这个也不能怪王国维，第一次做新郎，一切都是陌生，一切都是未知。

紧接着的第二件事，是商定邀请亲朋好友环节。首先是确定应邀人员及规模。王乃誉亲自出面，邀请家族中的尊长代表，一起商议并明确邀请名单。其次是准备请柬礼帖等。王乃誉统筹，王国维书写请柬及婚事所需礼帖等。最后是择日分别登门发出邀请。

在忙于婚事准备工作的同时，王乃誉还在为家族内部之事奔走忙碌，当时是在编撰安化王谱记。补充、整理及完善族谱，是一个家族需要持之以恒坚守的使命，更是家族中骨干与有能力者义不容辞的责任。一脉相

---

① 海宁市史志办公室编：《王乃誉日记》，第 714 页，中华书局，2014 年 7 月。

承，代有传人。作为名门世族王氏值得骄傲的是，待到王国维成为名家之后，也主动为先祖补撰家族发展与代表人物的相关历史，以弥补王氏家族史实之缺。

经过近十天劳作，待到十月初八日，新郎新娘的婚衣已完成一大部分。王乃誉是个有心人，更是个细心人。在《日记》中明确记载了成衣的部分结果。这为我们了解或研究一百多年前像王家一般中下层知识分子家庭的经济状况、风俗传统等提供了一份独特的史料。"……裙及男套未完，计做帐一，男袄裤一副，女红绉袄裤一副，蓝累缎衫一件，缎夹披风一件，改绿绉裙一条，红绉裙一条……"① 另外，为了成婚之日使用，王国维还托人去硖石定做一双靴子。

嫁妆

这第三件事，是王家再次宴请两位媒人，商议确定婚事细节等。因为在聘礼数量与规格方面，男女双方存在一定差异，需要协调。女方家境不错，口气自然会大一些。而王乃誉则主张以节俭为本，量力而行。这在盐

---

① 　海宁市史志办公室编：《王乃誉日记》，第 722 页，中华书局，2014 年 7 月。

官话中叫作"做人家",意为善于经营家庭,精打细算。

接到请柬后,亲朋好友陆续前往王家,送礼金,或是赠送礼品等。王家人热情做好接待工作。准新郎王国维每次都是亲自出面招待,泡茶、倒水等,态度十分谦恭诚恳。

十月廿四日,是王国维大喜之日。王家张灯结彩,喜迎宾客。而那天的天气有点特别,早上是晴天,到了傍晚则突然下雨。"晴,天微寒故晴。俟拜堂、合卺、入房,余送佛。宾客续至,贺者阗门,至足不胜。"①

按照盐官古城风俗,一大早新娘坐上花轿启程。这谓之"出门"。花轿、送亲以及抬嫁妆的队伍,在乐队的吹吹打打和一路行人的围观中,缓缓前往新郎家。嫁妆多少,不仅显示女方的经济实力,更直接决定抬嫁妆队伍的长短。大户或富裕人家的嫁妆当然较多,抬嫁妆的队伍自然长,于是有了"十里红妆"的夸张说法。

江南旧时娶亲队伍

赵万里谱中是如此记述的:"十月廿四日,夫人莫氏来归。夫人为同邑春富庵镇莫寅先生孙女。世业商。"② 莫老先生也是一位秀才。这位

---

① 海宁市史志办公室编:《王乃誉日记》,第728页,中华书局,2014年7月。
② 赵万里:《民国王静安先生国维年谱》,第12页,台湾商务印书馆,1978年。

新娘来自书香人家，且家境殷实。王莫两家几乎有相似的社会地位与经济背景。

一大早，王家举行仪式，礼敬诸佛，以求吉祥如意。大红蜡烛的红光映照在每个人脸上，让每个人的笑颜格外灿烂，流光溢彩。在父母亲的指点下，身着马褂的王国维在佛像面前跪拜，祈求一切顺利，崭新而美好的日子由此开启。

"恭喜！恭喜！"贺喜声连绵不绝。整个上午，亲朋好友陆续来到王家。为了使婚宴井然有序，王家做了明确分工，王乃誉和王国维的外公负责内在事务，舅舅叶子研等负责酒席，玉堂、锡堂等负责招待宾客等外在事务。

"日初高，花轿至矣。"① 新娘接到王家。亲朋及周边看热闹的，把王家前后挤得水泄不通，大家等待一睹新娘芳容，见证婚礼仪式，也等待王家分发喜糖、喜糕等。

随后，司仪主持庄重的传统婚礼仪式。王国维和莫氏一拜天地，再拜高堂，三是互拜。随后是新人一一拜见尊长，接受贺礼。盐官风俗谓之收"见面钿"。在场的宾客纷纷送出祝福，百年好合，早生贵子。

当晚，王家举行隆重热闹的婚宴，盐官风俗谓之"正日"，一共开设十三桌酒席。

"吃喜酒去了！"亲朋互相招呼，并陆续入席。"今朝夜来酒水（菜肴）肯定不错！"孩子们更是嚷着闹着，等待不及。

或许有读者对婚宴菜肴也会有所兴趣。因为它是地方文化与风俗最为鲜明的体现之一。当初女儿出嫁时，王乃誉记录的菜肴是"六小八大二道点"。而这次娶媳妇的酒水应该比嫁女儿时更加丰盛更加考究。作为盐官人，我对一百多年前王家举行婚宴的菜单也是特别好奇。譬如，羊肉是红烧还是白切，猪肉是蹄髈还是酥肉？鱼类是用了哪种鱼，是包头鱼还是草鱼或青鱼？这"山珍海味"具体有哪些？最具盐官特色的传统菜是哪一道？遗憾的是，在《日记》中没有我想要的答案。

喝喜酒，高朋满座，喜庆热闹，这重点自然是喝酒，或尽兴，或随

---

① 海宁市史志办公室编：《王乃誉日记》，第 728 页，中华书局，2014 年 7 月。

意。王家是斯文人家，各种礼数自然周到考究。王乃誉满面含笑地给大家敬酒。而高潮自然是新郎新娘在母亲的陪同下，逐一给宾客倒酒、敬酒，并接受祝福。

所谓"天有不测风云"，酒宴行将结束时，突然下雨了。为了避雨或赶路，宾客只得匆忙结束宴席，大多数人连饭都没有吃好，就提前告别回家。虽说这是天气原因，谁也无法预见，更无法改变。但这多少给人不愉快、不圆满的感觉。但凡举行大事或要事，譬如举办婚宴等，"顺境"最要紧，顺利而圆满是终极目标。面对突然下雨，特别是导致亲朋们"落荒而逃"的局面，作为一家之主的王乃誉自然是惶惶不安，过意不去。试想，近百个宾客因不知会下雨，所以都没带伞，这突然遭雨，怎么回家或怎么安顿？回家路上万一出点什么意外如何是好……

万幸的是，这雨不久就停了。但宾客大多已散去。按照风俗，婚宴后洞房前应该有闹新房的传统。于是，绿成等几个年轻人，还包括姐夫陈达衢等，蠢蠢欲动，起哄说要好好"闹一下"。新郎王国维老实巴交，不能阻拦也无力招架，只能干笑着，被动接受应付。见此，王乃誉似乎颇有微词，以疲倦劳累为理由，劝导大家早点休息。于是，整个环节只是象征性地意思一下，匆匆收场。

> （光绪二十二年十月）廿四……及夜设入席，内五席，外八席……比席将散，雨至，诸客跟跄，未饭去。而余心危急甚。盖百许人无舆可雇，无处可宿故也。幸一阵惺忪即止。齐鸿、绿成、达衢十许人闹新房，余一诘之，即散。夜倦极……①

传统婚姻，均由媒婆牵线、父母做主，这在很大程度上带有押宝或中奖的成分。因为男女双方作为当事人，对"嫁谁""娶谁"这最根本的问题不能自主不说，绝大部分在婚前连对方的面都没有见过，彼此完全属于"陌生人"。如此，两人硬凑在一起，这不是在"赌一把"吗？因为，自愿且自主，几乎是幸福美满婚姻之根基及保障。

---

① 海宁市史志办公室编：《王乃誉日记》，第 728～729 页，中华书局，2014 年 7 月。

值得恭喜或者说庆幸的是，王国维和莫氏之间大体算是一个"琴瑟和谐""相敬如宾"的模式。这来源于门当户对这一大原则的保障。千万不要小觑或是漠视门当户对的意义和作用。所谓门当户对，即婚姻双方家庭在社会地位和物质基础等方面相当。他们的家庭背景相似、道德伦理相同、家教家风相通、思想情趣相交、生活方式相近，等等。为此，男婚女嫁后，并不需要过长的磨合期而较快融入双方家庭，并承续融合双方家道而进入正常的生活轨道。

王国维和莫氏婚姻的幸福指数之所以能得到保证，有三个直接因素。一是王莫两家距离不远，一个在盐官城里，一个在城北三四里外的春富庵。两家可谓是知根知底。两家都是知书达理人家，在当地也颇有名望。这名望，既是保障，也是约束。二是王国维的老泰山对少年才子王国维颇为看好、看重，赞不绝口。能得到岳父青睐，这是旧式婚姻中最重量级的砝码，一言九鼎。三是莫氏比王国维年长几岁，大三四岁吧。女孩一般比同龄的男孩懂事要早，莫氏又年长，所以显得更为成熟、稳重、有主见。这是吉兆。民间有"女大三，抱金砖"的说法。还有，莫家世代经商，家境比王家要好很多。娘家有钱总是一件好事。据说，王乃誉对这一点也颇为看重。

新婚后，新郎家要出面招待新亲，即新娘子家的至亲。由此，双方建立亲戚关系。这是规矩，是传统，王家当然做得很是妥帖，很是周到。

至此，娶媳妇整个大事的所有环节基本完成。不管是作为父亲，还是作为商人，王乃誉心里自然有一笔总账。为了给大儿子娶亲，一系列开支一样都不能少，这对家境并不富裕宽松的王家，特别是掌门人王乃誉，无疑是"剥了一层皮"。好在王乃誉擅长精打细算，更善于顾全大局，多少还带点"硬撑"的味道，事情终于比较圆满地完成了。过日子，就是这般实在实情。

> 至是喜用已二百元，尚需数十元开销。又，有绸缎六十余元不在内。[1]

---

[1]　海宁市史志办公室编：《王乃誉日记》，第729页，中华书局，2014年7月。

成家立业。这是历代对一个男人家庭责任和社会责任的精辟概括及要求。唯其如此，才算得上是一个大丈夫。

如今，王国维已完成娶亲，即成家的大事，王家增加了一个人，同时还衍生出一个小家。但它还不是自立门户。在旧时，父母亲健在，在没有分家之前，即便娶亲成家，依旧还是一大家子，依旧是父母亲做主。王国维当然会听从父亲的教导和指令，帮助父亲，努力承担一部分家庭责任。

天气越来越寒冷，十一月中下旬，开始下小雨，并夹杂小雪。雨雪霏霏的江南，其湿冷的气候让人很不舒服。

由于不断接受新思想熏陶，特别是阅读《时务报》《申报》中关于西洋科技、科学方面知识介绍，王家对外面世界的认识是与时俱进的。开放包容，会让一个家庭的交流话题保持活力与敏锐。王乃誉和王国维、王国华等之间经常会围绕某一话题展开讨论。父子所形成的集体智慧，是两代人思想交融的结果。如此这般，父子思想进步与提升几乎是齐头并进的。当然，启发及受益最大的肯定是年轻一代的王国维、王国华兄弟俩。

譬如，在十一月廿日夜，王乃誉对王国华讲述用兵之计，引导儿子打开眼界，观察时事。因为，父亲所讲述的内容并非传统的用兵之道，如《孙子兵法》或《三国演义》等冷兵器时代战术，而是近代工业和近代科技给战争带来前所未有局面的话题，蒸汽、炮火、铁甲等。洋人的坚船利炮轰开了古老国度的大门，也震醒了部分国人：怎样向西方学习将是一个巨大的时代命题。借此，王乃誉因势利导地教育启发儿子，世道要变了，要有探索变革精神，切忌因循守旧。"夜，与健说近年用兵计，非廿年前比。因告以古人弧矢而改炮火，近益地雷、风枪、铁甲船、气球，日新而月异。上下千古，津津乐道……"①

而对王国维，王乃誉继续对其传授讲解经典诗文，因材施教。而更多的时候是一起探究、一起辨析，津津有味。父子俩沉浸在对博大精深传统文化魅力品鉴之中。"夜为静讲诵各书，依依不舍，若有日进。"② 博学之，审问之，慎思之，明辨之，笃行之，这大师之路就是如此铺就的。

---

① 海宁市史志办公室编：《王乃誉日记》，第 736 页，中华书局，2014 年 7 月。
② 海宁市史志办公室编：《王乃誉日记》，第 737 页，中华书局，2014 年 7 月。

　　按照旧俗，新婚后，新娘会择日回娘家住上几日，陪伴孝敬父母亲，以示报答养育之恩。十一月廿一日，王国维携新婚妻子一起前往春富庵岳父家。王家替新娘准备了比较丰厚的礼品。而作为新女婿，其主要责任是护送妻子，并按礼节拜会岳父岳母大人。第二天午后，王国维与妻子恋恋不舍地告别，先独自回家。而新娘继续留在娘家，直到十二月中才回到夫家。

　　此时，王家父子的思想和生活明显出现两条主线：一条是明线，即"看得见"的现实生活及行为。一如往常，他们做生意，读书、写字、作画等，依旧经历生活的酸甜苦辣。另一条则是暗线，是"看不见"的思想及思绪等。他们关心改良维新，探讨时势时局，向往新思潮，期待新变化。世界在变，时不我待，王家父子的心态可谓迫切，意志可谓坚定。"……静儿携借到《时务报》四十五、六两册。烧烛观之，甚谓中朝不能骤更新法，一切杂乱无章，恐迟延不达，则世界早变，奈何？"① 所谓"烧烛观之"之情态与"只恐夜深花睡去"之诗意大致相通。

　　其时，《时务报》上刊登的梁启超关于维新思想的一系列振聋发聩的文字成为王家父子期盼的心声。登高一呼的梁启超，几乎成为王家父子的领路人及代言人了。人生路上，能寻找到智者与知音，那是莫大之幸事。

　　当时，梁启超最著名的文章是《变法通议》。在《变法通议·自序》中，作者称："今专标斯义，大声疾呼，上循土训诵训之遗，下依蒙讽鼓谏之义。言之无罪，闻者足兴。为六十篇，分类十二。知我罪我，其无辞焉。"

　　如此，等待新一期出刊的《时务报》几乎成为王家最急切的心事。每新收到一期，王国维和王乃誉都显得异常兴奋，急不可待地阅读，甚至是"烧烛观之"，夜以继日，紧接着便是交流心得。

　　年关在即。王家如往年一般，忙着进行收租、对账、讨债等事务，以及过年各种准备。而今年却多了一个伤心事、烦心事，王国维的叔父王粹甫已病入膏肓。叔父没有成家，无儿无女，所以照看、关心，特别是善后各项准备工作都需要王国维家来负责承担。长兄为父，王乃誉责无旁贷。

---

① 海宁市史志办公室编：《王乃誉日记》，第 790 页，中华书局，2014 年 7 月。

目睹父亲的辛劳及痛苦，王国维也在寻思为父亲分担一些责任，多做一些实事。灰暗平淡的日子里，给王国维带来阳光般喜悦的事，是妻子从娘家回来了。小别胜新婚。有了妻子的协助与慰藉，王国维操持家务的干劲更足了，心态更好了。

除夕那天是个雨天。一早，王乃誉携同王国华去市场买来猪肉、鱼、千张等年货食材，随后去店里做事。离开前，他特意关照小儿子，年夜饭在店里吃，要招待伙计们。父亲缺席的年夜饭，在王家几乎成为惯例。那晚，王国维夫妇和母亲叶氏、弟弟王国华等一边吃饭，一边等待父亲回家，然后一家人团圆守岁。

此时此刻，王国维应该是有一些感怀或思绪的。因为马上就是新年，这又是新婚后的第一个新年。那么，王国维在想些什么，会说些什么呢？或对父母亲，或对妻子，抑或对小弟。

难忘的 1896 年，王国维的 20 岁，在远近起伏连绵不绝的爆竹声中飘然远去。或许，这些爆竹声就是在为王国维代言，胜过千言万语。回顾这一年，最直观的收获是，王国维娶了妻子，成了一个小家。

而作为王乃誉，他的笔端会以怎样的文字而承上启下呢？此时，一个巨大的意外，也是一个巨大的惊喜出现在读者面前。1896 年最后一天的《日记》，由三部分文字组成。就篇幅而言，整整有 12 页，洋洋数千字。其主要内容是对《时务报》重要文章之摘录。

据此，有充分的理由和必要，再一次认真审视、修正并重新定位王乃誉与王国维的思想和形象。因为王家父子特别是王国维的思想在迅速成长与变化之中。

摘录的是什么？为何要摘录？摘录时，以及摘录后，王乃誉是怎么认识并思考的，他与王国维是怎么交流的？对此，王国维有何见解是何态度……这一系列问题中有明确答案的，是三点。

一是摘录了盛宣怀的《条陈自强大计折》。这个奏折在近代史上影响颇大、意义深远。其核心内容是三个方面：一曰练兵，二曰理财，三曰育才。其用意十分鲜明：强国与富国并举，让中华民族摆脱列强凌辱，自强不息，早日走上可持续发展的道路。

而这，也正是王国维父子之爱国心声及心愿，仿佛说出了他们的心里话。所以，他们对这个奏折自然感兴趣、有默契、生共鸣。

二是摘录了"自办银行见解"及向清廷作的系统表述：

> 银行昉于泰西，其大旨在流通一国之货财，以应上下之求
> 给。立法既善于中国之票号、钱庄，而国家任保护，权利无旁
> 挠，故能维持不敝。各国通商以来，华人不知务此，英、法、
> 德、俄、日本之银行乃推行来华。近年中外士大夫灼见本末，亦
> 多建开设银行之议，商务枢机所系，现又举办铁路，造端宏大，
> 非急设中国银行，无以通华商之气脉，杜洋行挟持。①

基于商人身份及思路，关于如何通过理财实现富强梦想，不管是家庭
家用，还是国家财政等，王乃誉都是有独到理解和看法的。他对当时清政
府理财政策有一个总体的判断，认为是"不得其策"的："……第思我国
家理财亦不得其策，外强中干，洋人眈眈，日伺其利，冗官滥用，多无实
惠。以致牙厘关税正项钱粮徒供耗蠹……"② 虽是一个普通书生，但王乃
誉的看法无疑是深刻的：外有洋人掠夺，内有冗官贪污，蚕食鲸吞，国力
式微。如此内忧外患，甲午战争能不败吗？中国能不落后吗？

关键是该怎么办？

三是摘录了梁启超的《论学校五》。《日记》所摘文字为梁启超《论幼
学》之开头部分。如何教育孩子，期待其成才，这不但为王乃誉所看重，
更是其身体力行孜孜不倦践行的人生命题。

而正本清源地改良传统教学，挽救人们精神信仰和思想道德，要从彻
底改变教育启蒙孩子的教书先生这些"学究"开始，大刀阔斧、雷厉风
行，并由此及彼，拓展至家国命运、天下社稷层面的彻底改观，使之焕然
一新，成为"少年中国"。这是梁任公的教育立场，教育理想和情怀。

对此，王乃誉心有戚戚焉，热切向往，拍案叫绝。这可以从《日记》
这一部分字体比平时书写显得特别大的外表中得到充分证明。王乃誉写作

---

① 海宁市史志办公室编：《王乃誉日记》，第 759～763 页，中华书局，2014 年
7 月。

② 海宁市史志办公室编：《王乃誉日记》，第 128 页，中华书局，2014 年 7 月。

此日记时的心情无疑是激荡澎湃的。

> 西人每岁创新法、制新器者，以十万计；著新书、得新理者，以万计。而中国无一焉。西人每百人中，识字者自八十人至九十七八人，而中国不逮三十人。顶同圆也，趾同方也，官同五也，支同四也，而悬绝若此。呜呼！殆天之降才尔殊哉！顾吾尝闻西人之言矣，震旦之人学于彼土者，才力智慧无一事弱于彼。其居学数岁，袖然试举首者，往往不绝。人之度量相越，盖不远也，而若是者何也？
>
> 梁启超曰：春秋万法托于始，几何万象起于点。人生百年，立于幼学。吾向者观吾乡塾，接语其学究，蠢陋野悍，迂谬猥贱，不可向迩。退而僾焉忧，愀然思，无惑乎乡人之终身为乡人也。既而游于他乡，而他县，而他道，而他省，观其塾，接语其学究，其蠢陋野悍，迂谬猥贱，举无以异于向者之所见。退而瞠然茫然惶然曰，中国四万万人之才、之学、之行、之识见、之志气，其消磨于此蠢陋野悍迂谬猥贱之人之手者，何可胜道。其幸而获免焉者，盖万亿中不得一二也。顾炎武曰："有亡国，有亡天下。"
>
> 梁启超曰：强敌权奸流寇，举无足以亡国，惟吏胥可以亡国；外教左道乡愿，举无足以亡天下，惟学究足以亡天下。
>
> 欲救天下，自学究始。①

而作为一名私塾老师，王国维读到此文时更是感觉芒刺在背，如坐针毡，促使其深刻思考反省："我能做点什么？""我如何实现自身改变？"

让老大帝国脱胎换骨，浴火重生，唯有摆脱学究误人之老路，唯有从改变教育始。因为，改变教育，就是改变人，使之成为"新人"。教育者，不仅是个人发展行为，更是维系家国命运、关乎民族前途，息息相关，任重而道远。

---

① 海宁市史志办公室编：《王乃誉日记》，第763～765页，中华书局，2014年7月。

教育者，旨在使人觉醒觉悟、让人得到全面发展，成为"完全之人物"①。王国维教育哲学思想的形成、发展及日臻完善，成为王国维整个学术思想的奠基石，也是最佳切入点。

王国维是近代教育改革的探索者，先行者。

---

① 　王国维：《论教育之宗旨》，《教育世界》56 号，1903 年 8 月。

第 10 章　磨砺人生　再次赴试

光绪二十三年（1897），旧历丁酉年。王国维 21 岁。

和以往新年有所不同的是，王国维已结婚成家，所以，除了要拜访本家尊长以外，他要前往春富庵岳父家拜年。还是在年前，王国维主动征求父亲意见，严格按照套路，盐官人谓之"客套"，一一准备拜年礼物。王家特意租用一只船，王国维夫妇提着大包小包坐船前往。这，既是礼数，更是诚意。

王国维夫妇在岳父家拜年的同时，还向莫家至亲发出邀请，约定日期前来王家喝年酒。不久，王家设宴，盛情招待来自莫家的王家新亲，为新亲之间的走动来往开了好头，同时也密切了亲家之间的关系。这对新媳妇莫氏而言也是莫大的安慰。因为她自嫁到王家才短短几个月，作为王家新人，对王家的真实情况还缺乏切身体验，存有一些担心这是必然的。而这次王家接待新亲的态度及排场，让她对婚前父亲的赏识之言得到了一定的验证。到底是书礼人家，明道理，崇礼仪，讲尊重，尚和合。

经过几个月的磨合，莫氏渐渐融入王家日常生活中，尽快适应一个"好媳妇"的标准。莫氏是一个聪明伶俐的女孩，心智已完全成熟，加之在家时所受的教育与家规约束，所以她清楚地知道，在婆家，除了充分尊重公婆与勤快地做好家务之外，恰到好处地提醒丈夫勤奋学习、勤快做事，保持比较高昂的生活姿态，这是自己的本分，十分重要。会给生活明确定位，知道自己该干什么，这就是"聪明人""会做人"。俗话说："妻贤夫祸少。"一个家庭内，丈夫的心态和情绪，与妻子的为人、情商与性格等密切相关。相夫教子，这是女人成为媳妇后最基本的义务和职责。当然，莫氏此时承担的只是"相夫"一个职责。要成为一个"好儿媳""好妻子"，再到"好母亲"，莫氏还有很长的路要走。盐官古城有句老话，叫作"三个黄梅四个夏"，意思是要经历比较长时间的考验或相处之后，一个人的性格、脾气、修养等才会展露无遗，才会露出庐山真面目。

新年期间，王家父子依旧为城内举行猜灯谜等传统活动出力。正月十三日那晚，天气晴朗，气温比较温和，非常适宜外出赏灯。

几天之前，王国维早已想好，今晚带妻子一起去参加在城里北道宫举办的灯会。年轻人天生喜欢热闹的场景和气氛。当媳妇听到有如此安排时，自然很高兴，欣然应答："你叫我去，我当然去。这说明你心里记得我。"王国维只是羞涩地一笑，他不善于说更多让人喜欢听的甜言蜜语。

人约黄昏后，火树银花合。此刻，现实生活仿佛暂时远离，展示在王国维夫妇面前的尽是绚烂、美好和热闹。此情此景真让人陶醉，心花怒放。这似乎象征了王国维夫妇新生活充满甜美，充满无限想象和憧憬。

正月即将过完，王国维有两方面打算及准备。一是继续帮助父亲做事，二是寻找合适机会，谋职挣钱，挑起家庭担子。随着年岁增大，王乃誉的体力已明显变差变弱，这一大家子的生计重担也自然要渐渐地移到长子王国维的肩上。他能否接替父亲成为家里的"顶梁柱"，起码能让全家过上衣食无忧、安稳祥和的日子，这不仅是王乃誉心心念念的希望，更是王国维不可回避的必考题。

在王国维谋取新职一事上，姐夫陈达衢起到了关键性作用。当得知堂弟家有招聘塾师打算后，他就在两边撮合并协调。姐夫很理解王国维的志向、才能和脾气，所以一有机会，自然会帮助提携这位小舅子。随即，陈达衢多次登门，和王乃誉、王国维一起商议此事，并提出建设性意见：王国维去陈家担任塾师是比较理想的选择。其理由有两点：其一，陈家有名望，有修养；其二，由于姻亲关系，关系亲密，遇事容易商量。更有利的是，地点就在姐夫家所在的大院子内。换言之，王国维好似天天在姐夫家一般。这是让王国维最为心动的原因之一。

最终，王国维点头答应。

据赵万里谱记载："三月，为同邑陈枚肃（汝桢）权家塾。"① 王国维去陈家，是给陈汝康的幼子，6 岁的陈巳生做塾师。陈汝康是载入海宁州志的知名人物，更是时代风云人物。

据《海宁州志稿·文苑·陈汝康传》：

> 陈汝康，字安伯，光绪戊子科举人。戊戌进士，翰林院庶吉士。汝康夙负大志，尝谓士人读书当知穷变通久，毋以泥古之见自域也。戊戌计偕北上，时国家毅然变法，汝康亟于仕进，巍然列名于强学会。及下令捕党人，恐罹祸，遂南归，未及散馆，咯血卒。然海宁之始谈新政者，要自汝康始。

卒章显志。"海宁之始谈新政者，要自汝康始。"如此定位或是评价，足以显示陈汝康在维新改良这一特定时期在海宁的作为和对历史的贡献。这个人就像一个火种，将新思想新理念引入到古城盐官，温暖并照亮年轻一代，这其中自然包括王国维。

从此，王国维踏入陈家大院，开始新的塾师生涯。令陈家意想不到的是，这位塾师日后将成为一位名垂青史的大家大师。而学生陈巳生，也将成为一位可圈可点的历史人物，真正应验"名师出高徒"之古训。于是，这段经历变得尤为珍贵，传为佳话。盐官十庙前陈家后人更以此为荣，曾有专门的回忆及记载。譬如，陈巳生的侄儿陈震远，在时隔近百年之后的1992 年，在其回忆文章中是这样描述的："陈巳生两岁那一年，他的堂叔陈汝聪娶了同邑王乃誉的女儿王蕴玉为妻。王蕴玉有一个大名鼎鼎的弟弟，那就是日后成为国学大师的王国维。从这里算起来，陈巳生与王国维还有一层姻亲关系。"

当然，"后来"的故事最终才会演变成有趣的历史。而当时，却是一天又一天的真实且平凡的日子。

因为有在沈家做过塾师的经历，虽然不太愉快，但毕竟是人生经历，

① 赵万里：《民国王静安先生国维年谱》，第 3 页，台湾商务印书馆，1978 年。

也是职业锻炼，王国维由此积累了一定的教书育人经验。而更为重要的是，经过沈家那次波折之后，王国维的认知和心智都有了新的提升。心境变了，认识变了，教学的方式方法也变了，王国维的塾师角色可谓渐入佳境。他，一面教书，一面自学，勤勉刻苦。学生陈巳生，是一位懂事又聪明的孩子。于是，师生共同努力，教学氛围良好，时而书声琅琅，时而悄悄习字。陈巳生在这位年轻塾师的教导与督促下，识字、读书、知史，接受传统文化启蒙教育。

看到王国维渐渐进入正规渠道，用心感悟职业职责，身心显得比较轻松而怡悦这一状态之后，首先感到欣慰的是王国维的新婚妻子，其次是父亲王乃誉。唯一令莫氏感到缺憾的是，因为丈夫是住馆，要间隔几天才能回家一次。寸阴若岁，新婚夫妇因离别而滋生的思念，总会让人感叹生活的无奈，心生酸楚。

"最是人间留不住，朱颜辞镜花辞树。"令王国维夫妇意想不到的是，离别的模式才刚刚拉开序幕。其后岁月，则是更多聚少离多的时光。于是，生活仿佛是由多少个孤枕难眠的夜晚，多少个形影相吊的白天而组成。当然，任何事物具有两面性。离别，是伤心伤感的事，但同时催生了王国维的诗兴。情绪总会找到合适的方式来表达来倾诉。因为思念莫氏，作为词人的王国维为莫氏，也为后人，留下了多首离愁别恨的辞赋，情真且意切。这是后话了。

天气越来越热起来了，春意阑珊，继而进入初夏，栀子花开了，洁白芬芳。王国维时而陷入对莫氏的挂念之中，静静发呆。一个人不孤单，思念一个人就会显得孤单。大体而言，王国维的理性明显强于感性。他清醒地懂得，对于儿女私情，自己不能过于"缠绵"过于"沉溺"而不能自拔。因为这温柔之乡几乎是一种"奢侈品"，是一个"桃花源"。这不，酷暑来临，赶考的日子为时还会远吗？

虽然没有找到确凿的文字记载，说明新婚妻子莫氏是如何支持、怎么鼓励丈夫用功的。于是，贤惠的莫氏这一形象好像无法聚焦，很是模糊。但从不久后王国维再次赴杭赶考这一事实，足以证明莫氏是懂事理、识大体的。赶考这一决定，让新婚夫妇的情感世界和日常生活，仿佛有了鲜活的细节和情景来支撑、来描述。

这次乡试，是王家上下最关注最看重的事情了。改变一个家庭或家族命运，往往是以一个人物脱颖而出为标志，为转折。

王家的命运会如何？王家人是怎样想的？

作为当事人，王国维最清楚自己肩负的责任和压力。

此时，王乃誉反倒没多说什么。因为要说的话，之前已经强调过多次了，多说无益。更重要的是，王国维已经成家，当着儿媳妇的面，自己是公公的角色了，不能再用严父惯用的口吻教训儿子了。王乃誉是个知趣明理的人。

此时，心理活动最丰富的肯定是莫氏。这是新婚妻子第一次面临重大考验。一想到丈夫即将赶考，莫氏便不由自主地紧张、忙碌起来，同时也胡思乱想起来：一旦高中，丈夫就能为官能做大事，而自己自然成为显赫的"太太"或"夫人"了。每想到此，莫氏的内心不免小鹿乱撞，两眼放光。期待是个好东西，一旦播种，就会生根发芽。从六月起，妻子就在为王国维赴杭赶考做必要的准备，主要集中在衣着起居生活方面的准备工作，譬如整理夏季换替衣服以及日常用品等。其间，夫妻俩也会围绕赶考话题作一些交流，主要是王国维向妻子解释考举人的基本程序，考场的布置，以及自己赶考的经历和见闻等。王国维娓娓道来，慢条斯理，每次引得莫氏急切地发问，"那怎么办"，"快说呀，你是怎么做的"。

最终，王国维叹息道："科举呀，它是一个鸡肋啊。"

"为何说它是鸡肋？"

王国维只是苦笑一下，没作回答。

本来王国维还想对妻子讲讲《金刚经》中"应无所住，而生其心"这句话的意思，但怕妻子一时听不明白，所以没再继续说下去，哑然作罢。

赶考，势必要提前一些时日出门，以便到目的地做好安顿及相关准备工作。七月底，王国维告别父母亲，告别妻子，出发去杭州。莫氏拎着行李一路紧跟，送丈夫到西门外船码头，目送丈夫坐的船只渐渐远去。

王国维在杭州参加了丁酉科乡试。

考完试后，王国维没作任何耽搁，赶紧回到盐官，回到妻子身边。恰似久别重逢一般，莫氏早早地在船码头等候丈夫归来。回家后，夫妻俩说了不少悄悄话。那里既有相思之语，又有赶考情况等的追叙。女人是非常感性的，看见丈夫回来就心满意足了。至于考试结果，那是要等揭晓才知道呢，所以眼下就不用费心去惦记它。而对于王国维，却是另一番情形。总体而言，王国维的情绪不是很好，虽不是垂头丧气，但心情是低落的，寡淡的。因为王国维内心比较清楚，这次考试似乎又没考好，没把握。正如诗人形容的"惶恐滩头说惶恐，零丁洋里叹零丁"一般感受。此时，不提也罢，在结果尚未明了之前，各种猜测或是假设，都是毫无意义的。这有什么好说的呢？

还是耐心等候吧。该来的，或不该来的，总会有个交代的。

最心急的人，是王乃誉。表面上他好像是不动声色，波澜不惊，内心则是翻江倒海。翘首以盼，人上了一定年纪，最期盼、最喜欢听的只是好消息。

这次乡试成绩于九月中旬揭榜。王国维依旧是名落孙山。父母的祝福、妻子的美梦，都化作梦幻泡影。或者说，婚姻的甜美并未能成功地迁移到赶考结果的甜美与圆满。王家等来的不是"应该来"的喜报，而是"不该有"的消息。这结果总是让人沮丧、郁闷与烦心，难以接受。王国维一脸漠然，些许还带点儿委屈，苦笑面对妻子莫氏。将心比心，此时，王国维低落而灰暗的心情可以推知，内疚和自责，还夹杂着不甘，充满了王国维的胸膛。莫氏倒没有什么怨言和冷漠，而是给予开导和温情。

"我们还年轻，有机会，说不定下一次考中了呢。"

女人的善解人意是这世上最妥帖的良药。它让王国维的内心慰藉不少。

而王乃誉呢，他是怎么想的，又是怎样的情绪呢？

在九月十七日的《日记》中，王乃誉简要记叙了当时的一些情形。"……见汝清、君实、杨雨人说榜事，虽不甚牢骚，然叔寅两贡皆应中，又失望，未免挫意。"[①] 这应该说是实话实说的，既不夸大，又不掩饰。在王乃誉理想中，儿子早日高中，必将成为王家最重要的新起点。付出了

___

① 　海宁市史志办公室编：《王乃誉日记》，第 769 页，中华书局，2014 年 7 月。

那么多，王家是该来个大喜事了。但这个"结果"似乎还在"路上"，还需要耐心守候。

它真的会来吗，又何时到来呢？

就在同一天的日记里，王乃誉记录了光绪二十三年丁酉科乡试获取浙江省榜首者的姓名等信息。"……见榜报，解元为郑永禧，西安人……"①需要说明的是，这里的西安，不是古都西安，而是指清代衢州府西安县（今柯城区和衢江区）。

摘录进士榜或是乡试解元姓名等相关信息，在《日记》中已不是第一次了。此举，一再表明，王乃誉实在憋得太久了。爱看戏的他内心反复回荡着《大登殿》中的一句唱词，可惜现实中没机会把它大声吟唱出来："我薛平贵也有今一天！"

考试，肯定是以实力说话的，当然也不排除一定的偶然性。这盛名之下的王国维，对如"囊中之物"的举人功名，却再次失之交臂。面对这一结果，除了惋惜、遗憾以及抱不平，还真让人百思不得其解。

"这是为什么？"这费解中是否还包含各种猜测、质疑以及反思？

笼统而言，科举以及任何形式考试，结果若是不第，即没有达到预设的标准，其最根本的原因肯定是相关学业、学识或技能等不够不足而致，即不及那个"格"。这是毫无疑义的。但对于名声在外、高中呼声很高的王国维，这个说法非但他本人或是亲朋好友难于接受，连后人都不易理解，替他抱不平，感到惋惜。而当时，其父或是同学等，往往以"用力不专""无意科名"，或者说"不合适"或"不适宜"等作为理由，或指责，或解释，或开脱。这些，是否意在表明王国维因有自己的追求和兴趣，而轻视了科举，直接导致科举之路坎坷，抑或是此路不通？

在科举史中，如此的例子还真的不是个别。譬如，才华横溢的王阳明，其科举之路也不平坦。他从 22 岁时开始参加科举，三次会试都以失利告终，直到 28 岁那年，他才考中进士。

一部科举史，说尽了"春风得意马蹄疾"的爽，也道明了"耻作明时失路人"的怨。

---

① 海宁市史志办公室编：《王乃誉日记》，第 769 页，中华书局，2014 年 7 月。

据《申报》所载"电传顺天乡试题名录"①"浙江乡试官版题名全录"②公布名单，海宁籍有沈传牲、闻人振衢、吴昌祺、吴福英、陈其谦、郑功懋、陈鸿年等人中举。

几家欢乐几家愁。在盐官城内，与王家失落形成鲜明对比的，是位于堰瓦坝上的郑家，彩灯高挂，门庭若市。郑家公子成功摘取丁酉年举人功名。郑公子名叫郑功懋，他是著名教育家郑晓沧之父。

科举，固然是一条路，但绝非唯一之路。西谚曰，上帝对你关上一道门，同时为你打开一扇窗。当时社会倡导西学，改良乃至废除科举的呼声渐起，应者云集。如此大背景为像王国维这般苦于科举之路的有志学子打开了一扇窗。否则，迟早还不被活活闷死、气死？

当然，若从王国维日后的成就和贡献而言，这科举失败倒可能是"坏事"变"好事"了。试想，当初王国维要是顺利高中举人，按他的性格及为人，在官场也未必有大作为，反而可能落个碌碌无为、不伦不类的结果。人生，是有千万种可能，但结果却只有一种。

此时的王国维并没有纠缠于失第的泥淖之中，或唉声叹气，或灰心丧气。虽然，他也有痛苦与落寞，但更有反思与检点。人生低谷之时，保持清醒头脑，保持明确目标，不忘初心，这是值得庆幸的状态。这是坚定，也是胜利。王国维依旧到陈家担任塾师，继续教书，继续寻觅。努力挣钱，维持生计，养活家人，这是男人该有的担当。在此之余，以求东山再起，奋发有为，这是男人该有的气概。

更值得关注的是，王国维的心思和精力，较之以往，更多地投入对西学兴趣和钻研之中。他不仅比较系统地接触西方人文思想和精神，还开始阅读西方自然科学理论和著作，譬如格致学，植物学等。这些既开阔了王国维学业的视野，增长了先进知识，更重要的是训练了他的思维能力和逻辑方法。方法论革新，是一个人学业学术成功的起点与成熟的标志。纵观王国维之学术成就，其成功之道之一，就是方法论的革命，方法论的胜利：自觉学习并熟练运用西方先进理论和方法，对中国传统文化进行解剖、分析与提炼，形成自己的见解及体系。

---

① ②　《申报》，1897 年 10 月 11 日，第 2 版。

　　有一个有趣的文化现象在王家成为习惯成为常态，它揭秘了书香之家文化火种绵延不绝之根由。文化成为一个接力棒，在父与子，少与老之间有机传递，鲜活无比。早先，是父亲带领儿子王国维、王国华学习传统文化，博览群书，各抒己见。而近年，大多是通过儿子王国维之手，把外面流传流行的书籍或杂志传递到王乃誉手里。那里，传播的是西方崭新的人文和科技知识，传播的是维新和改良思想。如此"接力赛"，让王家人的思想非但不是坐井观天或是顽固不化，而是有源头活水之功，汩汩而来，让王家父子思想之细流，汇入时代洪流。

　　"归，见案有静借到《格致汇编》。急读之，颇有实用，询宝篆也。"①

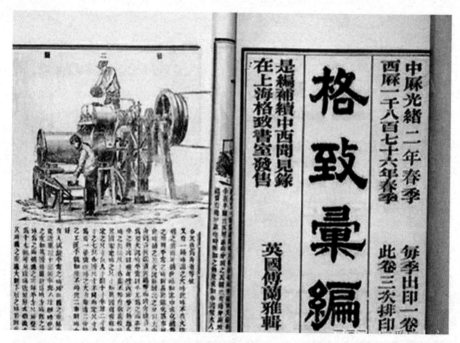

《格致汇编》

　　据查，《格致汇编》是中国近代最早以传播科学知识为宗旨的一本科学杂志。1876 年 2 月创刊，由英国人傅兰雅（GohnFryer）主编，上海格致书室发售。《格致汇编》对数学、物理、化学、生物、医学等科学理论

---

① 　海宁市史志办公室编：《王乃誉日记》，第 770 页，中华书局，2014 年 7 月。

都有介绍，有时还刊有带有趣味性的科学小品等。

《日记》中以一个"急"字，用在已是天命之年的王乃誉自己身上，非常传神地展示出王乃誉此刻急切和期待之情，放弃矜持，放下稳重，大有相见恨晚之意。而此后的几个夜晚，王乃誉几乎每晚都在阅读此书，几乎到了爱不释手的痴迷状态。"夜少眠，看《格致汇编》"①，"夜，仍观格致书"②。看到父亲对此类书籍如此喜爱、如此投入，王国维更增加了对父亲的信赖，精神的共鸣。这几乎是王家父子间最为理想化最美好的时光了。而立之年的王国维曾在"境界说"中提出了文学审美有"隔"与"不隔"之见解，那么，此时，王家父子之心灵间应该是"融通"的，是"不隔"的吧？

不久，王国维又带来一些书籍，推荐给王乃誉阅读。这其中包括医学及植物学等方面的书籍。粗通中医的王乃誉，对西医非但没有成见，而且还抱有极大兴趣。他主动把中西方医学上有关内容进行比较，细细研究。而比照与分析，就是开启科学大门的正确方式。

《日记》中有诸多记载："夜三更醒，看《儒门医学》"③。"静携到《植物学》《富国策》等书，略一入目"④。"夜看《富国策》"。⑤"夜看《内科新说》，西医书也"⑥。

在学习借鉴西方科学特别是医学理论之同时，王氏家族充分发挥世传医学之优势，积极将西医学说运用到实际治疗或预防中。譬如，在王乃誉的提议及组织下，王氏族人收集整理了上海书刊中有关霍乱防治方面的知识，翻译了"免时疫传染法"，让邑人了解科学知识，以对付当时最危险的传染病霍乱，治病救人，护佑一方。而王氏先贤王孟英早在道光年间曾撰写过《霍乱论》，并发明"蚕矢汤"，用中医解救了江浙地区广大霍乱患者。如此看来，王氏家族不仅有社会责任感有担当精神，还善于学习，

---

①② 海宁市史志办公室编：《王乃誉日记》，第 771 页，中华书局，2014 年 7 月。

③　海宁市史志办公室编：《王乃誉日记》，第 773 页，中华书局，2014 年 7 月。

④　海宁市史志办公室编：《王乃誉日记》，第 776 页，中华书局，2014 年 7 月。

⑤　海宁市史志办公室编：《王乃誉日记》，第 779 页，中华书局，2014 年 7 月。

⑥　海宁市史志办公室编：《王乃誉日记》，第 789 页，中华书局，2014 年 7 月。

开放包容，中西医并重。

> 霍乱一症，据西医验视，乃由一种极微之菌，其形如杆，寄生于人体中。而为病者也，此菌若误入胃中，胃强者即为胃汁所杀，胃弱者则入小肠中，繁殖甚速，一枚顷刻间可生千百枚，乃成霍乱。病人吐泻中内含细菌甚多，极易传染。故不幸有患此病者，一面施治外，一面当亟将病人吐泻之物用生石灰水加入其中，即可杀菌以免传染。再此种细菌逢烧煮即死，晒之太阳中一时许亦死，病人衣服器具等可晒于太阳中。又凡无病者能不食生冷物，则自不能传染矣。如一方有患此病，务广传榜，功德无量！

海昌安化后人译录

《儒门医学》

若从另一个角度而言，王国维之所以向父亲推荐这些书，至少说明两点：其一，王国维对这些书事先肯定是读过的，至少是浏览过，有一定的了解，也有一定的思考；其二，是有选择的，他对这些书的内容及观点是抱着认可或喜欢的态度，认为有阅读的必要。

阅读是积累，也是机会，至少是潜在的机会。王国维有意无意地阅读西方科学著作和杂志，接触先进科学理论和知识，焚膏继晷，深思探究，这为他赴上海及南通等地之后，所从事的学业和事业，譬如办《农学报》和《教育世界》杂志等，奠定了基石，开启了渊源。种因得果，符合天理。

寻常人家生活虽平淡，但也有滋有味。时令已是九月底，天气渐凉。王家开始准备过冬的衣服。今年，母亲和王国维夫妇特意定制了皮草披风，还有棉袄等。王家依旧请来裁缝，上门做工做衣。缝制冬衣的日期一直持续到十月初九日。"付成衣工，十九工，计二千六百六十文。"① 这个数据，对于了解当时江南平民生活情况，以及手工业者收入等，具有史料价值。还有，九月廿八那天，王乃誉从店里回家的路上，买来新鲜上市的栗子。当晚，王乃誉老夫妇和莫氏以及王国华一家人围坐在一起，在油灯下剥栗子吃。香喷喷的气息中，莫氏情不自禁地思念起在外的丈夫王国维。

十月初一日那天，王乃誉之四叔"于昨夜逝去"。得知这一消息后，王国维向陈家告假，随即赶到徐步桥王家老宅吊唁，并开始帮忙做事。王国维深知，此时，主要是替父亲，替王家出面做事。果不其然，连续几天劳累与过度伤心，让王乃誉筋疲力尽，犹如大病一般，所接手的事务难以继续。好在有王国维及时顶替，帮助父亲完成未了事务。而婚丧嫁娶都是大事，凡事既要规矩得体，又要统筹兼顾，所以此时是考验人能力与情商的时候，亲朋好友与左邻右舍都是看在眼里的。王国维的作为和能力没有给父亲或王家丢脸。

真是多事之秋，一波未平一波又起。由于连续奔波，又没有好好休息，王国维也病倒了。这可急坏了莫氏，一时六神无主。王乃誉则显得非常沉着冷静，经过仔细察看和询问，他已有初步诊断。前文已述，王乃誉此时正在学习西医，对医道有了更深刻的理解。于是，他不顾劳顿，步行前往位于盐官城大东门一家药店为王国维买药。"以三角市金鸡纳霜于大东门陈店，盖静患痞。"② 这是父子情深最感人的举动，儿子懂得照顾父亲，父亲经常关心儿子。通过类似的细节，让王家父子关系和家庭氛围充满了温暖的质感。而懂得用金鸡纳霜，即奎宁这一西药来治疗王国维的疾病，足以说明王乃誉通过学习，基本掌握了西医学的相关知识。

对于传统中医，王乃誉自有与时流不同的见解。在他晚年，有如此看法：吾家自吾祖吾父若父三世能医矣，余以学医鲜能洞悉脉理，万病无一确识，故鄙夷不足为法，即近有大名费伯雄、马培之、陈莲舫等，亦未必

---

① 海宁市史志办公室编：《王乃誉日记》，第 777 页，中华书局，2014 年 7 月。
② 海宁市史志办公室编：《王乃誉日记》，第 778 页，中华书局，2014 年 7 月。

手到病除也，不过略多看书说理，近则药之，去病与否，则全不足恃也。吾思往东日学成，用取西法，以合于中人之病之体，似胜旧学万矣。

王乃誉是个做事老到的人，谨慎的人，他信赖专业能力和作为。所以，除了给王国维买药外，他还特意请来林郎中先生诊断并用药。请郎中来，还有另外一层意思，顺便要给儿媳妇把脉。

这好像也是一次等候"揭榜"的过程。不一会，郎中告诉了王国维一个喜讯：他要做爸爸了。

爸爸？爸爸！

一时间，王国维的病好像痊愈了。他难以抑制内心的狂喜，当着父母亲的面，极为难得地哈哈大笑起来。莫氏在一旁则显得害羞又尴尬，只得悄悄地退到一边，默默地站着。

这笑声感染了王乃誉和一家人。

"我要做爷爷了！"王乃誉喃喃自语，喜不自胜。而母亲的眼角，明显地湿润了，那是高兴的眼泪。此时，母亲才向王国维说明白在新年祈福中的心愿：希望早日抱孙子。

"赶紧谢谢母亲大人，谢谢父亲大人。"王国维提醒妻子道。

（光绪二十三年十月）十六……请林朗三诊静病，开一方。

一系媳妇，谓已有喜，吉兆。①

经过针对性治疗，特别是心情开朗愉快，几天后，王国维的病情得到有效控制并明显好转。于是，王国维告别家人，重新回到陈家。责任感，事业心，是王国维一以贯之的品行。

私塾生活无疑是简单枯燥的。好在王国维有一块属于自己的天地可以驰骋。这块天地就是报纸书籍。报纸书籍是对外联系的纽带、是睁眼看世界的窗口，是进取的台阶。在字里行间，他可以思考，可以疑问，也可以发呆。暂时离开家庭，离开妻子，免不了会思念会寂寞。但更可以静心，可以自主。此时，王国维正在阅读《四裔编年表》和《东方交涉记》

① 海宁市史志办公室编：《王乃誉日记》，第779页，中华书局，2014年7月。

等书籍。

十月廿三日回家时，按照惯例，王国维把这两本书籍带回家，目的是供父亲浏览。没想到，王乃誉大致翻阅后对这两本书不是很感兴趣，甚至是有点不满意，可能是不对胃口所致吧？或者说，王乃誉对所读之物，是有特别要求的。

十一月初一日，莫氏娘家准备婚事。这天一早，王国维携妻子莫氏一起赶往春富庵岳父家。弟弟王国华代表王家，欢天喜地地跟随阿哥阿嫂一起去莫家喝喜酒。有好吃的，又有好玩的，哪个孩子不喜欢？

冬月开始，接近年底。对于王乃誉，事情骤然增多，压力也骤然增大。加之四婶、二婶等长辈年老体弱加重，势必要"麻烦"到王乃誉。这些局面都需要王乃誉出面，或调停，或周旋，或解决。沉重的负担和巨大的压力，迫使王乃誉滋生埋怨之情。而心中的怨气能朝向谁出气呢？难道是朝向年迈的长辈、相濡以沫的老妻，还是朝向少不更事的王国华？好像都不行，也不能。那唯一剩下的只有长子王国维了。当然，还能在《日记》中肆意发泄。日记，是一个排气孔，是一个减压阀。

由于站在父子不同的立场和角度，看待问题特别是家庭事务，认识上不免出现差异及差别。王乃誉和王国维在这些问题面前，都是无辜的，都是为生活所迫，所以不能简单地判定出谁"对"谁"错"。因为家庭不是法庭，不能简单地归结为谁对谁错。平心而论，王乃誉所忧虑的也都是客观存在的事实，并非无中生有，鳏鳏过虑。但这又有什么办法呢？心事一旦吐露而"减压"之后，王乃誉的心情也平复不少。

> （光绪二十三年十一月）初四……四婶病；二婶亦老病，呻吟。老者既恐日近，少者不思振作作家。余衰已甚，后虑正不堪设想。可恨静夫妇犹茫茫糊涂，不肯内外肩任。尚犹未满，责备何耶？①

十一月初六日，王乃誉在家作绘，追思已逝去三十六七年的先母大

---

① 海宁市史志办公室编：《王乃誉日记》，第 786 页，中华书局，2014 年 7 月。

人。往事虽已依稀，但是母子之情却是历久弥新。

纪念先人，不忘家国，这是王家一以贯之的传统。甲午战争后，西方列强趁火打劫，掀起瓜分在华势力范围的狂潮。1897 年 11 月 13 日，三艘德国军舰突然驶进往日平静的胶州湾，并强行登陆，占领青岛，制造震动中外的胶州湾事件。从报纸得知这个消息后，王乃誉内心自然不平，与友人一起痛斥列强之侵略行为。"既而与融轩、稼云语，谓胶州为德国所占，称兵我国。"①

十一月初七日，王国华从莫家回来，他吃得、玩得都很是尽兴。回家后，王乃誉向他问起莫氏家喜事之情形。而王国维是在初十日临近中午时分才回家的。

白天，王家父子各自忙碌做事。

譬如，按照父亲关照，王国维请来盐官城内一位沈姓的风水师，一起前往徐步桥王家老坟，替代父亲为亡故的姑奶察看坟地风水。回家后，王国维向父亲报告察看情况，并商量下葬日期。十一月廿日，根据父亲指示，王国维付给沈姓风水师工钱，并明确破土及下葬日期等。这一系列事情王国维完成得既顺利又圆满。对此，王乃誉颇为满意。

每到晚上，父子俩各自看书、写文章等。那段时间里，他们轮流在读《地理志》《地球万国》等通俗易懂之书籍。几乎同时，父子俩还正儿八经地阅读西方近代自然科学方面著作。这是一个值得注意的信号，非常难得且珍贵。好奇，会滋生兴趣，兴趣会转变成行动。

当然，作为保留节目，也是不可或缺，王国维依旧关注并认真阅读《时务报》，依旧把刊物及时转交给父亲阅读。

"静儿携借到《时务报》四十五、六两册……"② "看四十八册《时务报》。"③ "看四十九册《时务报》。"④ 除了阅读，王乃誉还会择要进行摘录，以示重点内容与思考及关注的对象， "录《时务报》章程等

---

① 海宁市史志办公室编：《王乃誉日记》，第 787 页，中华书局，2014 年 7 月。

② 海宁市史志办公室编：《王乃誉日记》，第 790 页，中华书局，2014 年 7 月。

③ 海宁市史志办公室编：《王乃誉日记》，第 801 页，中华书局，2014 年 7 月。

④ 海宁市史志办公室编：《王乃誉日记》，第 800 页，中华书局，2014 年 7 月。

几十纸"。①

有敏锐的观察，才会有深刻思考的可能。一张《时务报》，为王家架起联通大都市上海的桥梁。王国维和父亲讨论远在上海滩及以外发生的种种新闻事件成为日常生活的一部分。面对新思潮、新风尚、新气象，不但让王家父子感觉好奇好玩，而且极大地拓展了他们的认知领域。譬如，对于女学这一新生事物之兴起，王家父子表现出极大的兴趣与注意。

在《日记》的字里行间完全没有"女子无才便是德"这种封建道统思想的痕迹，或是世风日转的无端指责与怀疑，而是客观对待，甚至还流露出赞许、乐观之心态。

> （光绪二十三年十一月）十七……上日看《时务报》，有中国译日本书论，甚佳。
>
> 又兴女学会于沪。《新闻报》载，是日于黑国中西女士到者二百余人。外国各女喜资助乐成，将见女学大兴矣。②

如何对待女性，特别是对待女性解放，使她们从"三从四德"封建礼教的枷锁中挣脱，争取做人的尊严，这是近代史上一次思想启蒙运动，更是一次人性解放运动。同时，它也是一道分水岭：封建的与民主的，保守的与开放的，歧视的与尊重的，在此问题上的立场和情感大相径庭，一目了然。

从王乃誉认可乐见"女学大兴"这一结论中，可以看出王家对女性的尊重和对女性接受教育的向往与期望。开智，包括女性开智，彻底摆脱封建愚昧与混沌，这是时代风潮，也是历史必然，文明之所倚。

王乃誉非常喜爱独女蕴玉，在《日记》中亲昵地称为"玉儿"。而后来的历史更是充分证明，王国维是一位尊重女性的"文明人""现代人"，尤其是在家里。试想，一个人若是连家人都不尊重，还能期望他尊重他人？

王国维尊重母亲，尊敬妻子，爱惜女儿，疼爱孙女。譬如，1909 年

---

① 海宁市史志办公室编：《王乃誉日记》，第 801 页，中华书局，2014 年 7 月。
② 海宁市史志办公室编：《王乃誉日记》，第 791 页，中华书局，2014 年 7 月。

五月，在北京宣武门内新帘子胡同，王国维和第二任妻子潘氏生下一个女儿，王国维为她取名明珠。从这一取名就可以窥见王国维对女孩的喜欢。因为在盐官或是海宁很多地方有以"夜明珠"来形容其宝贝或珍贵程度。因为在此之前几个孩子都是男孩，这次生下个女儿，当然格外喜爱。但不幸的是，这小女孩在次年2月就夭折了。1913年11月，女儿王东明在日本京都出生。由于长女早夭，所以后人习惯把王东明称为长女。至此，王国维夫妇终于如愿以偿，得到一个女孩，仿佛得到一个大礼物。王国维夫妇当时快乐和满足的情景在王东明的回忆文章是这样表述的："我们家里已有四个男孩子，现在得了女儿，宛如一堆米里捡了一粒谷。很是难得。"① 长子王潜明女儿不幸夭折时，王国维痛心万分，老泪纵横，连续写了几封书信给儿子媳妇，表达悲痛之情。

这些事虽然是在后来发生的，但王国维的基本思想和个性应该是前后一致的。

十一月十七日午后，莫氏坐船从娘家回来。她在娘家住了将近二十天，起因当然是娘家办喜事，但还有更重要的事情就是"保胎"。盐官有旧俗，怀孕之后的媳妇一般会回娘家住上一段时间，静心休养，安胎宁气。因为是第一次怀孕，所以不管是王家还是莫家，都格外看重，小心翼翼，唯恐有所闪失。

得知妻子回家，王国维早早去码头等候迎接。莫家很客气，莫氏更是懂规矩，在回家时特意带回一些礼品赠送给公公婆婆。对此，王乃誉很是开心很是满意，在《日记》中有专门的记载，表示肯定。人与人之间，包括家人之间，必要的礼节和礼仪是不可或缺的。因为谁也没有理所当然的特权。

那几日临睡之前，王国维用兴奋的语气连续向妻子介绍在上海开办女子学校的情况和课程开设等内容，更向她描述了女学生穿着打扮与行为举止要求等，这些都让莫氏新奇不已，激动不已。"若有机会，我也想去上那种学堂，你会答应吗？"王国维是个老实人，不会撒谎，也不懂什么敷衍，所以面对妻子提问竟然是一时语塞，只能以呵呵傻笑作为回答。

---

① 王东明：《王国维家事》，第13页，安徽人民出版社，2012年。

腊月开启，王家又要为收租而准备。王乃誉出面雇船，筹备途中所需食材及生活用品等，随后，前往郭店、鄾墅庙、硖石等地。与往年不同的是，今年和王乃誉一同外出的不是大儿子王国维，而是小儿子王国华。王乃誉用意很明确，让小儿子真实地接触社会并锻炼其应对能力。今夕何夕。恍惚中，王乃誉将大儿子王国维和小儿子王国华重叠在一起了。好像没几年前，王乃誉第一次带王国维出行，也是如斯情形。逝者如斯夫，时光过得真快呀。如今，王国华也长成意气风发的少年了。

对于王国华，这是迈出家庭及书斋的第一步，真正面对现实生活。

而对于王国维，虽已经成家，并谋职私塾，但王乃誉对他还是不放心，更多是不甘心。因为这不是父亲内心认可的最好安排，更不是最好的前途。王乃誉决定给在州学堂任职的陈汝桢写信，请他帮忙。

> ……小儿文字，师知之者。在乡若为童子师，岂能有所成就。去冬有文呈家欣叔，谓可荐于学堂，以致专门。兹有一函呈□求□□之。吾兄交广，好奖成后进。如得玉成，□望为推荐，以竟其学。弟蒲柳早衰，颓唐已甚，所不能无望于后生小子继起成立。敢布区区，幸垂鉴而留意焉。①

关键是王国维自己是怎么想的呢？

人生路中，找到"对"的人，做"对"的事，才是真正的安宁、成功或幸福。

按照既定计划，十二月十一日，是王国维姑奶下葬的日子。那天一早，王国维出门，赶到徐步桥王家老坟，一方面是参加葬礼，另一方面是监督施工过程与质量。因为是雨雪天，道路泥泞不堪，再加上寒风凛冽，下葬之事受到严重影响，只能草草完事。临近中午时分，王国维拖着湿冷的身子回家，及时向父亲禀告整个情况。对此，王乃誉充满忧虑及不满。

年关事多，已经够忙碌了，但因为有节外生枝的事降临，忙碌就变成忙乱了。

---

① 王令之：《王国维早年读书志趣及家学影响》。吴泽主编、袁英光选编：《王国维学术研究论集 3》，第 481～482 页，华东师范大学出版社，1990 年 2 月。

十二月十四日一早，莫家有人来报，说是莫氏祖母病逝。王家及时备礼表示礼节及悼唁。作为孙女孙婿，王国维小两口自然要去春富庵莫氏娘家参加丧礼。由于莫氏已有身孕，行动不便，他们租船前往。一路上，王国维格外小心，时时处处照顾妻子。同时，好生劝慰、开导，以免莫氏因过度伤心而动了胎气。

三天后，王国维一个人先回家，妻子在娘家继续休养几日。

进入腊月二十日，王家开始买鸡买肉，准备过年。打年糕时糯米粉散发出来的清香，石臼里"嘭哒嘭哒"的打击声，让过年的气息和情调越来越浓。二十三是送灶日，王国维用大红纸写了一些"福"字和对联，随即张贴在大门及墙门上。

二十七日，王家打扫卫生，整洁里外，干干净净过大年。傍晚时分起，王家点起大红蜡烛，供请年菩萨，以求一家人平安如意。

灯笼、烛光、大红福字，烘托出祥和明朗的氛围，照亮一家人的脸庞和期盼。王国维陪坐在妻子边上，话虽不多，但起身给妻子续了两次开水。此时，莫氏身孕已四五个月。岁末时分，家人团聚，王乃誉自然颇有感慨，也有训示。

> （光绪二十三年十二月）廿七，晴。早，易换联幅书画。饬家人洒扫。午后，达衢来，具点长话，旁夜去，其才渐见沉挚……将灯，供请年神至二更。自计一年容易，送神散福，一家团聚，亦人生至不易得之境。而余每遇欢会，乃格外维持，不纵其心。盖欢乐易流放恣，故每饬家人话艰难境于婵媪，求伊勤谨更力也。[1]

这里的教导可谓有节有度，语重心长。如此人生感悟之读白，虽简短，但不失深刻，集中勾勒出王乃誉内心活动与情感世界。清贫自守，这既是治家之道，也是人生准则。

《日记》，是现实生活之浓缩之精华，时而精彩曲折，时而朴实平淡。

---

[1] 海宁市史志办公室编：《王乃誉日记》，第808页，中华书局，2014年7月。

后人阅读《日记》犹如拆封一个"盲盒",蕴含神奇的魅力,它会让读者时常邂逅"惊喜":你不知道接下来会发生何事会遇见何人。譬如,十二月廿八日,王乃誉在《日记》中出人意料地写到了远在上海滩进行土地清丈,以及地价迅速上涨等消息。这应该是阅读《申报》相关新闻之后所作的摘录及感想。它为我们提供了新闸口、曹家渡等地区当时地价和土地交易等实际情况。19世纪末,上海进入高速扩张、高速发展的轨道,日新而月异。《日记》中关于地价信息,特别是具体数据等,具有一定的史料价值。"余与悦泉细语,在上海清丈吴淞口涨滩,其新闸外里许者亩值六百金,今移曹家渡,在静安寺西……"① 一百多年前,蜗居在盐官小城的王乃誉已经在关注上海的地价及房地产了,足见其经济头脑之敏感之灵活。这与他青少年时在上海的经历与情感有直接关系:他喜欢上海。上海,可以说是王家的福地。

大年三十上午,王家祭祀先人。午后,王乃誉父子三人兵分两路行动,王国维独当一面,王乃誉和小儿子搭档,在年关这最后时刻,分别上门对账清债。因为过了今天就是新年了。按照旧俗,"腊月理账,正月理亲",正月新春是不讨债的。

父亲毕竟是父亲。王乃誉表现出为父者的胸怀、周到与姿态。考虑到儿媳怀孕在身,王乃誉特别关照王国维,要他尽早回到店里,完成结账后赶紧回家。王国维自然明白父亲的用意,心里感觉热乎乎的。回家之后,王国维与妻子、母亲一起,在家准备年夜饭,盼望父亲和弟弟早点回来。

王乃誉带着王国华在外奔波。一路上虽费尽口舌,但收获甚微。王国华到底还是个孩子,体力有限,半夜时分竟然在别人家椅子上睡着了。而王乃誉则继续与对方沟通协商。直到后半夜,王乃誉又累又饿,憋了一肚子的怨气,只得叫醒小儿子一起回家。"天将明,促醒健儿,持灯归。鸡声遍唱,即投床一觉。"②

做人难,做当家人更难呀!

对此,作为长子,王国维绝非浑然不知,更非装聋作哑。多少个夜

---

① 海宁市史志办公室编:《王乃誉日记》,第809页,中华书局,2014年7月。
② 海宁市史志办公室编:《王乃誉日记》,第810页,中华书局,2014年7月。

晚，他小心翼翼地照顾好怀孕的妻子睡去，而自己却久久不能入睡。因为怕打扰妻子，他僵直地躺着，不敢辗转反侧。暗夜中，他多少次长吁短叹，多少次暗自垂泪。但除了心烦意乱，除了内疚自责，他还能做什么、还有什么办法能改变这现实呢？

为家庭，为父亲，也为自己，更为即将出生的孩子，王国维在努力寻觅一条道路，一条"想要的"或"合适的"人生之路。

但是，路，在哪里？机会，又在哪里？

21 岁，转眼间将成为过去。王国维渴望生活及命运之路在新的一年里渐渐明晰起来，否极泰来，好运连连。

第 11 章　把握机遇　展翅高飞

清光绪二十四年（1898），旧历戊戌年。王国维 22 岁。

戊戌年，在内忧外患的中国近代史上是非常特别的一年，风起云涌，云谲波诡。

说到这"特别"，则是从新年开启就显现的。

先说天上。

正月初一，有一个天文现象：日食。

它似乎是一个巨大的隐喻，又像是一个难猜的谜语。

我们先来看看当时在清朝海关总税务司任职的英国人赫德，他在初二日写给朋友的信中对此是怎么表述的："昨天，中国新年这一天的日蚀使人们的心情普遍感到忧郁和沮丧。"

果真如此吗？

我们再来看看《日记》中，王乃誉是怎么记载的："传云是日蚀。然中人本有所忌讳，西国久知无关祥瑞。"[①] 在此明确指出，日蚀，是一个正常的自然现象，而非历来传说的"天狗吞日"之不祥之兆。它的出现与凶吉祸福毫无关系。懂得科学，消除愚昧，能科学地解释自然现象，足以说明王家平日所接受西方科学知识在特定时刻起作用了。

---

① 　海宁市史志办公室编：《王乃誉日记》，第 811 页，中华书局，2014 年 7 月。

再说时代。

有道是"天不变，道也不变"。如今，这"天"有变的迹象，那"道"之跟着变化，自然是合情合理，顺理成章。

大而言之，时代先行者及有识之士正试图通过政治制度变革而扭转乾坤，摩拳擦掌，跃跃欲试。所以，大张旗鼓地进行维新思想宣传成为最鲜明的时代风潮。譬如，康有为在大年初一日为《孔子改制考》自序，并竭力通过各种渠道吁请光绪帝统筹全局变法。再譬如，正月初六（1898 年 1月 27 日）至正月十四（2 月 4 日），严复在《国闻报》上分九次发表社论《拟上皇帝书》，主张变法自强，救亡图存。正月初六，清廷发布上谕，破天荒地准许贵州学政严修请设经济特科之奏折。这特科包括内政、外交、理财、经武、格物、考工六门。

山雨欲来风满楼。这些都可视作戊戌变法之信号弹，之集结号。

这小而言之，则自然聚焦到王家，聚焦到王国维身上。

时代洪流滚滚向前，王国维像是一颗小水滴，身不由己地被裹挟其间，浮沉起伏。

这一年，是王国维人生之路上第一个重大转折点。一般人常常以为，人的一生少则几十年，长则一百年，其中会有不少机遇和选择。其实不然。若真的会出现改变人生的"机遇"或"选择"的话，也不可能像"欢迎光临"般随时随处可闻。

王家过新年的内容和程序大体上一如往年，所以不用赘述。唯一变化的是，今年王国维岳父母来王家做客。其主要目的是探望怀有身孕的女儿。王家父子一起出面招待，陪吃陪喝。岳父、父亲和王国维，这两大一小，三位读书人聚在一起，这话题显然是丰富的。但，九九归一，说着说着，自然会说到王国维头上，这做个私塾老师总不是最佳选择。父辈最终达成的共识是：总得寻找一个可行性方案，让王国维有更好的发展前途。

任何变化，都是有预兆的，或显性或隐性。

王国维命运改变之眉目，大概是从父亲正月十一《日记》中的一句话开始的。这让神奇莫测的"命运"变得有迹可循了。它可视为一颗火苗，一点星子，王国维平淡无奇的人生从此开始光亮起来，生动起来。方向决定前途，形势决定任务。

　　（光绪二十四年正月）十一……家人说稼云召沪馆可替，跃然。应速为静谋。①

　　不得不说，王乃誉是语言高手。简短的一行字，道尽了其内心情感之丰富。"跃然""应速"，足以证明王乃誉之认识到位、行动果断、希望迫切。王乃誉理该是一个做大事，并成大事的人。

　　这里，可以还原成一个充满期待向往的场景：收到朋友口信之后，王国维兴奋地在家等候父亲回来，商议此事，并作决定。左等右等，王乃誉终于回家了。王国维急切地将这一消息告诉父亲。王乃誉顿时喜笑颜开，大声说道："好事好事，我们王家终于有出头日脚了。"

　　《日记》中提及的"稼云"，是乡贤朱宝瑨的字。此时，朱宝瑨虽尚未高中举人，但在地方已极有名望。他与王家一直保持比较密切的联络，与王乃誉等属于当时海宁文化圈里的风云人物。

　　朱宝瑨在口信中所说的推荐王国维赴沪谋职之事，其来龙去脉大致是这样的。关于此事，王国维是与时在《时务报》任职的许默斋联系的，并未与朱宝瑨有直接的联络或请求。作为同学兼朋友，王国维与许默斋一直保持比较紧密的联络，通过其及时了解沪上新风潮新情况，并托付其有合适机会时，请告知或请推介。而许默斋与朱宝瑨也是至交，于是在通信中将推荐王国维至上海发展的消息告诉了对方。所以，朱宝瑨先得知这一情况，就来王家通风报信了。

　　不管是在上海曾有十几年的人生历练，抑或做幕僚时养成的老辣严谨，都让王乃誉的分析能力与眼界格局超越一般人。面对儿子此次机遇，作为父亲，他既兴奋又隐隐忧虑。所以，在次日的《日记》中，王乃誉非常清醒地预见王国维远赴上海发展将会是一个机会与挑战并存的境遇：沪上居，大不易。想立足，则要靠真本领，真功夫。

　　（光绪二十四年正月）十二……饮毕来促，静亦接稼条，约去……静陈，是未（刻）过稼云，（静）招许默斋同之松风茗叙，

----

①　海宁市史志办公室编：《王乃誉日记》，第 816 页，中华书局，2014 年 7 月。

许即致函商。此若冀成，沪上乃可立足。所虑本领识见有不及处耳。①

许同蔺，又名家惺，号默斋，祖籍上虞。庚子辛丑乡试中举，即罗振玉在《海宁王忠悫公传》提及的"某孝廉"。时在《时务报》担任书记员。

当时许默斋因为私人原因，要离开上海及《时务报》。回家路中来到盐官与朋友或同学等见面。而此次最重要的意图是，要和王国维当面商定一个事项：准备推荐王国维替代自己的职位，让其赴沪就职于《时务报》。

王国维非常期待并看重这次会面。因为这与自己的梦想及事业等有直接关联。还有，许默斋是从大都市上海过来，特别是在自己心仪的《时务报》工作，所以在王国维眼里，许同学是见过大世面的人，与之见面和交流，必将是一件非常有益之事。

正月十四，是立春日。一年之计在于春，这是个好兆头。

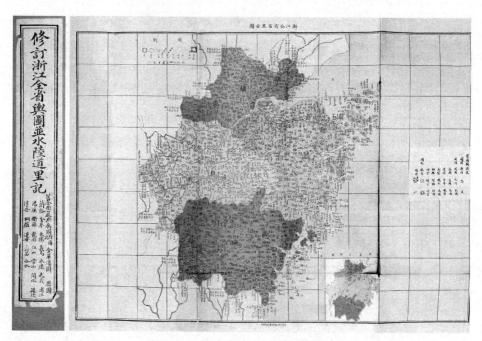

修订浙江全省舆图并水陆道里记

---

① 海宁市史志办公室编：《王乃誉日记》，第816页，中华书局，2014年7月。

王国维与许默斋约定在县署见面。事实远胜于期望。两个年轻人相见甚欢，足足交流了近一个时辰。王国维从许默斋那里不仅知晓了沪上诸多新鲜见闻，新奇思想，还得到了一个珍贵的礼物，那是一张全新的浙江地图——《修订浙江全省舆图并水陆道里记》。读图，山川一览无余，往往会给人胸怀天下的开放感觉，居高临下的全局概念。这个礼物很特别，含义颇深，王国维对此很是喜欢。

年轻人相见总有说不完的话。当然，谈话的主题基本是集中且明确的，即王国维的前程与加盟《时务报》后的种种可能。许默斋劝诫王国维勇敢跨出第一步，去大地方见大世面，做大事业。王国维心动不已，涌起一股股热流。向往，是最原始的动力，也是最强劲的意志。在得到王国维本人认同的前提下，许同学及时写信报告《时务报》主管，以此作为正式请示并作推荐。

正月十五元宵节，是一个阴天，但盐官古城依旧举行热闹的灯会。王家父子依旧作为策划者与忠实的参与者出席灯会。妻子莫氏因有孕在身而推却了王国维的邀约。王国华则童心未泯，随父亲和兄长一起前往，猜灯谜、吃糖果，开心不已。

之后几天里，王家就王国维打算赴沪谋职之事，多次进行商议。总体的意见是一致的，即希望王国维去闯荡一下，更希望他有出息，能"出山"（盐官话，意为出人头地）。其中，王国维和王乃誉的意见非常接近而坚决。"你放心去做事，家里你不用担心的，"母亲的话语明显是让王国维放下后顾之忧，"媳妇我们会照顾好的"。唯独有孕在身的莫氏心里多少有些复杂，喜忧参半。寸阴若岁，夫妇因离别而滋生的思念，总会让人感叹生活的无奈，心生酸楚。

在这件事上，还有一个人的意见也很重要。这个人就是姐夫陈达衢。对此，王国维专门向姐夫请教并商议。陈达衢年长小舅子十几岁，果然成熟老到，不仅表达支持意见，还偕同王国维前往王氏尊长处征询意见和建议。

等待终于有了结果，天遂人愿，皆大欢喜。正月廿二日，王家明确得知《时务报》同意许默斋的请示及推荐，即同意王国维就任的消息。

"这太好了！"父亲难得亲昵一下，拍拍王国维的肩头说道："接下来就看你自己了。"王国维微笑着，点点头。

这赴任大计确定之后，王家进行家庭会议，商议处理一系列具体事务或细节。譬如，准备外出的生活用品，特别是衣着起居等方面的物品。譬如，如何前往，几时出门等细节。再譬如，王国维在姐夫的陪同下处理好"生员"名分待遇及户籍关系变迁等事项。

此时，王家所有成员，王国维小夫妻、王乃誉老夫妇，以及小弟王国华，都有话要说，都享有美好憧憬的兴奋。

在家千日好，出门万事难。儿行千里，父母的心思总是细致的，也是矛盾复杂的。这思前想后的，自然会辗转反侧，夜不能寐。

王乃誉老两口的意见当然最重要了。他们之间虽存在分歧，但总是在沟通及商议之中。王乃誉是一个旧派男人，但在家里却并非独断专行、发号施令，而是颇为开明，懂得尊重与交流。

> （光绪二十四年正月）廿二，晴……知静沪事已成，须添夹宁绸马褂。并知方官来，云笛招语。乃出，到店剪宁绸七尺，布六尺五寸。待笛不至，旁夜即归。定计余同出。盖静初次远行，上海本在头游，定送之出。既而一以费用不支，一以精力不逮，依违于心……夜，诸人打量出门计，与内子语不合，一味懊恼。而余此间各事俱如散丝，不能收梢，只可出而再议也。夜三更不能合眼。①
>
> 廿三，阴。昨夜大风，且邻放爆竹，忱不成寐……静至各处辞行……夜与内子商出门计。②

这不是王国维第一次出远门。因为进修或赶考，王国维曾多次离开家庭外出杭州等地。但很显然，这次外出的目的和性质不同，时间长短更不同。所以，王家成员经过商议后决定让王乃誉亲自护送王国维，父子一起前往上海。为了调节气氛，王乃誉用开玩笑一般的口气对老妻说：离开上海一晃已是一二十年了，恍如隔世。这次再去饱饱眼福，看看西洋镜，

①② 海宁市史志办公室编：《王乃誉日记》，第821页，中华书局，2014年7月。

会会老朋友。

上海老照片

　　各项准备工作都在有条不紊地进行中。作为当事人，王国维既兴奋又忐忑。其最大困扰大概有二。一是自身问题。虽然大局既定，但王国维内心免不了还有一丝犹豫和惶恐。这次真的要离开家庭，独自去闯荡了。二是放心不下妻子。此时莫氏已有身孕五个多月，是最需要丈夫陪伴与照顾的时候。临行前那些日子的每个夜晚，小夫妻俩总在说悄悄话，互诉衷肠，两情依依，或表达相思，或劝导勉励。

　　人生，有太多的身不由己，太多的离愁别恨。但此时，只能硬着头皮上前，因为人生没有退路，开弓没有回头箭。但凡想成大事的人，是从来不会狼顾狐疑、患得患失的。否则，追随他们的将是犹豫和厄运。

　　离别的日子终于到来。亲朋好友纷纷前来送行，祝福祝愿的话语让王家温暖如春。正月廿四日晚，王国维与王乃誉一起走向码头，准备起航。

　　莫氏腆着大肚子，蹒跚地跟在王国维身后，边走边聊，时不时地拉扯起王国维的衣角。纵有千言万语，难分难舍，也只能深深埋藏在心底。在船码头，夫妇俩挥手告别。

"明日隔山岳，世事两茫茫。"

> （光绪二十四年正月）廿四……成衣赶作静褂，幼圃、子研留糕，玉儿送物并叠行李。心旌摇摇……许默斋、朱稼云俱来交信、长说，静晤之。舟子孙小七、挑夫老吴……夜饭后，静至下舟。子研与四甥、方官送登。笛欲寄洋四，待不至，即开。三更至硖塘桥泊焉。①

人生转场，是转折，也是开启。盐官一带有一种说法，一般人离开"血地"即出生地，而转至一个陌生的地方，其潜在的智慧、力量或好运反倒容易被激发出来。于是，大有可为渐渐成为可能，成为现实。

在家乡盐官这20多年，可视为王国维人生的"前半场"。短暂的"中场"衔接之后，"下半场"的哨声即将吹响。

关键一步，唯有踏准时势或时代的节拍，才能翩翩起舞，才是不辜负生命。

中国近代文化史，似乎要感谢这次意义非凡的行程，王国维跨出了人生之路上极其重要且关键的第一步。

由家乡盐官出发前往大上海，水路约两三百里。途中一般需要两三天时间。这是一段水路，路上会遇见一些人、一些事。这也是一段心路，王国维和王乃誉都会有各自的心理活动。

这一路，将像是一部精彩的纪录片，斑斓起伏，曲折有趣。这里，有特定人物，主要是王家父子。有故事情节，将形象地展示主人公的行为、性格和心理等。同时，也有时代背景与地方风土人情等的反映。

但是，若没有具体的有形的载体，譬如，文字或图片等，那整个过程极可能被无视或忽视，而成为一片空白、一片虚无。历史，在人们的记忆中，本来就像是一面大筛子，留下的东西少之又少。

对王国维生平事迹感兴趣的读者一定要感谢王乃誉。因为《日记》记载了这一路情形，特别是那些生动的细节，活灵活现。于是，这一段历史

---

① 海宁市史志办公室编：《王乃誉日记》，第821～822页，中华书局，2014年7月。

似乎随时可以被唤醒，被复原，呼之欲出。

> （光绪二十四年正月）廿五，微明大雾。上午晴，下午阴，
> 旁夜雨滂沱，大数变，殊畏。将明，同静上岸，以便急。一转，
> 聚饮同丰。于中宁小茶肆至久。过徐老，询各事。过嘉晟与荣斋
> 等语，士榖去加（嘉）兴，便食粥回茶肆。再入晋裕，苏春伯乍
> 起，同入饮。伊呼面与静同食。匆下舟，开皇冈桥王升记轮船
> 局，知轮以水浅在北关。乃买票二，二元四角。复开之北关过上
> 轮舟，少顷开。共止五客，一万瑞园友盐人郑、袁化人冯、一染
> 友张。鼓轮驶已十下钟，抵加兴一下，抵平湖四下。不意，升记
> 主轮欲自居，乃遇快舟，而快舟患人满，轮安虑，乃大恚。既不
> 得已，暂挤。夜膳，铺陈而食烟，艰诇矩距平开不十里，黑暗中
> 轮触浅石，"奔腾"一声，撞后如沸。客皆后窜，虞非常。灯碗、
> 行李全翻。少间汽声四发，异诧不已。闻轮损、一人下水之语。
> 少久息，知不甚伤，而惊已不小。至是，谓易舟尚便宜也。同舱
> 海盐朱，加定赵诸人。二更后，大雨停，二点余。三更，鼓轮大
> 发，震撼不已。三四觉寤。[1]

这里，叙事记录的基本要素一应俱全。乘坐的是硖石至上海的王升记
轮船。时间从早上到半夜，其跨度为大半天。地点由硖石至嘉兴，再至平
湖等地。人物除了王家父子，还有访问的对象，以及船中乘客等。情节则
是跌宕起伏，扣人心弦，幸在有惊无险。

而其中，王国维随父亲在硖石拜访的"徐老"，应该是诗人徐志摩祖
父徐星匏。徐家在上海有产业、有人脉，王国维将在上海发展，期望得到
徐家的帮助。此时，徐星匏快 60 岁。徐志摩之父徐申如，时年 26 岁，他
正从父辈那里接办人和绸庄、开办裕通钱庄等，事业扬帆起航。而徐志摩
才 1 周岁。王家父子到访徐家，照此推测，王国维极有可能看见过襁褓之
中的徐志摩呢。

---

① 海宁市史志办公室编：《王乃誉日记》，第 822～823 页，中华书局，2014 年
7 月。

　　当然，令我最关心的莫过于这一路上，王国维和父亲之间交流的话题及内容。这中间肯定少不了父亲的细心关照与谆谆告诫。王乃誉真想把自己的人生经历和感悟毫无保留地传输给王国维，使其少受挫折，少走弯路，尽最大可能地胜任这份工作。而事实上，父亲话题远不只这些。譬如，王乃誉会向王国维说起自己青少年时曾在上海时的种种见闻趣事，以及当地的风土人情等。

　　船，在吴淞江上行驶，渐渐靠近上海。王国维的心思像天色一般渐渐明朗起来。他知道，即将面临的一切只能靠自己了。

　　不妨描摹出一个画面：一位身着长衫的青年学子从船舱出来，伫立船头。他，个头不高，身材瘦削，眺望着不远处"灯火阑珊"的大都市上海，渐渐露出晨曦的一抹红晕。他，正是迎着黎明的方向也是迎着希望的方向前行。

　　近了，近了。都市城际线依稀可见，两岸的人影和声响渐次清晰。

　　画面拉近，为这位年轻人来一个面部特写：眉宇间洋溢着志在必得，虽略带一丝拘谨与不安，但其目光是坚定、执着且兴奋的。

　　"我来了，上海。"

　　　　（光绪二十四年正月）廿六，微明近龙华。起盥，打叠行李，七下钟至吴淞江自来水桥王升记码头泊焉。匆乱接客，几头眩。少顷，接一车夫牌，言定七十文，一车送泥城桥，为难至再，付挑板二十余文。既就，雇二东洋车同行，先抵后马路永保客栈，卸半行李。复雇东车押赴泥城桥堍，于报馆卸焉。余未入，静进交函，点行李，语致语行，食汤包面点，四十三文……间云，送一十四龄子于中西学堂（规矩甚好），每季膳修二十元，外加书籍、零用非一百二三十元不可，则资佳而境窘者不能学矣。说之旁夜别出，雇车之兴让街于春记市袜……同夜膳，思欲看戏、夜游而神倦矣。车、点三百文，船饭酒四角，静付。①

　　──────

　　①　海宁市史志办公室编：《王乃誉日记》，第 823～824 页，中华书局，2014 年 7 月。

在此，暂时突破时空次序，插叙一个类似的温暖情景作为呼应和延伸。相隔 6 年之后的 1904 年，也是在正月，确切地说是正月十三，即公元 1904 年 2 月 28 日，在学术领域渐露锋芒的兄长王国维带领 18 岁的小弟王国华由盐官城抵达上海，让其报考上海震旦学校。此情此景，完全宛如当年父亲带领王国维前往上海一般模样。在迈向人生进步的传统模式中，父亲带领儿子，兄长携手小弟，或是亲友举荐相知，从而构筑成人生之路上一个又一个台阶。这是多么温馨温暖的举动呀，绵延不绝的文化与文明之火种大体就是如此传承弘扬的。

切换到现场。

戊戌年正月廿六日，经过一天两夜的航行，轮船终于停泊在吴淞江自来水桥王升记码头。

19 世纪末上海码头

22 岁的王国维初次踏入上海这片神奇的土地，随之前往《时务报》社报到。历史铭记了这值得记录的一幕。海纳百川，有志青年最初哪怕是一条小溪、一朵浪花，一旦汇入江河，终会随时代巨浪而翻卷成汹涌波涛。

当机立断地选择上海，是王国维走上成功之路留给后人的最大启示。

有意思的是，约两三个月后的闰三月，极为相似的一幕在南京上演：18 岁的江南小伙鲁迅，当时叫周樟寿，也是走水路，坐船从浙江绍兴府出发，前往南京江南水师学堂轮机班就读。稍后，改入江南陆师学堂附设路矿学堂。

对这些年轻人而言，1898 年，是多么重要多么特别的起点呀。王国维、鲁迅，日后成为 20 世纪影响中国影响世界的浙江人之标杆人物。

对于王国维，眼前的一切都是新鲜的、好奇的。此时，上海滩已显现繁华景象，高楼林立，马路宽阔，行人如织。

故人江海别，几度隔山川。

而对于王乃誉，那是熟悉中的陌生，陌生中的熟悉，似曾相识燕归来，昔日的记忆顿时涌上心头。

上岸后，父子俩雇了两辆洋车前往后马路永保客栈，卸下父亲部分行李，并稍作休憩。王国维明白第一次正式亮相的重要性，所以认真地整理了自己的衣冠，还特意让父亲审视一下，感觉无甚不妥后才安心出门。学会随时检点自身，不管是外形还是品行，是迈向进步与成功的要素之一。

随之，他们再次坐车，前往泥城桥堍附近的《时务报》社。一路上，王国维免不了有些紧张，思绪万千。其中设想最多的是与同人见面时可能出现的种种情形。王乃誉是个过来人，知道此刻不必多说，所以只表达了一个意思：不卑不亢，得体自然。

到达目的地之后，王国维拎着余下属于自己的行李，独自去《时务报》报到，并作安顿。王乃誉则安静地在原地停留了一会儿。他知道，作为父亲，"护送"的任务乃至使命到此为止了。之后的路，全靠儿子自己了，命运也罢，造化也罢，除了祝福与希冀，只能拭目以俟了。

在《时务报》社，王国维拜见了报社经理汪康年及其弟汪诒年等人。汪氏兄弟是杭州人。

自唐代始海宁隶属于杭州，故而王国维和汪氏兄弟算是"同乡人"，语言相近，地理相通，历史相关。亲不亲，故乡人。但汪经理对眼前这位年轻人只是礼节性地招呼接待，并没有过多地流露出同乡间该有的热情与亲近感。

由此，王国维算是《时务报》的一员了。

好奇、好胜，忐忑、惶恐、拘谨，乃至明显的不安，这太多的情绪混杂在王国维的内心，翻江倒海，不能自已。

这仿佛是有生以来最为漫长的一天。而以往所有的日子，都似乎迅速凝聚或浓缩成一个日子："昨天。"且都已翻篇，往日不可追。

唯一能把控的唯有"今天"？

对，今天！

当然，还有无数个"明天"会变成"今天"而到来。

"镇定，这一切不都是蛮顺利的吗？"王国维努力挤出一丝微笑，给自己打气鼓劲，"你不是志在必得的王国维吗？"

这一天想要表达的东西实在太多了。到了晚上，王国维和王乃誉分别给亲友写信。

王国维首先给职业介绍人许默斋写信。向这位"恩人"简要叙述赴沪这一路情形，重点介绍到达报社后拜见同人及所闻所思等感受，并由衷表达感激之情。铭记他人恩惠，或恩泽，或恩情，或恩义，是成为一个有情有义之人的基础。

"乘骐骥以驰骋兮，来吾道夫先路。"

在此，我们非常欣喜地发现，经过"今天"的淬火，一个谦逊中暗藏自信与理想锋芒的王国维，正一步一步从帷幕背后走向舞台中央，其形象渐次清晰、挺拔而从容。

"我的舞台，我是主角。"王国维太想拥有一方舞台了，继而蝶变成真正属于自己人生天地的主角。

> ……别后次晨到硖，乘王升记轮船，午刻开行，晚抵平湖，次日巳刻达上海。谒见穰卿、颂阁两先生。途中平善，堪慰垂注，辰维起居佳畅为颂。弟在此间得从诸君子后与闻绪论，甚幸甚幸。足下为我道夫先路，感何可言。[①]

---

① 《王国维全集·书信·致许同蔺》，1898 年 2 月 17 日，中华书局，1984 年。

那晚，春雨淅淅沥沥。身在异乡，窗外霓虹闪烁，王国维和父亲一时都难以入眠。文人很喜欢体验"檐下听雨"的意境，往往会有感而发，以至情景交融物我合一境地。如今，"青年听雨沪上"，王国维不觉沉吟起来：当自强，当奋发。

而王乃誉呢，也许是一路劳累所致，又也许是眼看儿子谋职之事基本稳妥，一直悬着的心终于放松下来。于是，他很快进入蒙蒙松松的半眠状态，神思恍惚，似醒非醒。

> （光绪二十四年正月）廿七，昨夜雨丝小作，复歇，竟日半阴晴。子刻三四次有人进房，神情恍惚，初进者最异，似于灯下推门入问，余撩帐视，乃静，亟询，静乃出。醒后拭目沉思，静既未到，何有此来？殊昏懵。要非所谓为梦魇者？其后一客入，燕火于灯，照一客来宿，实实然。盖竟夜通身酸楚力乏。好睡至七下钟，静至为告，询馆事。少久，乃起，呼面共食。[①]

一觉醒来后，王乃誉给在沪的老友棣三等写信。"昨以大儿就应报馆事一席来此，挈之栖永保栈。拟留数日，认昔时爪印。"[②]

飞鸿雪泥。神奇的大上海，将王家父子的青春岁月自然地串联起来，使之成为一个"进行时"。王乃誉的青春岁月虽已久远，属于"过去时"，但其印痕无疑是难忘的、深刻的。每一次相遇都是久别重逢。寻觅昨日痕迹，其重点却是对今日的确认、更新与完善。而最让人期待的是，今日，将由儿子王国维以青春、以理想作画笔，在上海、在时代的大画布上，勾勒、点缀、着色，直至浓墨重彩，风生水起，成为一个不可限量的"将来时"。

有容乃大。

上海有"魔都"之誉。早在1881年，人们已将日新月异的上海与巴黎相提并论。《申报》曾载文："人之称誉上海者，以为海外各地惟数法国巴黎斯为第一，今上海之地，不啻海外之巴黎。"其通商开埠后，呈现

---

① 海宁市史志办公室编：《王乃誉日记》，第824页，中华书局，2014年7月。
② 海宁市史志办公室编：《王乃誉日记》，第825页，中华书局，2014年7月。

19 世纪末上海外滩

"一市三制""中西交汇""多个中心"等特点。上海最大的魅力在于拥有两个强劲的翅膀，一个叫"成长"；一个叫"可能"。

"成长"，意味着活力。一座不断成长的城市，自然会吸引渴望成长之年轻人，促使其潜能开发，助推其事业成功。"可能"，则会滋生梦想，而梦想会给"可能"赋予灵魂。

王国维喜欢上海，更相信上海。

而上海，欢迎并看好王国维。

第 12 章　人生转场　时来运转

　　这属于不是尾声的尾声。确切地说，这是主人公承上启下，其人生"前""后"半场间之"转场"。

　　王国维到达上海，正式开始在《时务报》工作及新的学业，从此翻开王国维人生和事业崭新的篇章。后面的路还很长，也颇为曲折，但更多的是精彩与厚重，一代学人的标高渐次抬升、打造并铸就。这"后半场"开始，就时间坐标而言，意味着王国维在盐官古城生活与成长等历程之"前半场"的结束。

　　本书最初设定的时间是写到王国维离开家乡盐官，赴沪开启新里程而终结，年份是 1898 年初。而写到此，突然来个急刹车，戛然而止，似乎显得太匆忙、太突兀。主人公王国维的"后半场"到底会如何？一个巨大悬念从产生到解开直至解除，环环相扣。上一环与下一环之间，总要给人"蛛丝马迹"的提示或暗示，总要给人合理想象或推测的线索及脉络，才会让人有探究、分析及推理的兴趣，继而层层深入，抽丝剥茧，最终水落石出，真相大白。

　　我们最关切的是，王国维初到上海，在《时务报》谋职情况。对此，十分好奇、十分牵挂，也放心不下。譬如，他在那里担任什么职位，具体负责什么工作，他能适应这份工作吗？他和同事是怎么相处的，他写给妻子家人的信会写些什么？再譬如，他的吃住等生活情况怎样，他的业余生活，如夜晚或假日是怎么度过的……虽没有"十万个为什么"，但我们的疑问至少也有几十个上百个吧？

如此说来，必要的过渡、必要的衔接与延伸是万万不可或缺的。以此，给读者透露来自王国维命运深处的一丝微光、一个轮廓，就像我们小时候最喜欢做的一件事：透过门板的缝隙，好奇地张望门外满眼的光亮，新奇的世界。

当然，过犹不及。此时，我们不能过分超前"剧透"而造成揠苗助长的事故。因为，很多故事还未发生，很多人物还未遇见：写作或阅读人物传记最容易被真实人物最终的"结果"或"结局"等所限制、所羁绊，故而导致主人公命运之神秘感和丰富性过早泄露及散失，这是大忌。

"你是我的眼。"就如歌词所言，我们通过王国维给亲朋的书信，重点结合王乃誉《日记》之记载，对王国维进入《时务报》后的点滴，以点带面地进行复盘、复原或拓展，使其活动和情感得到具体呈现。至少让我们看一眼王国维进入"下半场"时的精神状态以及"开赛"后的表现。任何一场比赛的开赛时段很重要，更何况这是一场人生之赛呢。

此刻，对王国维之遭遇最关切的肯定是父亲王乃誉。虽然，他每天外出去上海滩走走看看，譬如"欲觅三十五年前陈家木桥北嘉晟旧址"①，或是与老朋友会面，或商谈书画生意等。在他笔下，我们仿佛瞥见了一百多年前十里洋场的迷人景象：一方面是如火如荼的城市建设；另一方面则是延续江南意蕴及风韵。譬如，《日记》中写到了"予廿文由浦滩抵十六铺下车，路中见新开桥动工填塞"② 等情况，以及"从泥城桥静安寺，折而西北，抵曹家渡，见一洋楼，边多竹树。旁吴淞江，二边一天地，筑茆舍五六楹，皆松橼席屋，设布精雅，小轩临河，风帆从屋上过"③ 等中西合璧式景观。

但是，其重心肯定是王国维在《时务报》的表现情况。好奇和关心，

①　海宁市史志办公室编：《王乃誉日记》，第 825 页，中华书局，2014 年 7 月。

②　海宁市史志办公室编：《王乃誉日记》，第 824 页，中华书局，2014 年 7 月。

③　海宁市史志办公室编：《王乃誉日记》，第 826～827 页，中华书局，2014 年 7 月。

最善于做加法。犹如一个又一个砝码在内心加重，其"关切"的刻度直线上升，以致"爆表"。于是，王乃誉决定亲自去"现场"看看。一次不够，去两次，去三次，这就是天下父亲的心思及做派。仿佛只有亲眼所见，才是最可靠、最放心的依据。

正月廿九，"……之时务馆，与静谕其情形，而所居虽畅，其下人与用物未必见周到。"①

二月朔，"……之时务馆，谕静天不霁，久留无谓。"②

二月初二，"早，静至，云欧公待之厚。谕戒之。食面，去。"③

文中之"欧公"，即欧榘甲，字云高、云樵，广东省归善人，南海康有为的学生。《日记》中还称其为"欧君（樵）""欧（主笔）""欧云樵"等。

就学业而言，一开盘的王国维就像一只"高开高走"的潜力股票。其标志是高起点地结识康门弟子欧榘甲，并得其教诲。这犹如开门大吉一般鼓舞人心。遇见一位好老师，不仅在于学问精进，更在于明确指点方向，有序传授方法，以及为人处世的告诫。美中不足的是，这位欧先生是广东人，讲的是粤语，而王国维则是满口的海宁土白盐官话，所以两人之间的交流沟通颇为吃力费力。

王国维那一口地道的盐官方言在近代文化史留下很多故事。无论在其学生和同事眼中，还是在上海以及后来的北京城清华园等，都成为鲜明的标志，几乎与他的辫子一样有名。而其长女王东明也是一口盐官话，在海峡那端一直说到了100多岁。

王国维是如何得到欧老师的引领、指点及教导等，在《日记》中有明晰记载。这是王国维崭新学业的序幕，令人羡慕，更令人期待。还有一个细节值得一提，据说在欧老师的引荐下，王国维拜见了炙手可热的康有为。

（光绪二十四年二月）初三，早，静至，禀言与欧君樵甚合。

---

① 海宁市史志办公室编：《王乃誉日记》，第 827 页，中华书局，2014 年 7 月。
② 海宁市史志办公室编：《王乃誉日记》，第 828 页，中华书局，2014 年 7 月。
③ 海宁市史志办公室编：《王乃誉日记》，第 829 页，中华书局，2014 年 7 月。

劝其入翻译中西文报馆，以各高才荟萃之所，数月后或可大进，另图佳所云云。余以为初进此，未得分文，且初与交往，究恐难深信。若更他适，则荐者与家人乡友非怪太活？决使且留，令竭以空闲学之，更须常往还之。况粤浙恐成冰炭，是又非宜。①

（光绪二十四年三月）朔……静师欧公，示以传孔教、重民权、改制度。其所行则曰仁曰诚。其书重六经、公羊高学、董子《春秋繁露》《宋元学案》。欧亦南海先生之门，其外佼佼者徐君勉、梁卓如，皆天下隽。②

这天下之事，好像没有十全十美的。遇见高手是幸事。而高手云集，彼此间免不了钩心斗角，这又是坏事了。

王乃誉是何等城府之人。他从儿子转述以及外界传闻之中，已敏感地捕捉到《时务报》内部派系争斗气息。

所以，在羽翼未丰的王国维眼中那些所谓的"顺利"或"顺境"都只是短暂的、相对的，或者本来就是表象及假象。由于《时务报》内部长久以来存在的"浙派"和"粤派"之争，致使梁启超、章太炎等先后离开《时务报》。所以，王国维在报社并未见到他仰慕已久的梁启超先生。而这位向王国维传授孔教、民权、公羊学说的良师欧榘甲，也在两个月之后离开报社，去了湖南时务学堂，宛如昙花一现。如此局面让王国维感觉非常失望迷惑，像猎人找不到猎枪准星一般惘然。这直接影响到他对前程的判断、思考与选择。"早晤稼云，知主笔请郑苏龛（孝胥），则欧君不能久居……静之能久居与否，难臆度也。"③

更无奈的是，当时主管《时务报》的汪康年和汪诒年兄弟俩并没有看重王国维的才华，也不可能像伯乐那样"看见"这位年轻人的潜能与未来。只是将其视为一位代班的"临时工"而已。所以，王国维在报社的处境一开始就颇为尴尬，与原先种种设想相去甚远。所以，免不了心存失落，意气消沉。最直接的证据就是，王国维每日所负担责任颇多，工作

①　海宁市史志办公室编：《王乃誉日记》，第 830 页，中华书局，2014 年 7 月。
②　海宁市史志办公室编：《王乃誉日记》，第 854～855 页，中华书局，2014 年 7 月。
③　海宁市史志办公室编：《王乃誉日记》，第 838 页，中华书局，2014 年 7 月。

繁忙且复杂，但其月薪只有 12 元，比同一职位的前任月薪 20 元几乎少了一半。没有比较，就不构成伤害。在给前任许默斋的信中，王国维委屈地写道："系为阁下代庖，原与一人无异，何以多寡悬殊若此？"还有，王国维来上海，仅仅是为了打工，仅仅是为了挣钱糊口吗？

照理说，按劳取酬，天经地义。报酬，是对劳动或付出最基本的评估与量化。这其中肯定还应该包含尊重的分量。而认可、尊重或面子，读书人往往将其视之为比生命更重要的东西。

而若要进一步追问，这待遇或报酬"不公"，难道就是王国维内心忧郁最根本的缘由吗？

非也。这其中的答案似乎可以在罗振玉《海宁王忠悫公传》中找到相关线索："公平生与人交，简默不露圭角，自待顾甚高。方为汪舍人司书记，第日记门客及书翰往来而已，故抑郁不自聊。"

好一个"自待顾甚高"。

有落差，才造就雷霆万钧的瀑布。可惜，性格内向的王国维不会像史书中那位弹长铗的冯谖那样，善于向主公表达自己的需求与志向，并得以大展宏图。初来乍到，人生地不熟，毫无依靠，除了生自己的闷气，自怨自艾，王国维还能怎么办呢？

罗振玉

怎么办？

二月初三日，王乃誉离开上海返回盐官。

初九日，王乃誉给王国维写了一封长信。依旧是谆谆教诲、指点迷津模式。

> 写静信，竟一长纸……夜加书静，嘱令勿自是，结好有学浅
> 及多财者，盖非是则终不能上达。[1]

---

[1] 海宁市史志办公室编：《王乃誉日记》，第 836 页，中华书局，2014 年 7 月。

不管是靠直觉还是凭经验，父亲的担忧总是有道理的，其中的分析是理性的，也是智慧的。王乃誉深知儿子王国维存在诸多不足及短板，譬如，性格脾气上的自以为是，外表体型上的其貌不扬等。盐官一带流传一句俗语，叫作"癞痢头儿子自家好"。其意为，不管长相再怎么难看，能力再怎么不济，因为是自己儿子，做父亲的总会护短、总要溺爱。但王乃誉对此好像不以为然，更没有刻意掩盖及粉饰的意思。所谓自知者明，知己知彼，瑕瑜互见，王乃誉之"大家"风范，充分体现在对待亲生儿子问题上，能以理性、客观、全面之立场和原则，看待分析其利弊得失，其意在趋利避害。

> （光绪二十四年二月）十七……静儿出门，吃亏有数端：貌寝无威仪，一也；寡言笑，少酬应，无趣时语，二也；书字不佳，三也；衣帽落拓，四也；作书信条，字句不讲究，五也。生此数弊，急宜决去，否则终恐不合时宜。①

这里的措辞是"吃亏"，而不是惯用的指责，更不是数落与挖苦。"急宜决去，否则终恐不合时宜"，这是一位头脑清醒父亲的心痛及心病。

当然，王国维毕竟跨出了改变命运的第一步。此时的他，已走上通向聪明、智慧，更是自主的道路。智慧，在于懂得人生的战略与战术。而自主，让其革命性地脱离所有的羁绊或束缚，激发潜能，施展拳脚。他清楚地知道，这里是上海，是一个巨大的舞台，充满机会和可能。所以，他不可能向不如意的现实低头，更不会屈服于自身的短处而自暴自弃。来上海，就是来闯一番事业有一番作为的。

这就是初心。

"苟日新，日日新，又日新。"或许是冥冥中命运的召唤，或许是独立思考的结果，王国维勇敢而大胆地作出一个决定：去东文学社学习日文。

东文学社位于新马路梅里福，与《时务报》所在地毗邻。

---

① 海宁市史志办公室编：《王乃誉日记》，第 839～840 页，中华书局，2014 年7 月。

在征得汪氏兄弟同意的前提下，王国维每天下午三点开始在东文学社学习日文。说到东文学社，王国维第一次在信中提及这个人的名字：罗振玉。此时，王国维完全不知道此人会给自己带来什么。时机，它并非单纯的时间进程，而是一枚受孕的时间，唯有它才会滋生缘分，制造故事，迸射光芒。"……二月而上虞罗振玉等私立之东文学社成，请于馆主汪君康年，日以午后三时往学焉。汪君许之。"[①] 而在父亲《日记》中则提到了多人姓名——这肯定是儿子在写信中告诉父亲的。罗振玉创办东文学社时一共有六位学生。

> （光绪二十四年二月）廿六……静信到，内陈入东文学社。从学教习二人：一诸律，日副领事，一藤田丰八，农报翻译，常住社。静同馆法文翻译潘士裘（友）、魏藩室与同学东文。云定年修廿元。[②]

世界即将打开，前程几乎可期。

看似这一小步，对于王国维的命运而言，却是一大步。由此，王国维成为东文学社第一批学员中的一员。

开学于1898年3月的东文学社为近代中国第一所日语专科学校。其意在加强中日之间的交往和交流。据《社章》第三章记载：一、因将来中、东（指日本）交涉之事必繁，而通东文（指日文）者甚少故；二、因译书译报，动须远聘故；三、因中、东人士语言不能私通，将来游历交接，种种不便故。

进入东文学社，学习日文，进一步打开王国维的视野，增长见识，使其一直苦苦追寻的"通达中西要务"梦想付诸实践，促使其向新式读书人之华丽转身，脱胎换骨，真正演变成维新少年，更为其日后学业的发展奠定坚实基础。

王国维所走的这一步得到父亲高度认可，认为其走得意味深长，大有乾坤。这是非常难得的褒奖。在一封家信中，王乃誉为儿子设想了几种可

---

① 王国维：《三十自序》。

② 海宁市史志办公室编：《王乃誉日记》，第850页，中华书局，2014年7月。

能性："汝将来东文学成，终必以商而进至于仕。或吾华货可坐售于东而利者，则业建而宦亦可达。东西人每每由此出者不少。"在商人眼里，一切皆为商机。

王国维（左）与罗振玉合影于日本京都

有心栽花花不开，无心插柳柳成荫。更重要的是，在那里，王国维遇见并结识很多人。人生之路上，唯有你自身不断"重要"起来，才会遇见"重要"人物。那些"命中注定"的"货真价实"的重要人物相继而来，如从山阴道上行，应接不暇。譬如，结识日籍教师藤田丰八（号剑峰）、田冈岭云（田冈佐代治）等。这应该是王国维幸运之始。

让我们暂时将这一时刻定格，将历史聚焦吧。

进入《时务报》不久，王国维陷入学业、职业与身体问题等多重困境之中，进退维谷，直至苦苦挣扎。此时，是藤田丰八等及时伸出援助之手，使其度过至暗时刻。那是"幸运"向"有志者"伸出的一双温暖而强有力的手。

> 弟学东文，因事冗，所进甚浅，蒙教习藤田君垂爱，屡向穰先生（引者按，指汪康年）说弟事多，于学问非所宜，嘱以旬报或日报译东报事畀弟，庶得一意学习。①

对幸运的感受、理解及把握，因人而异。幸运，可能是寒冬过后的春天，它会带米梦幻般的繁化似锦。它，也可能是黑夜尽头的黎明，奇迹般地阳光普照。王国维，太渴望太需要幸运了，哪怕它只是一颗小小糖果带来的满足与遐思。

峰回路转。

每一个名人都像是一束光芒。王国维生命和事业中第二个"贵人"罗振玉，出现王国维的人生舞台，照亮其前程。所谓邂逅相逢，所谓不期而遇，其实都是瓜熟蒂落的必然。

"蓦然回首，那人却在，灯火阑珊处。"

简而言之，罗振玉是王国维学业成长成功道路上的引领者、助推者和合作者，最终还变为儿女亲家。他们之间有情谊、有故事，更有传说，爱恨情仇，莫衷一是。在此，我们不作赘述与评述。

风云际会，历史会一一呈现王国维和罗振玉之间的交谊，以及他和梁启超、陈寅恪等诸多名人大师的交集。过程会有结果，而结果其实也是过程之一。

高人之间相遇，往往伴随故事产生。仿佛两块云碰撞而产生的电闪雷

---

① 《王国维全集·书信·致许同蔺》，1898 年 6 月 30 日，中华书局，1984 年。

鸣。王国维和罗振玉之相见，据说是因为罗振玉无意中看见了王国维的一首诗。据王国维入室弟子戴家祥《海宁王国维先生》文中所载："起初罗振玉并不晓得这个人，后来，偶然有一天看到同学某君的扇子，上面写着先生的咏史诗——千秋壮观君知否？黑海西头望大秦。——于是就刮目相看了。"

"千秋壮观君知否？黑海西头望大秦。"

诗言志。有如此果敢大气的眼光，不仅能"望见"大秦，更能"望见"未来。

既是未来，那就慢慢来，不必着急。王国维的"下半场"才刚刚拉开帷幕呢。而如日中天的罗振玉演绎出时代版"伯乐相马"之故事也由此开始。罗振玉能给王国维带来最急需、最珍贵的礼物：机会。

恰逢其时的是，正当王国维在其命运新舞台登台亮相时，时代的大背景为其变幻出千年未有之大变局的风起云涌与大浪淘沙。时来运转，个人命运如一朵浪花汇入时代潮流，浩浩汤汤，顺昌逆亡。

不拘一格降人才。

幸耶，命耶？

来日方长。

王国维命运之舟将在时代与时机的波涛中不由自主地颠簸起伏，然后慢慢学会自主掌控驾驭，认清方向，劈波斩浪。

"春发其华，秋收其实，有始有极，爰登其质。"①

其后之人生轨迹大致如此：东文学社学习、湖北农务学堂任职、日本东京留学、通州师范学校及江苏师范学堂任教、北京学部任职、侨居日本京都、重返上海任教、溥仪"南书房行走"、清华国学院导师。

其后半生的作为尤其是人格精神、治学思想与学术成就等则为更多人所了解，万人景仰，流芳百世。

"先生之著述，或有时而不章；先生之学说，或有时而可商。唯此独立之精神，自由之思想，历千万祀，与天壤而同久，共三光而永光。"②

---

① 范晔：《后汉书》，第五十二卷。
② 陈寅恪：《王国维先生纪念碑碑文》。

这是一位大师对另一位大师最为精辟且清醒的最高礼赞。于是，它，不仅是对一代学人精神风范的评价与概括，更是对一个崭新时代的期盼与衡量。

而此时，我们读者，或是王国维本人，对他尚未到来的明天一无所知。

命运在敲门。

我们不妨把王国维的人生演绎成奇妙的音符，用灵与肉谱写出其专属的"命运交响曲"。由第一乐章向下几个乐章一一呈现，尽情释放：那里有美好理想的憧憬，更有坚定信念的践行；那里有时代动荡时的挣扎，更有执着追求中的尊严。

致敬！这将是命运，更是一个生命意志谱写的奇特旋律。

我们唯一能做的就是在期盼中送上祝福。

弹指一挥间，历史演绎及验证了一切。

王国维塑像

王国维年表

1877 年，丁丑，清光绪三年，1 岁

12 月 3 日（十月二十九日），出生在海宁州城盐官（今盐官景区）双仁巷内王家老屋。

1880 年，庚辰，光绪六年，4 岁

10 月 17 日（九月十四日）生母凌氏因病故世。随后，到祖叔父及祖姑奶家生活。

1883 年，癸未，光绪九年，7 岁

接受启蒙教育。启蒙老师叫潘绥昌，字紫贵。

1884 年，甲申，光绪十年，8 岁

父亲王乃誉在盐官西门周家兜建成新屋。先生称为"西门老屋"，即今王国维故居。

1885 年，乙酉，光绪十一年，9 岁

王乃誉娶同邑叶砚耕先生之女为继室。

1886 年，丙戌，光绪十二年，10 岁

全家搬入周家兜新屋。

1887 年，丁亥，光绪十三年，11 岁

2 月（正月）中旬，开始"习举子业"，受业师陈寿田。21 日（正月二十六日），祖父王嗣铎公去世。王乃誉辞去在外幕僚职位，居丧守制。课

余，接受父亲学业指点及辅导。

5月17日（四月二十四日），弟王国华（字健安，后字哲安）出生。

1888年，戊子，光绪十四年，12岁

是年，继续在陈寿田师处学习。

1890年，庚寅，光绪十六年，14岁

学业不断长进，自学《十三经注疏》等。

1891年，辛卯，光绪十七年，15岁

2月（正月），走亲访友。与父亲一起至陈寿田师处拜年。

6月（五月）初，随父亲去海塘等地走访，了解社会情况等。

7月（六月）初，亲友为先生做媒。

12月（十一月），跟随并协助父亲外出收租。

是年，继续在私塾学习，熟悉科举应试之同时，接受父亲书法指导。嗜好文史、擅长校勘、精熟诗词等。

1892年，壬辰，光绪十八年，16岁

1月底至2月初（正月），至尊长处拜年。

3月（二月），顺利通过海宁州举行的县（州）试。

3月30日（三月三日），上巳节，离开盐官，坐船前往杭州参加府试。4月9日（三月十三日），从杭州回到盐官。府试未通过。在杭州备考期间，用压岁钱购得"前四史"等史书，自以为"是为平生读书之始"。

6月（五月）下旬，参加岁试，成绩较为优异，第二十一名。

7月（六月），进入州学，为进一步科举而准备。

与陈守谦（字吉卿）、叶宜春（号绿成）、褚嘉猷（字植卿）四人被同邑学人誉为"四才子"。先生被推为"四才子"之首。

1893年，癸巳，光绪十九年，17岁

上半年，为科试及乡试而准备。

8月（六月）底，赴杭参加考试。王乃誉赴南京、上海等地游历。

8月21日（七月初十日），写信给父亲，告知由杭州返回盐官。是月（七月），参加科试，未通过。

9月11日（八月初二日），写信告诉父亲不参加乡试。《日记》云："静不赴乡试。"

11月（十月），王家为王蕴玉出嫁而准备。

12月（十一月）初，王蕴玉出阁，王家举行婚宴。赵万里谱："十一月，姊适同邑庠生陈达瞿（汝聪）。"是月（十一月）底，随父亲外出收租。

是年，郑观应撰《盛世危言》发行。

1894年，甲午，光绪二十年，18岁

1月（1893年十二月），随父亲与陈汝桢等见面交流。

2月（正月），参加猜灯谜等活动。18日（正月十三日），与绿成、樊候等前往杭州崇文书院。

3月21日（二月十五日），王乃誉和朋友坐船沿着运河抵达杭州。几天后，先生护送父亲回盐官。27日（二月二十一日），去长安仰山书院参加甄别考试。

春蚕期间，与家人一起忙碌劳作。

5月17日（四月十三日），返回崇文书院，迎考准备。

6月（五月）对著名学者俞樾之名著《群经平议》发出质疑并进行条驳，却遭到父亲的否定与责备。临摹《多宝塔碑》。阅读《归方评点史记》等。与父亲一起关注总理衙门同文馆编译书目等。阅读《英字入门》，接触并开始学习英语。

7月25日（六月二十三日），日本不宣而战，甲午战争爆发。王家父子通过《申报》，高度关注事态的发展及战争情况。月底，由盐官返回崇文书院。

8月1日（七月初一日），中日双方正式宣战。

8月，在杭州参加乡试。

9月27日（八月二十八日），由杭州回到盐官。

10月（九月）中，乡试发榜，先生未中。下旬，父亲得病，先生及家人精心照顾。

11 月起，临摹赵孟頫书之《赤壁赋》及《内景经》等。得知甲午海战部分战况，王家父子义愤填膺，怒发冲冠。

年底至下年初，随父亲至郭店、斜桥、鄑墅、硖石等地收租。

1895 年，乙未，光绪二十一年，19 岁

3 月 4 日（二月初八日），赴仰山书院参加岁考。12 日（二月十六日），与父亲交流甲午海战情况，讨论时局。

4 月 17 日（三月二十三日），清政府与日本签订丧权辱国之《马关条约》。

5 月，忙于春蚕养育。获知《马关条约》签订，激发其向往维新改良思想形成发展。下旬，赴杭参加岁考。同月，王蕴玉之子出生。

5 月至 8 月（闰五月底至七月）初，得病。其间，王家上下为之担忧，并精心照料与医治。

12 月（十月），商议担任私塾教师之事。王家多处托人。随后，达成赴沈楚斋家设馆事宜。每天坚持练字、书写条幅，并专心致志地学画。年底至下年初，随父亲外出收租。耳闻目睹底层劳动者苦难，滋生同情怜悯之情。与兄弟王国华一起，接受父亲关于《算经》的辅导与讲解。去茶漆店帮忙做事。

1896 年，丙申，光绪二十二年，20 岁

2 月（正月），拜望尊长。借阅《盛世危言》等宣传维新改良书籍，并将此书推荐给父亲阅读。

3 月 2 日（正月十九日），赴沈家担任塾师。12 日（正月二十九日），在沈家住馆。19 日（二月初六日）晚，和绿成等坐船连夜赶往硖石。21 日（二月初八日），在硖石双山书院参加由双山厘局委员会举行的考试。

4 月 2 日（二月二十日），清明节回家。

担任塾师期间，一边认真教学，一边发奋苦读、个人进修。同时，继续练字及创作书画作品。

5 月 18 日（四月初六日），赴杭，准备参加岁试与就医。几天后回家，与父亲商议拟赴南京发展等想法。

6月22日（五月十二日），与父亲与叔父等一起在小东门教场武帝庙看戏。

7月，读《治平三议》，并推荐给父亲阅读。

8月7日（六月二十八日），王家举行仪式，请来尊长与媒人，商议先生婚事。9日（七月初一日），王家收到有关《时务报》创刊等信息。10日（七月初二日），王乃誉给在南京任官的王欣甫写信，请其推荐王国维。《日记》云："荐成于金陵储才学馆学生，以期通达中西要务以自立。"同日，弟王国华从师开始读"四书"。

9月9日（八月初三日），有消息说南京储才馆拟推荐王国维、陆宗舆以及一位陈姓三人入学。16日（八月初十日），先生从沈家辞去塾师一职，遭遇父亲责备。

10月11日（九月初五日），先生将《时务报》第一、第三册带回家，王乃誉开始阅读。其后父子交流，反应强烈。月底，王家为先生新婚缝制婚衣，并书写礼帖及分发邀请亲友等。

11月28日（十月二十四日），与莫氏成婚。

1897年，丁酉，光绪二十三年，21岁

2月14日（正月十三日）晚，王家父子等外出赏灯。

4月（三月），赴陈家担任塾师。赵万里谱："三月，为同邑陈枚肃（汝桢）权家塾。"

8月底至9月，赴杭，参加丁酉科乡试，结果未中。归里后就馆于同邑沈冠英（字冕甫）家。

10月，阅读《格致汇编》，并推荐给父亲。其间，父子俩还阅读《植物学》《富国策》《内科新说》等西方科学著作。10日（十月十六日），医生诊断莫氏有喜。

12月，王家父子阅读《时务报》第四十七、四十八卷等。关注沪上"女学"兴起之事等。

1898年，戊戌，光绪二十四年，22岁

1月22日（正月初一日），日食。

2月1日（正月十一日），收到有机会赴沪发展之消息。4日（正月十四日，立春），与许家惺在县署会面交流。5日（正月十五日），元宵节，参加灯会。12日（正月二十二日），王家明确得知《时务报》同意许家惺之推荐，即同意王国维就任的消息。14日（正月二十四日）晚，王乃誉携王国维坐船赴沪。16日（正月二十六日），王家父子到达吴淞江自来水桥王升记码头。随即，先生赴《时务报》报到，拜见《时务报》经理汪康年等。晚，致信许家惺等。24日（二月初四日），王乃誉离开上海返回盐官。是月，在《时务报》结识欧榘甲等。

3月，康有为在北京发起保国会。22日，入东文学社学习。结识日籍教师藤田丰八（号剑峰）等。保持与父亲及亲友间书信往来，汇报在沪情况。是月，谒见康有为。

5月30日（四月十一日），妻子莫氏产下长女。后先生来信取名平男或齐男。

6月11日（四月二十三日），清政府下"明定国是"诏书，决定变法，史称"戊戌变法"。23日（五月初五日），清廷明令废除乡会试所用八股文，改试策论。

7月（五月），腿脚得病。18日（五月三十日），返盐官休养。

8月8日（六月二十一日），先生之长女殇。

9月21日（八月初六日），戊戌政变，维新变法失败。26日（八月十一日），听闻谭嗣同等六君子为清廷所杀，悲愤万分。

11月29日（十月十六日），赴沪。是时，《时务报》馆已关。接受罗振玉之邀，任东文社庶务。同时参与《农学报》编译等工作。

1899年[①]，己亥，光绪二十五年，23岁

跟随日籍教师田冈佐代治（字岭云）学习英文等。借阅日籍教师藏书，

---

① 王国维1899—1927之年表内容，参考赵万里谱、袁英光、刘寅生《王国维年谱长编》（天津人民出版社，1996年）、潘知常《王国维独上高楼》（文津出版社，2005年）、陶方宣《历史的辫子：陈寅恪与王国维》（新华出版社，2016年）、孙敦恒《王国维年谱新编》（中国文史出版社，1991年）、陈鸿祥《王国维年谱》（齐鲁书社，1991年）等而成。

开始接触汗德（康德）、叔本华等西方哲学理论。

11 月（十月），长子王潜明（字伯深）（1899—1926）出生。

是年，撰《嘉兴道中》《八月十五夜》《红豆词》《杂感》等诗作。

同年，河南安阳小屯发现殷商甲骨文。

1900 年，庚子，光绪二十六年，24 岁

5 月，自杭州返盐官。撰《咏史》二十首。

6 月，赴杭，准备乡试后再至上海。

夏，庚子事变，东文学社提前结业。返乡里盐官自学。

秋，回上海，刻苦自学英文。后，应罗振玉之招，赴武昌，任武昌农校日籍教员翻译。

是年，撰《欧罗巴通史》，译《势力不灭论》《农事会要》等。

1901 年，辛丑，光绪二十七年，25 岁

春，应罗振玉之邀，参与译述农书事。

夏，协助罗振玉编《教育世界》杂志。译《教育学》《算术条目及教授法》。

秋，罗振玉资助先生留学日本。经藤田丰八介绍，入东京物理学校学习。

7 月，译《日本地理志》。

9 月 7 日（七月二十五日），《辛丑条约》签订。

是年，撰《崇正讲舍碑记略》等。

1902 年，壬寅，光绪二十八年，26 岁

3 月（二月）次子王高明（字仲闻）（1902—1969）出生。

5 月（四月），脚气病发作。

6 月（五月），回国。

夏，经罗振玉介绍，担任南洋公学执事。

11 月 30 日（十一月初一日），自沪返海宁。

12 月 12 日（十一月十三日），与父亲及兄弟王国华一起坐船赴上海。

是年，开始哲学研究。译《哲学概论》《心理学》《伦理学》《哲学小辞典》等。赵万里谱："是岁，丹徒刘铁云（鹗）选印其所藏殷墟甲骨文字千余片行世。助之校印者为罗先生。而先生之得见甲骨文字当自此始。"

1903 年，癸卯，光绪二十九年，27 岁

张謇在通州（今南通市）创办通州师范学堂。4 月 27 日（四月初一日），学校正式开学。经罗振玉推荐，王国维拟任心理学、哲学、伦理学教员，与学校签订一年合约。

春，刻苦自学哲学著作。赵万里谱："是年春，又读汗德（康德）《纯理批判》，继又改习叔本华之书而大好之。"

秋，作《汗德像赞》，又撰《论教育之宗旨》。

11 月，跋《西洋伦理学史要》。

是年，撰《哲学辨惑》，又作《端居》《五月十五日夜雨赋此》《游通州湖心亭》等诗作。

1904 年，甲辰，光绪三十年，28 岁

1 月 28 日，自南通动身返沪，29 日傍晚达沪。30 日致家信，告知随身行李在运往客栈过程中，失窃英洋百元等物，为查失物，故将推迟归家。

3 月 10 日（正月二十四日），积劳过度，患瘰疬。撰《孔子之美育主义》。是月，代罗振玉为《教育世界》主编。

7 月，撰《叔本华之哲学及其教育学说》《红楼梦评论》。

8 月，罗振玉在苏州创办江苏师范学堂，先生到校任教。课余，钻研叔本华思想，并深受其影响。

是年，撰《书叔本华遗传说后》《尼采之教育观》《叔本华与尼采》《释理》等。另有诗作《病中即事》《暮春》《蚕》《平生》《过石门》等。

1905 年，乙巳，光绪三十一年，29 岁

继续在江苏任教。

3 月，撰《论近年之学术界》。

4 月（三月），三子王贞明（字叔固）（1905—1998）出生。

9月（八月），汇编甲辰年（1904）以来刊于《教育世界》十二篇文为《静安文集》，并附古今体诗五十首，名曰《静安诗稿》。

11月，随罗振玉辞职，赋闲家中半年之久。在家乡期间，与同邑收藏家张光第交往甚为密切。

是年，撰《论近年之学术界》《论哲学家及美术家之天职》《周秦诸子之名学》《子思之学说》《孟子之学说》《荀子之学说》《论新学语之输入》《论平凡之教育主义》《静安文集自序》等。

赵万里谱："是岁，先生于治哲学之暇，兼以填词自遣。"

1906年，丙午，光绪三十二年，30岁

2月，撰《教育小言十二则》。

春，奉学部奏调，辞去江苏师范学堂教职，携家眷北上赴京。

2月至3月，发表《奏定经学科大学文科大学章程后》。

4月（三月），汇集1904—1906年所填词六十一阕，成《人间词甲稿》刊行。

8月（七月），父亲王乃誉病逝，享年60岁。奔丧归里，为之守制。

9月，撰《先太学君行状》。

11月（十月），葬父于盐官城北徐步桥之东原。

12月（十一月），邑人推举先生为学务总董，却之不就。

是年，撰《教育普及之根本办法》《教育小言十则》《去毒》《教育家之希尔列尔》《德国哲学大家汗德传》《墨子之学说》《老子之学说》《汗德之伦理学及宗教论》《文学小言十七则》等。

1907年，丁未，光绪三十三年，31岁

2月至3月，撰《屈子文学之精神》《教育小言十三则》。

4月（三月），自海宁返京。经罗振玉引荐，得识朝廷专门管理学部事务重臣荣庆，甚为其赏识。不久，得在学部总务司行走，任学部图书编译局编译，主编译及审定教科书等事。

4月至5月，撰《古雅之在美学上之位置》。

6月，撰《论小学校唱歌科之材料》。

7月（六月），因夫人莫氏病危而回盐官。16日到家。26日莫氏病逝，年34岁。

8月（七月），料理丧事毕即返京。

9月，撰《三十自序》。

11月（十月），汇集1906年5月至1907年10月所填词四十三阕，成《人间词乙稿》。同月，弟王国华结婚，先生未归里。

是年，译《心理学概论》《欧洲大学小史》等。

同年，罗振玉始编《殷墟书契》。

1908年，戊申，光绪三十四年，32岁

1月23日（十二月二十日），太夫人叶孺人病故。

2月3日（正月初二日），奔丧返里。赵万里谱："……时三子贞明尚幼，此二年来屡遭大故，戚族咸劝先生续娶，以支门户。"

3月（正月二十九日），与继室潘夫人完婚。

4月（三月），携眷北上返京，赁屋于宣武门内新帘子胡同。

7月（六月），辑《唐五代二十家词辑》二十卷。

8月，撰《词录》及《词录序例》。

9月（八月），草《曲录》初稿二卷。

10月，译著《辩学》（逻辑学）一书刊出。

11月，在《国粹学报》47期刊出《人间词话》第1至第21则。

12月，撰《曲品新传奇品跋》《王周士词跋》。

1909年，己酉，宣统元年，33岁

1月，《国粹学报》第49期刊《人间词话》第22至第39则。

2月，《国粹学报》第50期刊《人间词话》第40至第64则。

1月至3月，成《戏曲考源》。

6月（五月），女儿明珠出生。

7月，撰《鸥梦词跋》，修订《曲录》六卷。译《论幼稚园之原理》。

8月，译《法国之小学制度》。

10月29日（九月十六日），学部奏设编定名词馆，出任名词馆协修。

11月至12月，辑《优语录》一卷。成《宋大曲考》《曲调源流表》《录曲余谈》三种。

是岁，经罗振玉引荐，分别与元史专家柯凤荪（劭忞）与精于目录学的缪艺风（荃孙）相识并定交。同年，学部考试留学生，先生批阅试卷。

1910年，庚戌，宣统二年，34岁

2月（正月），女儿明珠殇。

5月，译作《教育心理学》由学部图书编译局出版。

6月，译作《世界图书馆小史》陆续刊出。同月。罗振玉撰成《殷商贞卜文字考》一卷。

10月，撰成《续墨客挥犀跋》。

是年，兼任名词馆协修。

1911年，辛亥，宣统三年，35岁

1月（庚戌十二月），撰《古剧脚色考》。29日（庚戌十二月二十九日），四子王纪明（字季耿）（1911—1978）出生。

2月（正月），为罗振玉创办之《国学丛刊》作发刊词，提出"学无新旧、无中西、无有用无用"之说。校《大唐六典》《梦溪笔谈》《容斋随笔》。

3月，校《酒边集》《宾退录》，并分别作跋。

春，撰《隋唐兵符图录附说》一卷。赵万里谱："先生之治古器物学自此始。"

10月10日（八月十九日），武昌起义爆发。随之，2000多年来的封建专制君主制度被推翻，中华民国建立。

11月（十月），跟随罗振玉各率家眷避居日本，寓京都田中村。其自述旅居日本四暑五冬，计五年之久。从此，其治学方向转而专攻经史小学。

是年，撰《岩下放言跋》《片玉词跋》《桂翁词跋》《花间集跋》等。

1912年，壬子，36岁

3月至4月，罗振玉藏书运抵日本，存京都大学。先生与其一同整理。

专攻经史小学，治学由哲学转向文学。与日本学者铃木虎雄交往颇多。撰《颐和园词》。

夏，作《双溪诗余跋》《冷斋夜话跋》。

10 月（九月）初，《简牍检署考》定稿。并由铃木虎雄译为日文。

12 月，着手编撰《宋元戏曲考》。

是年，作《读史二绝句》《蜀道难》《观红叶一绝句》等诗。

1913 年，癸丑，37 岁

1 月至 2 月，撰成《宋元戏曲考》一书，并作序。1915 年，商务印书馆初版时更名为《宋元戏曲史》。

春，读《周礼注疏》。

2 月，撰《咏史五首》。

4 月（三月初三日，上巳节），参加京都兰亭诗会。撰《明堂庙寝通考》。

春，撰《宋椠〈大唐三藏取经诗话〉跋》。

6 月至 7 月，撰《唐写本春秋后语背记跋》。

夏，撰《译本琵琶记序》。

8 月，撰《唐写本兔园册府残卷跋》。

9 月，撰《杂剧十段锦跋》。

10 月至 11 月，撰《秦郡考》《汉郡考》（上、下）等。

12 月（十一月），女儿王东明出生。因长女早夭，故将其称为长女。

1914 年，甲寅，38 岁

2 月，撰《流沙坠简序》《敦煌所出汉简跋》。

3 月，作《流沙坠简后序》。

4 月，撰《尼雅城北古城所出晋简跋》《流沙坠简附录考释并序》。

6 月（五月），撰《宋代金文著录表》。草《国朝金文著录表》。

9 月（七月），成《国朝金文著录表》六卷。

是年，作《邸阁考》等。同年底，罗振玉成《殷墟书契考释》。

1915 年，乙卯，39 岁

2 月，撰《殷虚书契前编》一、二卷释文，作《洛诰解》。

3 月（二月），写成《鬼方昆〈猃狁〉考》。中旬，携长子王潜明返国扫墓。

4 月，经罗振玉介绍，与嘉兴人沈曾植（乙庵）相识于上海，后多有往还。下旬，随罗振玉往日本。撰《不期敦盖铭考释》《三代地理小纪》。

8 月，撰成《胡服考》。

10 月，撰《元刊杂剧三十种序录》《古礼器略说》等。

12 月，撰《浙江考》《汉会稽东部都尉治所考》《后汉会稽郡东部候官考》，诗作《游仙二首》等。

是年，五子王慈明（1915—2010）出生。

1916 年，丙辰，40 岁

1 月，撰《生霸死霸考》。

决定春节后返国。侨居日本五年，"成书之多，为一生冠"。

2 月 4 日（正月初二日），携长子回国，至上海。应哈同之聘，主持《学术丛编》。21 日（正月十九日），移居爱文义路大通路吴兴里 392 号。是月，撰成《史籀篇疏证》及序、《周书·顾命礼征》及序等。

3 月 21 日（二月十八日），家人自盐官赴沪团聚。同月，撰《流沙坠简考释补证》及序，《殷礼征文》。

5 月（四月），作《毛公鼎考释》。撰《释史》《周乐考》《乐诗考略》。校《水经注》，编成《裸礼榷》。

7 月，撰《石鼓文考》。

9 月，撰《汉魏博士考》三卷，《魏石经考》定稿。

秋，撰《彊村校诗图序》。

10 月，成《周书·顾命后考》及序《元秘书监志跋》《隋志跋》等。

11 月，撰《汉代古文考》。

12 月，撰《尔雅草木虫鱼鸟兽释例》。

1917 年，丁巳，41 岁

1 月，为沈曾植编辑诗稿。下旬，受罗振玉函招，坐船至日本，并过年。

2 月下，归国，起草《殷卜辞中所见先公先王考》《太史公年谱》。

3 月，校《古本竹书纪年》，成《殷先公先王附注》。

4 月 10 日（闰二月十九日），回盐官扫墓。下旬，撰《殷卜辞中所见先公先王续考》。同月，校嘉靖《海宁县志》等。

5 月，撰《元高丽纪事跋》《古本竹书纪年辑校》。

6 月（四月），撰《今本竹书纪年疏证》及序，编就《戬寿堂所藏殷墟文字考释》一卷。

8 月（六月），撰《唐韵别考》。

9 月（七月），撰《殷周制度论》。

10 月（八月），撰《韵学余说》《两周金石文韵选》等。同月，撰《〈宋史·忠义传〉王禀传补》。

11 月，汇集近年间所撰，得五十七篇，成《永观堂海内外杂文》。

年底，北京大学校长蔡元培拟聘先生为北大教授，请罗振玉代为介绍，先生婉辞不就。

是年，女儿王松明（1917—1979）出生。

1918 年，戊午，42 岁

1 月，校《尚书孔传》。

2 月，校《方言》，并研究卜辞。校《净土三部经音义》。出任仓圣明智大学经学教授。

5 月（四月），长子王潜明与罗振玉三女罗孝纯成婚。

6 月，校《唐韵校记》上卷。

9 月，撰《释环玦》《释珏释朋》《仓颉篇》等。

10 月，校《急就篇序》。

是年，撰《女字说》等。作《海月楼歌寿东轩老人七十一首》《戊午日短至一首》等诗。

1919 年，己未，43 岁

1 月，撰《书契后编》《书郭注〈尔雅〉后》《书郭注〈方言〉后》。

2 月，《齐侯壶跋》《齐侯二壶跋》。

3 月，沈曾植 70 寿庆，撰《沈乙庵先生七十寿序》。

4 月，法国汉学家保罗·伯希和在上海与罗振玉、王国维会见，商谈学术。

7 月至 8 月，作《唐写本老子化胡经残卷跋》《重校定和林金石录》等。

9 月，撰《西胡考》（上、下）及《西胡续考》等。

10 月，因脚气病，赴天津休养，住罗振玉在津之新居。

11 月，回沪。成《重辑仓颉篇》。

是年，任教于仓圣明智大学。撰《西域井渠考》《唐李慈艺授勋告身跋》等，并为乌程（今湖州市）蒋孟苹（汝藻）编撰《密韵楼藏书》，或称《传书堂藏书志》。幼子王登明（1919—1997）出生。

1920 年，庚申，44 岁

年初，继续为罗振玉收购书画。

3 月，校《吉石庵丛书》。

3 月至 4 月，撰《曶鼎铭文生霸死霸跋》。

4 月，撰《张烈女诗》《顾刻广韵跋》。

6 月至 7 月，撰《内府藏宋大字本孟子跋》《涧上草堂会合诗卷跋》。

是年，撰《与友人论石鼓书》《敦煌发现唐朝之通俗诗及通俗小说》等。继续为乌程蒋氏编藏书志，并校阅多种古籍。

1921 年，辛酉，45 岁

年初，马衡受北京大学委托，来书邀先生出任北大文科教授。

2 月 6 日（庚申除夕），回信马衡，拒绝之。是月，撰《刘氏金石苑稿本跋》。

春，撰《与友人论〈诗〉〈书〉中成语书》《敬业堂文集序》。

5 月，将数年间所写经史论，集成《观堂集林》二十卷，由乌程蒋氏出资刊行。

10 月 27 日（九月二十七日），长孙女令嘉出生，系长子王潜明之女。

是年，撰《明拓石鼓文跋》《唐广韵宋雍熙广韵考》《连绵字谱》等。同年，继续为乌程蒋氏编藏书。

1922 年，壬戌，46 岁

1 月，北京大学研究所国学门成立，沈兼士（坚士）任主任。同月，撰《宋刊〈后汉书·郡国志〉残叶跋》等。

2 月，北京大学集资影印王国维于上年所辑之《唐写本切韵残卷三种》。

3 月（二月），二子王高明完婚，先生回海宁。是月，撰《两浙古刊本考》及序，并校《水经注》。

春，北京大学研究所成立。学校聘请罗振玉和王国维为通讯导师。

4 月至 5 月，撰《宋刊〈汉书〉残叶跋》。

春夏间，撰成《王复斋款识中晋前尺跋》《日本奈良正仓院所藏六唐尺摹本跋》《宋钜鹿故城所出三木尺拓本跋》等。

8 月 1 日（六月初九日），女儿端明出生。同月，撰《五代两宋监本考》《传书堂记》《库书楼记》等。

11 月 21 日（十月初三日），沈曾植在沪病逝，先生悲痛万分。是月，为北京大学研究所国学门拟就《研究发题》，并致函研究所沈兼士主任。

是年，撰《庚瀛卣跋》《梁虞思美造像跋》《书某氏所藏金石墨本后》《乾隆浙江通志考异残稿》等。

1923 年，癸亥，47 岁

1 月，撰《魏正始石经残石考》。

2 月 23 日（正月初八日），回海宁。是月，为南陵徐氏所藏古器拓本作《剌鼎跋》《父乙卣跋》等。

3 月，《观堂集林》刊行于世。

4 月 10 日（二月二十五日），岳母潘太夫人在海宁病逝，回海宁料理丧事。

4 月 16 日（三月初一日），受命任逊帝溥仪"南书房行走"。同月，为乌程蒋氏《密韵楼藏书志》撰成，历时两年，书以经、史、子、集分部。

25 日（四月初十日），离沪由海道北上入京。

7 月 14 日（六月初一日），按逊帝溥仪手令，王国维被"加恩赏给五品衔，并赏食五品俸"。同月，撰《殷墟书契考释序》，校《淮南鸿烈》等。

11 月（九月二十三日），受溥仪之命，清理景阳宫等处藏书。作《肃霜涤汤说》等。

12 月初，《观堂集林》二十卷样本印成，文二百篇，诗六十七首。

1924 年，甲子，48 岁

1 月 27 日，长孙女令嘉殇去。

3 月，撰《甘陵相碑跋》《明抄本〈水经注〉跋》《戴校〈水经注〉跋》。

5 月，撰《明内阁藏书目录跋》《筹建皇室博物馆奏折》《散氏盘考释》及跋。

6 月，成《金文编序》。撰《攻吴王大差鉴跋》。

9 月 14 日，第二次直奉战争爆发。

10 月（九月），奉旨与罗振玉清理内府藏器。

11 月（十月初九日），冯玉祥部"逼宫"，命溥仪迁出紫禁城。先生随驾侍行。曾有"艰难困辱，仅而不死"之言。同月，清华学校筹办研究院，经胡适介绍，拟延请先生任职，婉拒。

是年，撰《王子婴次卢跋》《高宗肜日说》《陈宝说》《同瑁说》《释天》等。

1925 年，乙丑，49 岁

1 月，撰《魏石经续考》。

2 月，撰《拜经览古图跋》。是月，清华学校委任吴宓（雨僧）筹办研究院，并拟聘王国维为导师。先生决计就聘。

4 月 17 日（三月二十五日），全家移居清华园之西院。研究院同时还聘请梁启超、陈寅恪、赵元任为教授，世称"清华国学院四大导师"。4 月至 5 月，治学拟转入研究西北地理及元代历史。

暑期（六月），应清华学生会邀请，向留校学生讲演《最近二三十年中中国新发见之学问》一题。是月，赴天津，祝贺罗振玉 60 大寿。

8月（七月），门人赵万里来京受业于先生之门。

9月28日（八月十一日），清华国学研究院开学，召开第一次师生茶话会。梁启超、王国维、赵元任、李济等到会。会上公布各教授普通演讲讲题（所开课程）与指导研究学科范围等事宜。先生任研究院经史小学导师。讲《古史新证》每周1小时、讲《尚书》每周2小时、《说文》练习每周1小时。指导门生研究范围有：《尚书》本经之比较研究、《诗》中状词研究、《左传》礼器之研究、《说文》部首之研究、卜辞及金文中地名或制度之研究、诸史中外国传之研究、《元史》中蒙古色目人名之划一研究、慧琳《一切经音义》之反切与《切韵》反切之比较研究等。

10月，加授《尚书》课程。是月，故宫博物院成立。

秋，撰《克鼎铭考释》《盂鼎铭考释》。

11月，跋蒙文《元朝秘史》，跋《蒙鞑备录》，撰《〈元朝秘史〉校记》《鞑靼考》。

12月，撰《辽金时蒙古考》。

是年，撰《月支未西徙大夏时故地考》等。

1926年，丙寅，50岁

2月，撰《黑鞑事跋》。校《亲征录》。

3月，赴天津，为溥仪祝寿。

4月，撰《〈圣武亲征录〉校注》。清华批准印其《蒙古史料四种校注》丛书。发表《耶律文正年谱余记》《黑鞑事略序》。

5月，刊出《圣武亲征录校序》。

6月，发表《鞑靼考》《〈长春真人西游记〉校注》。

7月，为燕京大学校讲演《中国历代之尺度》一题。

9月上旬，清华研究院新学年开学。先生每周讲演《仪礼》2小时，《说文》1小时；指导研究学科范围为：（1）经学（含《书》《礼》《诗》）；（2）小学（含训诂、古文字学、古音韵学）；（3）上古史；（4）金石学；（5）中国文学。26日（八月二十日），长子王潜明在沪病逝，年仅28岁。赵万里谱："先生久历世变，境况寥落，至是复有丧明之痛，乃益复寡欢。丧事毕，即北返。"

11月下旬，为北京大学历史学会讲演《宋代之金石学》。

12月3日（十月二十九日），先生五十初度之辰，亲友及弟子等纷纷祝贺。

1927年，丁卯，51岁

1月，撰成《南宋人所传蒙古史料考》《周之琦鹤塔铭手迹跋》。

2月，撰《元朝秘史之主因亦儿坚考》。

3月，撰《金长城考》（后易名为《金界壕考》），跋校《水经注笺》。

4月，编撰《清华学校研究院讲义》。下旬，携家人游西山。

5月12日，出席清华史学会成立会并致辞。同月，撰《蒙古札记》《尚书覈诂序》。

6月1日，国学研究院第二班毕业，师生于清华园工字厅召开惜别会。2日（五月初三日）上午，告别清华园，前往颐和园内鱼藻轩前，自沉于昆明湖。尸检时在其内衣口袋内发现遗书一封（背面书"送西院十八号王贞明先生收"），云：

> 五十之年，只欠一死；经此世变，义无再辱！我死后，当草草棺敛，即行藁葬于清华园茔地。汝等不能南归，亦可暂于城内居住。汝兄亦不必奔丧，因道路不通，渠又不曾出门故也。书籍可托陈吴二先生处理。家人自有人料理，必不至不能南归。我虽无财产分文遗汝等，然苟谨慎勤俭，亦必不至饿死。
>
> 五月初二日，父字。

6月3日入殓，停灵于成府街之刚秉庙。7日，罗振玉来京为先生经营丧事。16日举办悼祭。

8月14日，安葬于清华园东二里许西柳村七间房之原。

1928年6月3日，先生逝世一周年忌日。清华立《海宁王静安先生纪念碑》。纪念碑由陈寅恪撰文、林志钧书丹、马衡篆额、梁思成设计。碑铭云：

　　海宁王先生自沉后二年，清华研究院同人咸怀思不能自
已。其弟子受先生之陶冶煦育者有年，尤思有以永其念。佥
曰：宜铭之贞珉，以昭示于无竟，因以刻石之词命寅恪。数
辞不获已，谨举先生之志事，以普告失下后世。其词曰：士
之读书治学，盖将以脱心志于俗谛之桎梏，真理因得以发扬。
思想而不自由，毋宁死耳。斯古今仁圣所同殉之精义，夫岂
庸鄙之敢望。先生以一死见其独立自由之意志，非所论于一
人之恩怨，一姓之兴亡。呜呼！树兹石于讲舍，系哀思而不
忘。表哲人之奇节，诉真宰之茫茫。来世不可知者也，先生
之著述，或有时而不章；先生之学说，或有时而可商。惟此
独立之精神，自由之思想，历千万祀，与天壤而同久，共三
光而永光。

跋

　　2020 年 11 月 3 日，一早醒来，我终于下定决心为王静安先生写一部类似传记样的文字。这是我一直以来怀揣的一个念想、一个使命。这大致源于三方面原因。其一，因父亲职业经历等因素。先严曾是一位在盐官一带享有一定知名度的石匠。在江南水乡，石匠无疑是一个式微乃至绝迹的行业。在父亲职业生涯"可圈可点"的工程中，于 20 世纪 80 年代中叶参与王国维故居维修，算是一个比较圆满的收官之作。父亲全程参与故居和石头有关的工程，尤其是天井、院子与大门前场地石板或石条的设计、铺设或修复工程。石头是沉默的，也是坚毅的，犹如父亲这代人的性格和命运。其二，我是盐官人。不仅出生在盐官，我的童年与青年的全部，都是在这座古城度过。我在海宁三中分别上完初中和高中，大学毕业后又回到母校任教。学校位于古城的西南角，离王国维故居不远，而我家则位于小东门外教场路上，俗称"教场上"。《王乃誉日记》中多次提及教场这个地方。在近 20 年的时光里，我几乎每天都要东西向横穿古城。而这条线路的一大部分，几乎与王国维当年去小东门内陈家担任私塾老师所走之路吻合。我不曾一次地想象，我的脚印与王国维的足迹有多少次重合，继而得到心灵感应？足音，是一个人精神状态最直观的旋律。其三，2017 年 8 月，我被选为海宁市王国维研究会会长。虽诚惶诚恐，勉为其难，但实际中也是努力加餐饭，力争不辱使命、有所作为。

　　仰之弥高。

　　王国维在我心里无疑是一座高山，不管是人格、人品还是学术造诣。有道是：无知者无畏。很多时候，勇气会创造奇迹。但在家乡盐官风俗语境中，有一个令人哭笑不得的贬义词，叫作"半吊子"，意思是指那些对事物认知处于半生半熟、似懂非懂，一知半解者，甚至还包括那些仅知一点皮毛而不懂装懂者。而对于义理或考据这"做学问"层面而言，那种状态是读书人的尴尬，更是治学者的死穴，甚至是羞耻或羞辱。不幸的是，现实中我对于王国维的认知，大抵就是如斯情形吧？于是，我一直处于犹豫不决却又牵肠挂肚之中，既想为王国维写点什么，但又怕写不好而出洋相、闹笑话。虽然，我一直在"恶补"，在阅读，在收集资料，也在思考。但我面临的却是一座无法企及的高山，那就是王国维用心血，用智慧打造的"崔巍楼阁"，传统文化之宝藏。同时，我更面临一个实际难题：怎样寻找一个支点、一个切入点。即从哪里入手寻找一个"合适"的研究课题。阿基米德说过一句话："给我一个支点，我可以撬动整个地球。"可见寻觅支点的重要性和必要性，更显智慧性和挑战性。

作为家乡后学，我鼓起勇气，打算还是脚踏实地做点实事吧。因地制宜可能是最好的支点：第一，我是盐官人；第二，我热爱王国维。于是，我把目光聚焦到王国维在海宁度过的岁月。这其中有他家族家庭背景，有他家人亲人活动，更有他的人生经历和学业进步。以"少年王国维"为切入为重点，可能是一个比较务实的命题，也是一个"取巧"的方式。因为王国维的后半生太厚重了。同时，特别强调这是一位从盐官城里走出去的国学大师。以一个人牵动一座古城，以一座古城诉说一个人。一个人，一座城。人，因城而灵动，城，因人而更厚重。

了解王国维的前半生，即"少年王国维"，最重要的同时又是最翔实的材料非《王乃誉日记》莫属。感谢海宁市史志办公室编印出版的《王乃誉日记》，为我们提供了原始材料。虽然读起来颇为费劲费力，因为是手稿影印。但一个个文字犹如一幅幅图片拼凑，让王国维的思想与形象鲜活起来，生动起来。随着岁月流逝，慢慢地，一个"父亲"渐渐老去，一个"儿子"却渐渐长大。王国维日后的成就足以告慰父亲王乃誉的心血与期望。天下所有父亲期待儿子成才的心思与过程总是相似或相仿的。所以，在阅读《日记》时我会冷不丁地时空交错，恍惚之中，先严的眼神往往会与王乃誉重合。

家乡海宁潮是大自然的奇观及恩赐。其主要形态可分为两种阶段，一是退水或叫退潮阶段。随着时间推移，江水静静地由西向东，朝向大海流淌。于是鱼鳞石塘渐渐"水落石出"，其巍峨雄壮的骨架展示无余，蜿蜒曲折，气势磅礴。到了一定的临界点后，海水又慢慢地改变流动方向，自东而向西，而进入第二阶段的起水或叫起潮阶段，随之，水位提高，浩浩荡荡。其最精彩的部分就是汹涌澎湃的海宁大潮，万马奔腾，势不可当。

如此，让我联想到王国维的性格与人生。大师像海塘海潮一般似乎也是具有两面性复杂性。就其骨子而言，王国维是一位史学家、哲学家及教育家，其学术体系像退潮后海塘所显现出来的理性而科学，严密且深邃。而就其血肉而论，王国维是一位精妙的诗人词人，其诗文词作具有节制的感性，及感性的节制，犹如在鱼鳞石塘规范下的海宁潮，汹涌澎湃，汪洋恣肆，但不至于泛滥成灾。

大师曾云：哲学上之说，大都可爱者不可信，可信者不可爱。① 被鲁迅先生称为"老实到像火腿一般"② 的王国维，因其满腹经纶，硕果累累而"可信"，又因其忠诚耿介、朴实无华而"可爱"。可信与可爱的结合，就是为人与学术的结合，乃至完美呈现，形成一座相当精神海拔高度的山脉。这是大大超越海宁本土东山、西山自然高度的另一座山脉。这是王国维的成功，也是家乡人的骄傲。

写作此书时一直处于新冠肺炎疫情防控期。对此特定背景，我还想唠叨几句。经过半年奋战，初稿比较顺利地完成。按照以往做法，我会对初稿进行暂时搁置，再思考，再沉淀，然后再修改，而修改环节几乎付出了比初稿加倍的时间、辛劳与心血。这是应该的。因为这是对静安先生父子俩的尊重，对学术与自己的负责，这是一条底线与红线。

而 2022 年的三四月间，海宁经受了特别严峻的考验。疫情防控期间，我与内人商议，让其作为家庭代表参加志愿者，而我则真正是足不出户，每天埋头在文字中。这可视为我为海宁文化也为抗疫做点力所能及的实事吧。感谢海宁市政府在此期间高品质地保障全市居民日常生活物质所需，感谢远在悉尼的女儿、女婿特别是外孙女，通过视频、照片等给我带来的欢乐与温暖。人，总是想活在希望与满足之中的。

---

① 王国维：《三十自序》。

② 鲁迅：《谈所谓"大内档案"》。

感谢海宁市政协及相关部门单位领导、学者的鼎力相助，由于水平及能力有限，书中存在不少差错或谬误，敬请方家特别是王氏后人的批评赐教。

岁月不居，转眼已是花甲。此书应是告慰平生最好礼物之一吧！

是为跋。

刘培良

壬寅年霜降前夕于教场上斋

后　记

在海宁，王国维是怎样度过他的童年以及青少年时期的，他的思想与学业是怎样发展进步的，他的家族有着怎样的历史，他与父母亲及家人的日常生活又是怎样的……

从 1877 年冬出生，到 1898 年新春离开盐官赴上海谋职，22 岁的王国维在海宁经历了丧母、求学、扬名、失第、结婚、谋生等人生诸多环节。而现有王国维诸多传记中，对这段历史的记载表述及相关史料甄别存在诸多问题及差错，或过于简单，或语焉不详，或以讹传讹等。

作为故乡海宁，我们有必要厘清这个混沌，找寻明确答案，还原历史真实，让少年王国维这一人物形象变得有血有肉，有情有义，真实可信，让那些被历史湮没的岁月与事件清晰起来，完整起来，重塑立体丰满之"少年王国维"，同时原汁原味地再现古城岁月风貌。这对加强王国维整个思想体系及学术成就形成发展的起因和背景的认知，可提供较为全面、深刻且确凿的历史依据，借此促进王国维思想学术研究之深入，也为海宁名人文化研究的主题、内涵与形式提供新的思考，新的角度及选题。

海宁市政协文史委专门立项研究，旨在区别于其他王国维专业学术研究，发挥本土研究者的地缘优势，研究王国维在家乡海宁盐官的岁月，厘清王国维思想情感的来龙去脉，挖掘海宁所蕴含的优秀历史文化基因和传统，展示海宁风土人情的丰富性、时代性，以王国维在其父王乃誉的指点、引领、培养下成长及成才的历史，启迪当代年轻一代注重家教家风，传承中华优秀传统文化。

海宁地方文化文史研究者、市王国维研究会会长刘培良申领完成这项文化研究工程。经过多年研究及收集资料，以研究理解王国维 22 岁前在海宁盐官的生活经历、思想情感及学业探究为主要内容，以研读理解《王乃誉日记》为基础、为指引，以生活"折子戏"的形式形象呈现王家与王国维日常生活之碎片、家庭之要素，透视社会变迁、时代跌宕之背景与脉动，勾勒出王国维人生之早慧早熟、学业之勤奋刻苦、思想之爱国上进等性格特质。

在王国维 145 周年诞辰，逝世 95 周年之际，刘培良最终写成《纵横书卷遣华年——少年王国维》。市政协文史委经过审核，决定正式出版。在本书的撰写及编辑过程中，得到海宁市人民政府文化顾问、王国维曾孙王亮博士的鼎力支持，对书稿进行审阅把关并为之作序。同时，感谢为本书顺利出版而且给予帮助与关心的相关部门单位和专家学者。由于时间和水平等有限，书中存在差错、纰漏，甚至谬误的地方，恳请读者批评指正。

谨为记。

编　　者
2022 年 11 月